Aland | Die Gnosis

Reclam Sachbuch

Barbara Aland

Die Gnosis

Reclam

RECLAMS UNIVERSAL-BIBLIOTHEK Nr. 19210

Gestaltung: Cornelia Feyll, Friedrich Forssman
Gesamtherstellung: Reclam, Ditzingen. Printed in Germany 2014
RECLAM, UNIVERSAL-BIBLIOTHEK und
RECLAMS UNIVERSAL-BIBLIOTHEK sind eingetragene Marken
der Philipp Reclam jun. GmbH & Co. KG, Stuttgart
ISBN 978-3-15-019210-8

Auch als E-Book erhältlich

www.reclam.de

Inhalt

I Zur Einführung

Gnosis ist eine spätantike Bewegung des 2. bis 4. nachchristlichen Jahrhunderts zwischen Religion und Philosophie. Sie ist von einem großen Schwung der Freude und des Jubels getragen. Hier sprechen Menschen von ihrer Gewissheit, Sinn und Ziel ihres Lebens gefunden zu haben, und dessen sind sie so gewiss, dass sie es fortan für ihre einzige Lebensaufgabe halten, von nichts anderem als dieser gewonnenen Erkenntnis (Gnosis) zu reden und sie andern mitzuteilen. Schwärmer also? Nicht unbedingt. Denn es war ihr Anliegen, ihre Erkenntnis – eine Erkenntnis des Menschen und seiner Stellung zur Welt und zu Gott – zu begründen und sie denkend zu verantworten. Dabei bedienten sie sich zeitgenössischer Mittel, aber sie traten in bewusste Konkurrenz zu allem andern, was an Wahrheitssuche sonst angeboten wurde. Das macht sie interessant. Ihr Bemühen ist gescheitert. Sie haben es trotz Anfangserfolgen nicht vermocht, ihr Anliegen durchdacht zu vertreten, und sind von anderen mit Recht zurückgewiesen worden. Aber sie haben damit sehr früh Impulse gesetzt, die größere Wirkung hatten, als gemeinhin anerkannt wird. Sie haben begonnen, ihre Überzeugung, die eine auf Offenbarung hin erfahrene Glaubensüberzeugung war, denkend zu durchdringen, und haben damit an einer Tradition zumindest mitgewirkt, die in anderer Weise bis heute anhält.

Die antike Gnosis ist freilich ein umstrittener Gegenstand. Wer heute ein Sachbuch zur Gnosis zur Hand nimmt, muss das wissen. Es gibt keinen Konsens über das, was Gnosis ist. Umstritten ist vor allem die inhaltliche

Sachfrage, worum es bei dieser weiterzusagenden »Erkenntnis« eigentlich geht. Zwar scheint es eine Übereinstimmung darüber zu geben, dass es sich irgendwie um eine Erlösung des innersten Kerns des Menschen handele, begründet in dessen Wesensgleichheit mit Gott, aber was das eigentlich bedeutet, wie es begründet wird und welche Konsequenzen es hat, wird völlig verschieden beantwortet. Das liegt auch an den Quellen für die antike Gnosis. Zwar gibt es eine Fülle davon. Wie sie aber genau abzugrenzen und zu gewichten seien, was vor allem herangezogen werden müsse und was erst in zweiter Linie, ist fraglich. Vieles fehlt auch, insbesondere frühe Quellen sind nicht oder nur fragmentarisch oder in teilweise polemischer Berichterstattung erhalten. Anderes ist nicht im griechischen Originaltext, sondern nur als Übersetzung oder Bearbeitung in die antiken Sprachen des Römischen Reiches, besonders das Koptische, überliefert. Dazu kommt schließlich, dass die Ausdrucksweise der Quellentexte schwierig ist und verschiedenen Interpretationen Raum zu geben scheint. Es handelt sich meist um mythische Darstellungen, die theologisch-philosophische Zusammenhänge in Bildern und Geschichten narrativ darlegen und entwickeln.

Wie begegnen wir diesen Schwierigkeiten, und was erwartet den Leser dieses Sachbuchs? Da wir von einem allgemein anerkannten Begriff von Gnosis nicht ausgehen können, beginnen wir bei den Quellen selbst, um an ihnen aufgrund genauer Analyse zu bestimmen, was Gnosis ist, in welchem Kontext sie steht und was sie aussagen will. Aber an welchen Quellen? Ihre Auswahl muss eine Reihe von Bedingungen erfüllen. Sie müssen das gnostische System, das sie darstellen, umfassend, nicht auswahlweise, darlegen, und sie müssen begründbar repräsentativ für die Gnosis oder doch eine gnostische Schulrichtung sein, d.h. weder aus den allerersten Ansätzen der Gnosis noch aus deren Spätentwicklung stammen. Sie sollten schließlich möglichst in der Originalsprache erhalten sein. Wir erhalten so einen quellenkritisch gesicherten Ausgangspunkt, zunächst nur für diese Texte, von dem aus wir sowohl frühere, nur fragmentarisch erhaltene, als auch gleichzeitige und spätere Zeugnisse der Gnosis untersuchen und sie in Beziehung setzen können. Wir erhoffen uns davon einen genauen Zugang zur Gnosis, der vielleicht sogar noch Neuentdeckungen an den Quellentexten zulässt.

Ausgewählt werden zwei Texte, die mit Sicherheit ins 2. Jahrhundert, genauer: vor 180, zu datieren sind. Der erste ist der in der originalen griechischen Sprache erhaltene Lehrmythos eines Valentinianers, den Irenäus ausführlich zitiert und paraphrasiert und seiner gesamten Widerlegung als repräsentativ für die von ihm als verderblich angesehene Gnosis voranstellt. Der zweite Text ist das sogenannte *Apokryphon des Johannes (AJ)*, das Irenäus ebenfalls in einem Auszug referiert. Es ist vollständig in koptischer Übersetzung in verschiedenen Fassungen erhalten, der Auszug bei Irenäus in lateinischer Übersetzung. Von diesem Text besitzen wir insgesamt vier Handschriften, in Versionen verschiedener Bearbeitungen, was einzigartig ist. Alle andern gnostischen Texte sind nur einmal, sehr selten zweimal überliefert. Auch das lässt auf die Bedeutung dieses Textes und das Interesse, das man daran nahm, schließen. Beide Texte gehören jeweils einer der Hauptrichtungen der Gnosis an, die heute in der Forschung behandelt werden: der erste Text den Valentinianern, benannt nach ihrem Schulgründer Valentin, der zweite Text den sogenannten Sethianern, benannt nach der Erlösergestalt Seth, dem dritten Sohn Adams, zu dessen »Samen« sie sich zählen. Aufgrund der Übereinstimmungen und Unterschiede beider Texte gewinnen wir eine erste Definition von Gnosis. Sie stellt eine Hypothese dar, die dann anhand der weiteren Zeugnisse korrigiert oder präzisiert werden kann.

Um für das Verständnis dieser Texte gerüstet zu sein, befassen wir uns zunächst mit den Bedingungen der Zeit, in denen die Gnosis entstand und zu ihrer vollen Wirkung kam (II), wir skizzieren die Hauptansätze der langen Forschungsgeschichte zur Gnosis (III) und verschaffen uns einen Überblick über ihre erstaunlich reichen und vielfältigen Quellen insgesamt (IV). Aufgrund der vollständigen Besprechung der beiden ausgewählten Texte legen wir dann das Verständnis von Gnosis definitionsartig fest, das diesem Buch zugrundeliegt (V,1 und 2), und haben damit einen Maßstab zur Beurteilung der frühesten Fragmente und Nachrichten über gnostische Lehrer gewonnen (VI). Er ist vorsichtig anzuwenden, denn in der frühen Zeit begegnen uns beeindruckende christlich-gnostische Theologen und Denker, aber auch Spuren von nichtchristlichen Mythen, an denen manches rätselhaft bleiben wird und als solches dann auch benannt werden muss. Das so erarbeitete Konzept von Gnosis grenzen wir von vergleichbaren paganen (Hermetik, philosophische Mysterientheologie) und christlichen (Marcion) Zeitströmungen ab und fassen es so noch schärfer in seiner Eigenart (VII). Wir suchen nach Hinweisen auf das soziale, ethische und kultische Leben der Gnostiker (VIII) und fragen schließlich danach, ob und wie sich gnostisches Denken weiterentwickelt hat. Dabei wird von platonisierenden Entwürfen und von Mani und dem Manichäismus gehandelt werden (IX). Ob und inwiefern von gnostischem Denken auch heute und in der Geschichte des Abendlandes immer wieder die Rede sein kann, wird am Ende kurz zu erörtern sein (X).

Was ist Gnosis? Ich halte Gnosis – und das sei nun doch schon zur Orientierung des Lesers thesenartig vorangestellt – für eine bestimmte Sichtweise von Gott, Mensch und Welt, die ihre eigentliche Ausformung und folglich auch ihre reifsten Früchte erst im Zusammenhang mit dem Christentum und als Deutung des christlichen Glaubens, insbesondere der Zentralgedanken der Briefe des Paulus und des Evangeliums des Johannes, gewonnen hat. Diese waren »gnostisch« verstehbar und interpretierbar, und sie mussten interpretiert werden, um einer intellektuellen, griechisch-philosophisch gebildeten Welt ihren Gehalt nahezubringen. Damit ist über den Ursprung von Gnosis noch nichts gesagt. Möglicherweise kann aber auch die in der Forschungsgeschichte vergangener Jahre so heiß umstrittene Ursprungsfrage ein wenig zugunsten des Aussagegehalts einzelner Texte zurückgestellt werden. Fragt man nach dem Ursprung der Gnosis, impliziert das, dass Gnosis eine festumrissene, als solche identifizierbare Größe ist. Das muss aber nicht so sein. Nicht alles, was polemisierende Kirchenschriftsteller der Gnosis zuordneten, muss gnostisch sein, steht zumal bestimmt nicht auf der gleichen Qualitätsstufe. Auf Differenzierungen in dem großen der Gnosis zugeschriebenen Quellenmaterial wird daher zu achten sein. Hat die Gnosis, wie ich annehme, in

Verbindung mit dem Christentum ihre anspruchsvollste und eigentliche Ausformung erreicht, so ist das christliche Element bei einer Definition von Gnosis auf keinen Fall zu übergehen. Nur vorläufig und gleichsam zur ersten Verständigung charakterisiere ich die in diesem Sinne gnostische Sichtweise von Gott, Mensch und Welt als gekennzeichnet durch

– die Anschauung von der zu überwindenden Welt, nicht unbedingt von der gänzlich bösen Welt,
– die Gewissheit der Zugehörigkeit des Einzelnen zu einem überweltlichen, jenseitigen Gott,
– die Überzeugung, dass diese Zugehörigkeit nur durch Gott selbst oder seinen göttlichen Boten, nicht durch den einzelnen Menschen, realisiert und aktiviert werden kann,
– die beseligende Gewissheit, zu seinem eigentlichen Selbst gekommen zu sein, *wenn* der Einzelne diese Zugehörigkeit begriffen und erfahren hat, verbunden mit grenzenloser Freude, Jubel, dem Bewusstsein von Befreiung und der inneren Nötigung, diese weiterzusagen.

II Zeit und Raum der Gnosis: Das römische Weltreich des 2./3. Jahrhunderts

Die frühesten Texte der Gnosis stammen aus dem ausgehenden ersten, vor allem aus dem zweiten und dritten Jahrhundert unserer Zeitrechnung. Sie sind in griechischer Sprache geschrieben und entstammen einer gebildeten städtischen »Mittelschicht«, d.h. einer Schicht, die nicht zu den städtischen Notabeln mit politischem Einfluss und politischer Verantwortung gehörte, aber doch von der Menge des Volkes, der Einflusslosen und Armen, durch Besitz und Bildung geschieden war. Es ist die Zeit der längst gefestigten Herrschaft des römischen Prinzipats und einer einheitlich geregelten römischen Reichsverwaltung, die den vielen alten Städten des Reichs, besonders im Osten, eine relative, später dann immer mehr eingeschränkte Freiheit ließ. Die erste Hälfte des 2. Jahrhunderts war eine verhältnismäßig ruhige und sichere Zeit der Prosperität, der ausgebauten Handelswege und des regen Verkehrs, geschützt, auch rechtlich geschützt, durch die Pax Romana. Es war eine Zeit der außergewöhnlichen Mobilität. Überörtlich tätige Kaufleute, Verwaltungsbeamte und Offiziere der Armee reisten ständig und ohne Schwierigkeiten, weil es ihr Beruf und dessen Bedürfnisse mit sich brachten. Intellektuelle reisten, so dass ihre Bildung und ihre Anschauungen nicht nur örtlich erworben und gebunden waren, sondern leicht durch sie selbst oder durch ihre Briefe und Werke weit verbreitet werden konnten. Nur ein Beispiel: Ein Fragment des weit im gallischen Westen in griechischer Sprache verfassten Werkes des christlichen Autors Irenäus von Lyon, der um 180 schrieb, wurde in Ägypten gefunden, geschrieben auf einem Papyrus, der noch ins 2. Jahrhundert zu datieren ist. Die Verbreitung von Gedankengut war überaus schnell möglich, und das ist auch für die Gnosis vorauszusetzen. Schließlich war es eine Zeit der Bildung und der Hochschätzung von Bildung. Es ist gesagt worden, dass der Bildungsstand der oberen Schichten zu unserer Zeit, d.h. im 2. Jahrhundert, so hoch war wie niemals vorher und nachher, und das war keineswegs ein schichtenspezifisches Phänomen. Denn auch in den nicht politisch tätigen Kreisen der Mittelschicht gab es ein ausgeprägtes Interesse an Bildung und religiöser Erbauung, wie der lebhafte Schulbetrieb der Zeit zeigt. Intellektuelle Bildung, freilich eine auf die Vergangenheit gerichtete und an ihrer Autorität orientierte Bildung, war ein wichtiger und anerkannter Inhalt der gehobenen Erziehung in der Kaiserzeit des 2. und beginnenden 3. Jahrhunderts. Für eine Bewegung, die wirken will, und das war das Christentum und vor allem auch sein gnostischer Anteil, konnte das nicht ohne Bedeutung sein. Es war deswegen kein Zufall, dass sich christliche und eben auch zahlreiche gnostische Lehrer an Orten niederließen, die ihnen möglichst breite Wirkungsmöglichkeiten boten.

Nur grob geschätzt ca. 10% der Bevölkerung waren literat im Vollsinn, konnten lesen und schreiben. In der Stadt, mit der wir es hier hauptsächlich zu tun haben, werden es mehr gewesen sein, auf dem Land weniger. Die Erziehung vollzieht sich zunächst in der Familie und dann nach einer Art dreigliedrigem kaiserzeitlichen Schema: dem Elementarunterricht beim Elementarlehrer, um lesen, schreiben und rechnen zu lernen, dann der Schule des Grammatiklehrers, die eine fehlerlose Ausdrucksweise in Prosa oder

Vers ermöglichen sollte, wozu auch die Lektüre und Erklärung von bestimmten Schulautoren gehörte. Darauf folgt, etwa ab dem 15. Lebensjahr, die dreijährige Ausbildung beim Rhetoriklehrer, die nicht nur im engeren Sinne Rhetorik – grundsätzlich hochgeschätzt als Grundlage humanen und politischen Umgangs miteinander – lehren, sondern allgemein höhere Bildung vermitteln sollte. Eine spezielle Berufsausbildung etwa zum Arzt oder Juristen folgte erst dann. Der Elementarunterricht wie auch der beim Grammatiker und Rhetor musste privat finanziert werden, was erhebliche Kosten und – bei sonst mitarbeitenden Kindern – Kostenausfall bedeutete, so dass viele Bürger nicht in der Lage waren, ihren Kindern eine gehobene Erziehung zu finanzieren. Elementarschulen wurden nicht von öffentlicher Hand unterhalten. Die soziale Elite der Städte und das Kaiserhaus war daran nicht interessiert, eher schon von der Mitte des 2. Jahrhunderts ab an einer gewissen Unterstützung von Grammatik- und Rhetoriklehrern, also der höheren Bildung, durch Steuererleichterungen. An allen drei Unterrichtsstufen nahm jeweils eine stark abnehmende Zahl von Schülern teil. Die Mitglieder der städtischen Oberschicht hatten in der Regel die Schule des Grammaticus besucht, die Angehörigen des Senats- und Ritterstandes die des Rhetoriklehrers. Andere, die es sich leisten konnten, waren nicht ausgeschlossen. Unterrichtet wurde häufig an Privatschulen oder an Schulen und Lehrstühlen, die durch städtische und gelegentlich kaiserliche Mittel bereitgestellt wurden.

Wer höhere intellektuelle Bildung anstrebte, ging in die großen Städte und Zentren kulturellen Lebens, wo es auch zahlreiche private und freie Lehrer der Philosophie und Sophistik unterschiedlicher Ansprüche gab. Sie lebten teilweise mit ihrem engeren Schülerkreis in Wohngemeinschaft zusammen, um so gemeinsam das philosophische Leben einzuüben. Im 2. Jahrhundert wurde es üblich, für einige Zeit, manchmal Jahre, als Schüler zu einem berühmten Philosophen oder Sophisten zu gehen und den Heimatort deswegen zu verlassen. In Rom sind für das 2. Jahrhundert 50 griechischsprachige Lehrer dieser Art gezählt worden. Es ist diese Form des Lehrertums, das die Christen und eben ganz besonders auch die Gnostiker im 2. Jahrhundert übernahmen. Denn wer wirken will, muss lehren. Daher boten sie, was sie zu sagen hatten, als »christliche Philosophie« – oder auch »barbarische« Philosophie, auf jeden Fall aber als Philosophie – an.

Christen erfanden kein eigenes Erziehungssystem, sondern beteiligten sich ganz selbstverständlich am bestehenden. Ihre Kinder gingen, wenn sie überhaupt lesen lernten, also in die Elementarschule und dann zum Grammatiklehrer, übten Lesen und Schreiben, Grammatik und Stilistik an paganen Texten und wurden mit paganen Inhalten und Mythologien bekannt und vertraut. Zwar gab es dagegen bei christlichen Lehrern des 2. und 3. Jahrhunderts auch Protest. »Was haben der Christ und der Philosoph gemein, was der Schüler Griechenlands und der Schüler des Himmels?« fragt der Christ Tertullian in seiner *Apologie*. Aber eine solche antiliterarische Haltung ist für Christen nicht zu verallgemeinern. Wenn sie sich als freie Lehrer, in ihren eigenen Wohnungen, etablierten und für jedermann öffentlich zu lehren anboten, lehrten sie selbstverständlich ihre Auffassung von Gott, Welt und Mensch nach ihrem christlichen Verständnis, und sie stellten sich damit dem

Anspruch, den auch andere nichtchristliche Lehrer der Philosophie vertraten: Wahrheit zu lehren, d.h. die für den Menschen angemessene Lebensweise im Kontext von Gott und Welt zu lehren. Gerade der Rückgriff auf die Institution des freien Lehrers der Philosophie ist ein mutiger Schritt der Christen, die damit anzeigten, ihre Sache auf höchstem intellektuellen Niveau darstellen und verteidigen zu wollen. Sie ließen ihre Kinder bei den »Heiden« deren Sprache, Dichtung und Mythologie lernen. Als Lehrer der christlichen Philosophie konnte es nur darum gehen, diese paganen Inhalte nicht zu negieren, sondern zu überbieten. Die Juden waren ihnen in dieser Haltung vielfach vorangegangen. Anfang des 3. Jahrhunderts haben Klemens von Alexandrien und Origenes ausdrücklich formuliert, dass griechische Literatur und Philosophie eine wünschenswerte Vorbereitung für wahrhaft christliche Bildung seien. Das ist allgemein bekannt. Aber schon 80 bis 100 Jahre vor ihnen gab es christliche Lehrer, die ebendiesen Anspruch eines Lehrers der Philosophie vertraten, Wahrheit im oben bezeichneten Sinne zu lehren. Sie hießen Kerdon und Marcion, Satornil, Basilides und Valentinus. Später gegen Ende des 2. Jahrhunderts wurden sie sämtlich den Gnostikern zugerechnet. Was davon zu halten ist, ist neben anderem Gegenstand dieses Buches. Hier machen wir uns nur den Anspruch klar, der allein schon im Auftreten dieser Männer als Lehrer ihrer Philosophie liegt. Er ist ungeachtet aller Niveauunterschiede bemerkenswert und zeigt deutlich die Richtung an, in welche diese christlichen und diese gnostischen Lehrer wirken wollten.

1 Das soziale Leben in den Städten

Die sozialen Verhältnisse waren sowohl in der Oberschicht der Städte als auch in der hochdifferenzierten Unterschicht, die vom politischen Einfluss ausgeschlossen war, aus vielerlei Gründen schwierig und bedrängt, was aber sicherlich nicht der Anlass für eine Hinneigung zur Gnosis war. Unterhalb der Oberschicht definierten sich Menschen im 2. Jahrhundert vor allem über ihren Beruf. Persönliche Religion war daher oberhalb der familialen Ebene verknüpft mit dem beruflichen Alltag und seinen Institutionen, vor allem den Berufskollegien und deren religiösen und sozialen Formen, wie der Religionswissenschaftler Jörg Rüpke anhand des *Hirten des Hermas*, einer weitverbreiteten frühchristlichen Bußschrift des 2. Jahrhunderts, gezeigt hat.[1] Auch die Entscheidung für das Christentum oder die Gnosis kann durch das eigene berufliche Umfeld des einzelnen vorgeprägt sein.

Es besteht aber ein wesentlicher Unterschied zwischen Christen und Nichtchristen, der über diesem nüchternen Hinweis auf die Berufsassoziiertheit christlichen Gemeindelebens nicht übersehen werden darf. Ihn markiert ein Quellentext aus den ersten Jahrzehnten des 3. Jahrhunderts von Origenes, dem umfassend gebildeten, größten Theologen der vorkonstantinischen Zeit, aus seiner Widerlegung des nichtchristlichen Philosophen Kelsos, der um 180 eine Polemik gegen das Christentum verfasst hatte. Der

1 J. Rüpke, *Von Jupiter zu Christus. Religionsgeschichte in römischer Zeit*, Darmstadt 2011, S. 53–73. Der Beitrag über den *Hirten des Hermas* ist zuvor erschienen in: *Archiv für Religionsgeschichte* 1 (1999), S. 148–160.

hier zitierte Text zeigt vor allem die verschiedene Einstellung der Christen zu den unteren Schichten, deren berufsassoziiertes Tun sich aus dem *Hirten des Hermas* ergeben hatte.

Auf den Vorwurf des Kelsos, die Christen seien leichtgläubig und töricht, sie hätten gar nicht die Absicht, von dem, was sie glaubten, auch Rechenschaft abzugeben, sondern folgten nur dem Grundsatz: »Prüfe nicht, sondern glaube« und »Dein Glaube wird dir helfen« (vgl. Mt. 9,22), und sie behaupteten auch: »Ein Übel ist die Weisheit in der Welt, ein Gut aber die Torheit« (vgl. 1. Kor. 1,18 ff.), antwortet Origenes (*Contra Celsum* 1,9–10, ed. Koetschau, S. 61,21–62,14):

> Wenn es möglich wäre, dass alle Menschen sich von den Geschäften des Lebens freimachten und ihre ganze Zeit auf das Studium der Philosophie verwendeten, so dürften sie keinen andern Weg einschlagen als diesen allein. Denn im Christentum findet sich, um es nicht zu unbescheiden auszudrücken, kein geringerer Anlass zur Prüfung der Glaubenslehren, zur Auslegung der dunklen Stellen in den Propheten und den Gleichnissen der Evangelien und tausend anderen symbolischen oder im Gesetz gebotenen Tatsachen als anderswo. Wenn das aber nicht möglich ist, wenn wegen der Sorgen und Mühen, die das Leben mit sich bringt, und wegen mangelnder geistiger Begabung sich nur wenige der Wissenschaft widmen, welcher andere Weg, um der großen Menge zu helfen, dürfte wohl gefunden werden, der besser wäre als der Weg, den Jesus den Völkern überliefert hat?

Wir fragen im Blick auf die Menge der Gläubigen, die sich von der großen Flut des Lasters, in der sie sich früher wälzten, frei gemacht haben, ob es für sie besser ist, dass sie, ohne die Vernunft zu befragen (ἀλόγως, alogos), geglaubt und ihre Gesinnung und ihr Leben in Ordnung gebracht haben und Nutzen daraus gezogen haben, dass sie glaubten, dass die Sünden bestraft, die guten Werke aber belohnt werden. Oder (ob es für sie besser ist), dass ihre Umkehr aufgrund bloßen Glaubens nicht anerkannt wird, bevor sie nicht zusätzlich eine Prüfung seiner vernünftigen Grundlagen geliefert haben? Offenbar würden nämlich alle mit ganz wenigen Ausnahmen (aufgrund einer solchen Prüfung) noch nicht einmal das fertig bringen, was die anderen aus dem schlichten Glauben schaffen, sondern würden in ihrem lasterhaften Leben verbleiben. Wenn es nun irgendeinen andern Beweis dafür gibt, dass die Menschenliebe des Wortes (vgl. Tit. 3,4) nach Gottes Absicht in das Leben der Menschen eingetreten ist, so muss man auch diesen Beweis mit dazu rechnen. (Übersetzung nach Koetschau)

Ein bemerkenswerter Text! Origenes leugnet keineswegs die Wünschbarkeit geistiger Studien und die Notwendigkeit denkender Verantwortung des Glaubens, aber er sieht realistisch, dass die große Menge der Gläubigen dazu nicht verpflichtet werden kann. Daraus zieht er nicht den Schluss, wie ihn die antike Gesellschaft ziehen würde, dass eben dann die Menge an den Segnungen des Glaubens oder der Philosophie nicht teilhaben könnte, sondern er lehrt – er sagt ausdrücklich »lehren« (S. 62,24–26) – die Menge so, wie sie es aufzunehmen vermag: er lehrt sie zu glauben und dementsprechend gut und ordentlich und dem Vorbild Christi gemäß zu leben. Das bildet die Realität ab. Viele auch nichtchristliche Quellen berichten vom auffällig tadelfreien Leben der Christen und ihrer einzigartigen Sorge um den Nächsten. Während für das Sozialverhalten unserer Epoche der Antike gilt: »Ein allgemeinverbindlicher Wille, Arme und Randgruppen ökonomisch und sozial zu integrieren (ist) nicht zu erkennen«,[2] kümmern sich die Christen um ihre Nächsten jedweden Standes. Während Horaz meinte, ohne Geld hätten alle Tugenden keinen Nutzen, und Tacitus die Armen auf eine Stufe mit niederen Sklaven und Verbrechern stellte und ihnen jegliche Fähigkeiten absprach, predigte Origenes zu ebendiesen Armen täglich. – Dieser grundsätzliche Unterschied, mag er auch überzeichnet sein, ist im Auge zu behalten. Und das gilt umso mehr, als es in der antiken Philosophie, wie wir im nächsten Abschnitt sehen werden, um das »als Philosoph leben« ging, um das gute Handeln, das zugleich ein »glücklich sein« bedeutete.

2 Die Philosophie als Anknüpfungspunkt für Christen und Gnostiker

Philosophie hatte in der Antike einen anderen Ansatzpunkt als heute, und der Philosoph hatte eine andere soziale und gesellschaftliche Bedeutung. Philosophie lehrte zu leben, wie vor allem Pierre Hadot gezeigt hat. Philosophie lehrte,

2 H. J. Drexhage / H. Koenen / K. Rufing, *Die Wirtschaft des Römischen Reiches (1.–3. Jahrhundert). Eine Einführung*, Berlin 2002, S. 161–176, bes. 173 mit Belegen.

wie der Mensch leben kann und soll, wie es seinem Wesen entspricht und wie er daher auch in dieser Art zu leben glücklich werden kann. Philosophie stellte eine »Übung« dar, sie besteht nicht in der Lehre einer abstrakten Theorie, sondern in einer »Lebenskunst, einer konkreten Haltung, einem festgelegten Lebensstil, der sich auf die ganze Existenz auswirkt«.[3] Glück ist nicht im hedonistischen Sinne die Zielvorgabe der Philosophie, sondern es ist Folge und Konsequenz des dem Menschen gemäßen Lebens. Deshalb ist auch das Nachdenken der Philosophie über Gott und Welt nicht abstrakte, vom Leben losgelöste Theorie, sondern Begründung für die »Lebenskunst«. Für alle philosophischen Schulrichtungen gilt, dass Philosophie, Wahrheit und praktische Ethik unlösbar zusammenhängen.

Für die Stoiker etwa ist der Kosmos ein lebendiges und geschlossenes Ganzes, das geschaffen, gelenkt und zusammengehalten wird von einer beseelenden, vernünftigen Kraft, die vollständig weltimmanent ist. Da die Natur in ihrem Wesen vernünftig und zweckgerichtet ist, ergibt sich für die Ethik, dass der Mensch naturgemäß, d. h. seiner Stellung im Kosmos gemäß, leben muss und leben kann, um so Glück, Eudaimonie, zu erreichen. Wie das praktisch aussieht, sagt neben vielem anderen der berühmte Anfang des Handbuchs von Epiktet (ca. 50–125):

> Von den Dingen sind die einen in unserer Gewalt, die andern nicht. In unserer Gewalt sind: Meinung, Trieb, Begehren, Ablehnen – kurz: was unser eigenes Werk ist.

3 P. Hadot, *Philosophie als Lebensform. Geistige Übungen in der Antike*, Berlin 1991, S. 15.

Nicht in unserer Gewalt sind: Leib, Besitztum, Ansehen, Stellung – kurz: was nicht unser eigenes Werk ist. Was in unserer Gewalt ist, ist von Natur aus frei und kann nicht behindert oder gestört werden. Was nicht in unserer Gewalt ist, ist schwach, unfrei, zu behindern, fremd. Merke dir: Wenn du das von Natur Unfreie für frei und das Fremde für dein eigen hältst, wirst du gehemmt sein, klagen, verwirrt sein und dich bei Gott und den Menschen beklagen. Hältst du aber nur das für dein eigen, was wirklich dein eigen ist, und das Fremde als das, was es ist, fremd, dann wird niemand jemals Zwang auf dich ausüben können, niemand wird dich hindern, du brauchst dich bei niemandem zu beklagen, niemanden beschuldigen, nichts gegen deinen Willen tun, niemand wird dir schaden, einen Feind wirst du nicht haben, nichts Schädliches wird dich treffen.

Worum es also geht, ist, nur das erreichen zu wollen, was man erreichen kann, und das zu vermeiden, was man vermeiden kann – was nur möglich ist, wenn beides von der Willensfreiheit abhängt. Was nicht zu vermeiden ist, darf nicht als ein Übel angesehen werden. Weil die Welt ein in sich geschlossenes Ganzes ist, muss das, was nicht in unserer Macht steht, als vom Schicksal gewollt hingenommen und auf die notwendig zusammenhängenden Ursachen und Wirkungen des Weltganzen zurückgeführt werden. Das erfordert eine »Änderung der Sehweise«, die Übung verlangt.

Auch wenn man wie im Platonismus die Physik anders betrachtet als die Stoiker, wenn man die schöpferische Kraft, das Pneuma, die Natur, nicht weltimmanent versteht, sondern als reines Sein oder jenseits des Seins ansetzt, ist der Zusammenhang zwischen Theorie und Praxis unmittelbar gegeben. Auch dann geht es darum, dass der Mensch wird, was er eigentlich ist, und wodurch er zur Existenz gebracht ist: Geist. Es geht um die Annäherung an Gott, um die Verähnlichung mit Gott (ὁμοίωσις θεῷ, homoiosis theo), und dazu verhilft die Philosophie und der philosophische Lehrer, der seine Schüler im engen Kontakt formt und erzieht, sie lenkt und zu ihrem eigentlichen Selbst führt.

Dieser Aspekt der antiken Philosophie ist wichtig zum Verständnis der christlichen und vor allem auch der gnostischen Lehrer und ihrer Werke. Man begreift, warum die Christen ihren Glauben schon früh als eine christliche Philosophie darstellten und als Philosophie reflektierten. Denn in der antiken Philosophie, und nur dort, war ihnen ein Modell dafür vorgegeben, wie man eine Sicht der Welt und ihrer Ursache mit einer Praxis zu leben – und zu sterben – verbinden konnte. Oder noch mehr: es war ihnen ein Modell vorgegeben, mit dem sie sich bei ihrer konkurrierenden Botschaft auseinandersetzen mussten. Christliche »Philosophen«, Apologeten und Gnostiker parallel – beide sind zu vergleichen –, begriffen das sehr schnell. Die christlichen Gnostiker orientierten sich insbesondere am Modell der platonischen Philosophie, und wir werden nach den Auswirkungen auf ihre dem Lehrer Christus zugeschriebene, christliche Lehre zu fragen haben.

Ein zweiter Gesichtspunkt, der es nahelegte, sich des philosophischen Modells zu bedienen, ist das hohe Ansehen, das der Philosoph in der Öffentlichkeit genoss. Sein Auftreten und seine Wirkung sind anschaulich beschrieben worden.[4] Die öffentlich lehrenden Philosophen waren sehr unterschiedlicher Art. Es gab nicht nur die schon erwähnten philosophischen Lehrer, die zur Erziehung der Söhne vornehmer Familien beitrugen, sondern auch eine Art von Konzert- oder Salonphilosophen, die mit ihrer Rede über buntgemischte Themenkreise zur gebildeten Unterhaltung beitrugen, es gab den Hausphilosophen, der in senatorischen Häusern Roms wirkte, und den Ratgeber und Fürsprecher von Städten im Osten. Für alle galt – und das ist es, worauf es hier ankommt –, dass ihnen als Philosophen hohes Ansehen entgegengebracht wurde und sich große Erwartung mit ihrem Auftreten verband. Sie beförderten diese Wirkung auch rein äußerlich selbst: Der Philosophenmantel, ein einfaches Gewand, und eine auffällige Haartracht betonten ihre Andersartigkeit und Unabhängigkeit, die sie zu freier Rede gegenüber der Gesellschaft befähigte. Philosoph werde man nicht aufgrund eigener Entscheidung, sondern – so häufig in programmatischen Selbstdarstellungen – durch Konversion aufgrund göttlicher Weisung (so etwa Dio Chrysostomos, *Orationes* 13, 1–11). Das ist Selbststilisierung, die aber doch nur auf der Grundlage der Hochschätzung des Philosophen als unabhängigem Ratgeber und Mahner zur Umkehr möglich war.

Für Christen und christliche Gnostiker, die in griechisch-römischer Umgebung wirken wollten, lag die Rolle des Philosophen nahe. Sie konnte zwar gefährlich missverständlich sein, markierte aber den überbietenden Anspruch

4 Dazu J. Hahn, *Der Philosoph und die Gesellschaft. Selbstverständnis, öffentliches Auftreten und populäre Erwartungen in der hohen Kaiserzeit*, Wiesbaden 1989.

sehr genau, den der so Auftretende mit seiner Rede verband. Der afrikanische Theologe Tertullian trug, wie andere Christen, den Philosophenmantel, das Pallium. Er wusste genau, wie stark die Wirkung der bloßen Erscheinung des Philosophen eingeschätzt wurde, und begründet das am Ende des 2. Jahrhunderts so, nachdem er zuvor die Ausschweifungen der römischen Gesellschaft gebrandmarkt hatte (*De pallio* 5,7 ff.):

> Diese Krankheiten der Gesellschaft – wer wird sie ausbrennen, wenn nicht die in das Pallium gekleidete Rede (›sermo palliatus‹)?
>
> Durch die Rede – sagt man – hast du mich überzeugt als durch ein sehr weises Heilmittel. Wahrhaftig, auch wenn die Stimme schweigt – aus Schüchternheit oder schamhafter Befangenheit –, so tönt doch schon die äußere Erscheinung. Auch wenn sie nämlich wortlos ist, geht doch die Philosophie mit der (guten) Lebensführung einher. Der Philosoph wird gehört, wenn er nur gesehen wird. Durch mein Auftreten schon werden die Laster zum Schweigen gebracht. Wer ist nicht unangenehm betroffen, wenn er seinen Widersacher erblickt! Wer kann seine Augen auf den richten, auf den er seine Gedanken nicht richten kann! Groß ist der Vorteil des Palliums, dass schon beim Gedanken daran die lasterhaften Sitten erröten.
>
> So redet das Pallium. Ich aber übertrage es auch noch auf die göttliche Gemeinde und Lehre. Freue dich, Pallium, und jauchze! Eine bessere Philosophie hat dich gewürdigt, seit du begonnen hast, den Christen zu kleiden.

Mit dieser expressiven Rede – der Traktat Tertullians endet damit – sind alle Vorteile bezeichnet, die die Übernahme der Philosophenrolle den Christen bieten konnte. Hohe Erwartungen konnten genutzt, Anspruch und Überbietung angemeldet werden. Ein Absturz in die Lächerlichkeit war auch möglich. Der Mut der Übernahme ist beträchtlich. Es wird klar: Die Rolle des antiken Philosophen, des Lehrers und Erziehers, war für christliche Theologen und die Gnostiker unter ihnen verwendbar, die des antiken Theologen, des Götterkundlers, und die der antiken Religion dagegen keineswegs.

3 Die antike Religion der Römer und Griechen

Antike Religion ist Kultpraxis. Sie vollzieht sich als rituelles Handeln, das in Gruppen – öffentlich oder privat, im städtischen Leben, in der Vereinsgruppe oder der Familie – durchgeführt wird. »Für die römische Antike ist – wie für die Antike allgemein – Religion grundsätzlich als eine ›eingebettete‹, d.h. in unterschiedliche kulturelle, politische und ökonomische Zusammenhänge integrierte Praxis zu fassen.«[5] Religion ist in diesem Sinne im politischen und jeder Art von gesellschaftlichem Leben selbstverständlich präsent. Man erlernt »Religion« durch Teilnehmen an kultischen Aktivitäten. Lehrbücher für Religion oder Religionsunterricht gibt es nicht. Religion ist kollektiv und traditionell. Antike Religion ist, man begreift es schon hier, etwas ganz anderes, als man von der christlichen Religion her an-

5 J. Rüpke, »Religion X, Rom«, in: *Der Neue Pauly. Enzyklopädie der Antike*, Bd. 10, S. 910–917, bes. S. 911f.

zunehmen geneigt ist, und darf nicht von dieser her verstanden werden. Antike Religion hat ihr Zentrum nicht im glaubenden Bezug des Einzelnen und der Gemeinde zu dem Gott, von dem sie sich getragen weiß, einem Glauben, aus dem sich nachfolgend die Haltung des Glaubenden zur Welt ergibt. Die antike griechische und römische Religion ist geradezu ein »Gegentypus zu den monotheistischen Religionen«.[6]

Antike Religion wird greifbar als rituelles Handeln. Ihr Gegenstand sind die Götter »als die Gesamtheit der auf diese ›Symbole‹ bezogenen rituellen Praktiken« (Rüpke, *Religion X. Rom*, S. 911). Ihre Existenz wird vorausgesetzt und als Teil der sozialen Ordnung akzeptiert. Grundelemente der Rituale sind Gebet, Opfer, Prozessionen und Spiele. »Rituale stellen ein Zeichensystem dar, das in der Perspektive der Ausführenden der Kommunikation mit den Göttern dienen soll und zugleich vielfache menschliche Kommunikation realisiert«.[7] Das Zeichensystem ist eine andere Art von Sprache, in der Gesten und Handlungen – Berührung, Prozession, Gabe, Mahl, Gebet – die Funktion von sinntragenden Worten und Sätzen übernehmen. Der Teilnehmende »versteht«. Wie er versteht, bleibt offen oder unterliegt der Deutung, häufig eindeutiger Deutung. So leistet das überlebensgroße Kultbild im Tempel einen Beitrag zur Verhältnisbestimmung von Mensch und Gott. Der Betrachter muss zu ihm aufsehen. Die Statue zeigt schon als solche, auch durch ihre Schönheit, die Grenzen

6 C. Auffarth, »Die frühen Christentümer als Lokale Religionen«, in: *Zeitschrift für Antikes Christentum* 7 (2003), S. 14–26, bes. S. 17.

7 J. Rüpke, *Die Religion der Römer. Eine Einführung*, München 2001, S. 99 ff.

des Menschseins an. Bestimmte Pflegerituale (Waschen, Ölen, Ausschwefeln und Bekleiden von Kultbildern) markieren deren Epiphanie oder, wenn sich Menschen dem unterziehen, die Reinheit, die die Teilnahme am Ritual erfordert. Besonders wichtig ist das Opfer als »Bildchiffre für eine Frömmigkeit, die die traditionellen Grundwerte der römischen Gesellschaft akzeptiert« (Rüpke, *Religion der Römer*, S. 137). Der Einzelne stellt sich – durch den Ort, der ihm beim Opfer und dem anschließenden Bankett angewiesen wird, durch die Handlung, die er ausführt oder nicht ausführt, durch den Anteil am Opfermahl, der ihm zukommt oder eben nicht zukommt – an den Platz, den er in der Gesellschaft einnimmt. Er vollzieht die Rolle, die ihm in der Gesellschaft und im Kosmos gegenüber den Göttern gebührt. Religion wird daher beschrieben als zentrales Medium öffentlicher Kommunikation. »Religiöse Rituale geben Gelegenheiten zur Selbstdarstellung städtischer Eliten und der Bürgerschaft, hier können sich die Träger des Gemeinwesens über ihre Werte und Ziele verständigen«.[8] Dieses »Konzept von Religion«, nicht die einzelnen Götter, nicht eine Theorie von Religion, sondern Religion als religiöses Handeln, »exportiert« Rom unter Einbeziehung lokaler Gottheiten in das Imperium mittels seiner militärischen und administrativen Strukturen.

Deutungen ritueller Praxis gibt es in der Antike auch. Aber, das ist entscheidend, sie sind freibleibend und individuell, sie sind nicht beaufsichtigt und nicht von bestimm-

8 J. Rüpke, »Wie verändert ein Reich Religion – und wie die Religion ein Reich? Bilanz und Perspektiven der Frage nach der ›Reichsreligion‹«, in: *Die Religion des Imperium Romanum*, hrsg. von H. Cancik und J. Rüpke, Tübingen 2009, 5, vgl. S. 14 f.

ten Gremien kontrolliert. Rüpke nennt sie »amorph und eher nebensächlich« (*Religion der Römer*, S. 87). Dazu passt, dass Texte zur Erläuterung und Voraussetzung des Kultes bei der rituellen Handlung keine Rolle spielen. Im berühmten Bericht des Apuleius über die Einweihung in die Isismysterien (*Metamorphosen* 11,22–23) aus dem 2. Jahrhundert heißt es, der Priester habe nach den Eröffnungszeremonien und dem Frühopfer einige Bücher herbeigebracht, die »in unverständlichen Buchstaben aufgezeichnet waren« – Tiergestalten, formelhafte Kürzungen, rankenartige Verschlingungen –, »um sie vor der neugierigen Lesung der Laien zu schützen« (›a curiositate profanorum lectione munita‹). Der einzuweihende Lucius erhält im Geheimen einige Weisungen, die »zu erhaben für eine Mitteilung sind« (›quae voce meliora sunt‹). Lediglich das Gebot, Fleisch und Wein zu meiden, darf laut vor den Ohren des anwesenden Volkes verkündet werden. Auch über das Moment der Arkandisziplin hinaus ist deutlich, dass es um den Vollzug der Initiation geht, nicht um ihre Deutung. Was der Einzuweihende dabei erlebte, bleibt individuell. Was er gar denken sollte, ist nicht festgelegt.

Den Unterschied dieser Art von Religion zum Christentum bezeichnet gegen Ende des 4. Jahrhunderts Augustin. Er schreibt in *De vera religione* 1,1,1–3, der Irrtum der Völker, die viele Götter verehren, sei klar daran zu erkennen, dass die »Weisen dieser Polytheisten, die sie Philosophen nennen«, voneinander abweichende Schulen, aber gemeinsame Tempel hätten (›eorum sapientes, quos philosophos vocant, scholas habentes dissentientes et templa communia‹); will sagen: Sie denken über Gott und die Welt höchst verschieden, aber sie begehen gemeinsam den

Kult. Das genau macht den Unterschied aus: Während die Christen ihren Kult an das richtige Verständnis des Glaubens binden, gilt für die antike Religion das Gebot des richtigen religiösen Tuns. D.h. nicht, dass man als antiker »Polytheist« den Glauben an die Götter nicht auch mit vernünftiger Beweisführung begründen könnte, was einem Philosophen gut ansteht. Notwendig für die Akzeptanz des Kults ist es aber keineswegs. Denn dafür genügt der gebotene Glaube an die Vorfahren, die ihn uns so überliefert haben (so Cotta bei Cicero, *De natura deorum* 3,6 und 9). Auch Augustin weiß, dass die Philosophen, die den traditionellen Kult mitvollziehen, »privat« (privatim), aber durchaus vor den Ohren des Volkes, etwas ganz anderes verteidigen können (*De vera religione*, 1,1,3). Philosophisches Nachdenken und rituelles Alltagshandeln haben keinerlei Auswirkungen aufeinander. Sie stehen nebeneinander. Augustin dagegen nutzt zu seiner Zeit sein genanntes Diktum dafür, die Häretiker, die vom wahren christlichen Glauben abweichen, aus der Gemeinschaft des Gottesdienstes und der Sakramente auszuschließen. Denn das geht eben nicht: abweichend über den Glauben zu denken und gemeinsam Gottesdienst zu feiern. 200 Jahre vor Augustin macht dasselbe schon Irenäus mit den Gnostikern. Der Ausschluss aus der Kirchengemeinschaft, verbunden mit dem Verbot, in der Kirche zu predigen, ist die entschlossen ergriffene Möglichkeit, sich der Gnostiker zu erwehren (AH 3,15,2).

Die zuweilen gestellte Frage also, ob Gnosis eine Religion sei, kann im Blick auf die antike römische Religion nicht beantwortet, sondern muss zurückgewiesen werden. Denn hinter der Frage steht ein anderer, erst vom Christentum her entworfener Religionsbegriff. Antike Religion gibt es nicht im Plural. Sie kann nicht neben die Gnosis oder das Christentum gestellt und verglichen werden. Es handelt sich um etwas anderes.

4 »Private« religionsphilosophische Literatur der Kaiserzeit

Auf diese Literatur ist abschließend nur zu verweisen, weil sie der gnostischen im methodischen Ansatz verwandt ist. Sie hat keinerlei normierende Beziehung zum Kult, wie aus dem Vorangegangenen schon deutlich wurde, ist eher eine Unterabteilung der Philosophie und umfasst philosophische Deutungen religiöser Traditionen durch gebildete Intellektuelle. Es handelt sich um eine eminent »private« Literatur, die aber in unserer Epoche auf offenbar größeres Interesse stieß. Ihre Autoren finden in religiösen Überlieferungen, d. h. in Mythen traditioneller und fremder Kulte, in Götterbildern und Einzelheiten von Ritualen, Spuren göttlicher Wahrheit, indem sie sie von ihrer jeweiligen philosophischen Einsicht und Schulrichtung her interpretieren. Eine große Deutungsbreite und Variationsfreudigkeit herrscht vor, wie wir sie auch in der gnostischen Literatur antreffen werden. Auf diese Literatur ist die moderne Bezeichnung »Henotheismus« angewandt worden. Gemeint ist damit, dass eine einzige göttliche Kraft als bewegende Ursache hinter allem anerkannt wird, ohne dass damit die Existenz vieler Götter in Frage gestellt würde. Diese »henotheistische« Einstellung ist charakteristisch für die Zeit des ausgehenden 1. und des 2. Jahrhunderts und kennzeichnet nicht nur die religionsphilosophische Literatur. Sie ist auch für das Verständnis und die Rezeption der Gnosis nicht ohne Bedeutung.

Ich nenne einige der einflussreichsten Vertreter dieser religionsphilosophischen Literatur in Kürze. Allen voran ist Plutarch (45 – ca. 125) zu erwähnen, Angehöriger einer vornehmen Familie in der griechischen (böotischen) Provinzstadt Chaironeia, vielfältig gebildet, für seine Stadt politisch tätig und später einer der beiden ständigen Apollonpriester in Delphi. In seinen religionsphilosophischen Schriften ergründet er mit Hilfe der Lehren Platons den tieferen Sinn antiker Religionen. Nach seiner Ansicht geht die wahre, altüberkommene Lehre auf eine Uroffenbarung zurück, die sich bei vielen Völkern, vor allem aber bei Platon, erhalten hat. Ausführlich deutet er so den Isiskult und seinen Mythos in platonischer Weise, was uns noch näher beschäftigen wird.

Etwa gleichzeitig lebt Dion von Prusa, später auch Chrysostomos, Goldmund, genannt (ca. 40–112). Er wurde, aus reicher Familie in Kleinasien stammend, zunächst als Sophist ausgebildet und war später Schüler des stoischen Philosophen Musonius. Er wirkte lange in Rom und war ein bedeutender Redner mit einem buntgemischten, vielfältigen Themenspektrum politisch-pädagogisch-moralischer Interessen. Seine Vorstellungen und Ziele sind denen in gnostischen Schriften nicht unähnlich. So findet er in der borysthenitischen Rede z.B. in einem angeblich alten und fremden Mythos, der in Wahrheit von ihm selbst nach platonischem Vorbild variiert ist, maßgebliche Hinweise für das ideale Zusammenleben der Menschen im kosmischen, von guten Göttern gelenkten Ganzen. In der olympischen Rede spürt er anhand der Zeusstatue des Pheidias in Olympia den Möglichkeiten nach, wie das Göttliche hier in dieser Welt zu erfahren sei. Aus der Zusammenfassung am Schluss der Rede geht schön hervor, an wen er sich wendet und was er – im Sinne des oben erwähnten theistischen Henotheismus – vermitteln will:

> Möglicherweise ist vielen Hörern verborgen geblieben, wovon meine Rede handelte, obwohl sie, wie ich meine, sehr wohl auf Philosophen wie auf das Volk als Zuhörer abgestimmt war. Gehandelt wurde über die Errichtung von Weihestatuen, wie dabei am besten zu verfahren sei, über die Dichter, ob ihr Denken über das Göttliche positiv oder negativ zu bewerten sei, dazu über die erste Vorstellung von Gott überhaupt, wie sie aussieht und auf welche Weise sie bei den Menschen entstand. Vieles, glaube ich, wurde auch über die Macht des Zeus und seine damit korrespondierenden Beinamen gesagt. Wenn das auch noch verbunden war mit einem Loblied auf diese Statue und auf die, die sie errichtet haben, dann umso besser. Denn wirklich scheint dieser Gott jetzt auf uns zu blicken, ganz Wohlwollen und Güte, so dass es mir um ein Haar so vorkommt, als würde er sagen: (…) (Übersetzung von H.-J. Klauck).

Die Rede endet mit einem leicht variierten Homerzitat. Dion hat mit der Gnosis nichts zu tun. Aber die Themen seiner Rede, das eine Göttliche, das hinter allen Erscheinungen der Welt anzunehmen ist, die Arten, wie dieses Göttliche gegenüber den Menschen vermittelt und von ihnen erfasst werden kann, seine Güte und die daraus zu folgernde Haltung des Menschen, bilden die Interessenlage ab, in die hinein auch die gnostischen Autoren sprechen. Auch die Adressaten – »Philosophen wie das Volk« –, die Dion erreichen will, sind ebenso das Publikum für die Gnostiker. Sie schreiben aus einer anderen Überzeugung, antworten aber auf die gleichen oder doch sehr ähnliche Fragen.

Aelius Aristides (117 – ca. 180), ebenfalls Sohn einflussreicher Familie aus Mysien in Kleinasien, Rhetor und Sophist, hielt vielbewunderte Prunkreden zu verschiedenen Anlässen, Vorträge über vermischte Themen, Prosahymnen und, vor allem für uns interessant, die »Heiligen Reden« (ἱεροὶ λόγοι, hieroi logoi), eine Art religiöser Autobiographie, wie sie genannt wurden, vorsichtiger: ein Bericht über eine Fülle von Träumen, in denen der Heilgott Asklepius dem an einer schweren, andauernden, möglicherweise psychosomatischen Krankheit leidenden Aristides erscheint und ihm Heilungsvorschriften und Verhaltensmaßregeln erteilt. Die Reden beschwören eine als symbiotisch empfundene Einheit zwischen Aristides und Asklepius, Mensch und Gott, Aristides und seinem »Erlöser« (σωτήρ, soter): Im Asklepius-Tempel von Smyrna erblickt er am »14. Januar 171« eine Götterstatue, die ihm in einem Augenblick als er selbst, dann als Asklepius erscheint (*Orationes* 47,17). Aristides hält sich für den Diener und deutenden Exegeten (ὑποκριτής, hypokrites) des Gottes. Als er von jemandem in Smyrna mit dem Namen Theodorus (Gottesgabe) angesprochen wird, akzeptiert er den Namen als von Gott gegeben. Denn: »alles, was ich hatte, war Gabe des Gottes« (*Orationes* 50,53). Ohne ihn will er nichts tun, auch nicht die ihm angetragene Priesterschaft im Asklepius-Heiligtum in Smyrna ohne Rücksprache mit ihm übernehmen (*Orationes* 50,102). Mit dem Gott vereint und von ihm erwählt, fühlt er sich für seine Leiden entschädigt und fähig, die menschlichen Verhältnisse zu überwinden.

Wir kommentieren diese extremen Erfahrungen nicht, halten nur fest, dass sie im 2. Jahrhundert möglich waren. Es liegt vielleicht nicht ganz fern, sie mit der Verbindung von pneumatischem Gnostiker und seinem himmlischen Paargenossen in Beziehung zu setzen, von der wir hören werden. Für den Gnostiker wird die Einheit mit dem himmlischen Pendant erst eschatologisch voll realisiert, ist aber doch schon mit der Erkenntnis des Gnostikers in der Welt wirksam – freilich weniger realistisch als bei Aristides.

Wir brechen hier ab. Andere Autoren wären noch vorzustellen. Apuleius wurde schon erwähnt. Philostrats Leben des Wundermannes Apollonius von Tyana, Lukian, auch Marc Aurel wären, je aus verschiedenem Blickwinkel, zu betrachten. Sie alle kennzeichnen das religiöse Denken und Empfinden der Zeit auf dem Grenzgebiet zwischen Fachphilosophie und Kultpraxis. Die Gnosis entwickelte sich vor diesem Hintergrund und hinterließ eine breite Literatur, die so vielfältig und komplex ist wie die Zeit, in der sie entstand.

III Ansätze der Forschung

Das Phänomen Gnosis hat seit über 250 Jahren das Interesse der verschiedensten geisteswissenschaftlichen Disziplinen hervorgerufen. Religionswissenschaftler, Philosophen und Theologen, Philologen aller Fachgebiete, Orientalisten und Judaisten widmeten der Gnosis intensive Arbeit. Die gnostischen Quellentexte, deren Abgrenzung im Einzelnen nicht unumstritten ist, wurden von den verschiedensten Interessen her behandelt und den unterschiedlichsten Auslegungsmethoden unterworfen. Es entstand eine Vielzahl von Gnosisbildern, die teilweise bis heute nachwirken und Aspekte des Gesamtphänomens bleibend sichtbar gemacht haben. Wir skizzieren hier lediglich einige Hauptlinien der Forschung.

Schon die ältere Forschung des 19. Jahrhunderts war sich des orientalischen (I.J. Schmidt), des jüdischen (J.F. Buddeus, A. Neander, F.C. Baur) und vor allem des griechischen Anteils an der Gnosis bewusst. In diesem letzten Sinn bemühte sich insbesondere Ferdinand Christian Baur (1792–1860) um eine Bestimmung des Verhältnisses des »Christlichen« zum sogenannten »Heidnischen« (d.h. für ihn »Griechischen«) in der Gnosis. Baur sah der Gnosis ein spekulatives, philosophisches, nicht so sehr ein religiöses Interesse zugrunde liegen, was die Gefahr der Verflüchtigung des christlichen Inhalts in sich geborgen habe. Die Gnosis beurteilte Baur, von Hegel beeinflusst, geradezu als eine Entwicklungsstufe des Christentums, auf der Christus nicht mehr nur als Heilsprinzip, sondern als allgemeines kosmisches Prinzip verstanden werde. Denn Hauptinhalt der gnostischen Systeme sei aufgrund ihres durch und durch dualistischen Charakters »der Prozess der Weltentwicklung«, der aus der Berührung der beiden dualistischen Prinzipien, Gut und Böse, Gott und Materie, entstehe. Christus werde als Vollender in den Zusammenhang der Wiederherstellung der gesamten Weltordnung gestellt. Es handele sich also nicht mehr um das, was Baur als »ursprünglich« ansah, um eine »Erlösung im sittlich religiösen Sinne«.[9]

Adolf von Harnack interessierte sich für die Gnosis im Rahmen der Entwicklung der christlichen Dogmengeschichte, beschäftigte sich daher nur mit den »hervorragenden gnostischen Schulen«, d.h. denen des Basilides und Valentin, »wie sie im 2. Jahrhundert auf griechischem Boden ein wichtiger Factor in der Geschichte der Kirche geworden sind«.[10] Die übrigen Quellen, die aus den Kirchenvätern zu erheben sind, erkannte er zwar an, tat sie aber als »syrische Vulgärgnosis« (so in der 3. Auflage, S. 289), ja sogar als »Kehricht« (5. Auflage, S. 249) ab. Er sah die von ihm gemeinte Gnosis analog zur katholischen Ausprägung des Christentums in »Lehre, Sitte und Cultus« sich ausbilden (S. 250) und charakterisierte sie als »acute Verweltlichung, resp. Hellenisierung des Christentums« (S. 250). Diese Einordnung, die ihre bleibende particula veri behält, sollte – diese Einschränkung muss beachtet werden – den Gnostikern »ihre Stellung in der Dogmengeschichte« anweisen (S. 250). Hier liegt das Interesse Harnacks. Seine Formulie-

9 F. C. Baur, *Das Christentum und die christliche Kirche der drei ersten Jahrhunderte*, Tübingen (1853) 1860, S. 175–189; abgedruckt bei K. Rudolph, *Gnosis und Gnostizismus*, S. 1–16.

10 A. von Harnack, *Lehrbuch der Dogmengeschichte*, 1. Auflage, Tübingen 1886, hier zitiert nach der 5. Auflage 1931, S. 253.

rung wurde berühmt. Für Harnack sind die Gnostiker »kurzweg die Theologen des ersten Jahrhunderts gewesen« (S. 250), will sagen: des ersten kirchenhistorischen Jahrhunderts.

Im Gegensatz zu dieser Wahrnehmung der Gnosis vom Rahmen der Kirchengeschichte her bezog zu Anfang des 20. Jahrhunderts Wilhelm Bousset und mit ihm die Religionsgeschichtliche Schule die Quellenfülle, die schon damals in den Kirchenvätern angedeutet war, in die Gnosisforschung ein. Bousset wollte das »gesamte für die Gnosis in Frage kommende Religionsgebiet« überschauen,[11] d.h. auch und vornehmlich die von Harnack sogenannte Vulgärgnosis. Er wurde der Exponent einer »entschlossene(n) Inangriffnahme und Weiterführung der allgemeinen religionsgeschichtlichen Betrachtung« des Phänomens Gnosis. Dabei wollte er sich nicht auf eine »gnostische Grundidee« festlegen, sondern bewusst die »reiche Mannigfaltigkeit nebeneinander liegender, sich mannigfach verschlingender Gedanken« der Gnosis stehenlassen und sie einem umfassenden religionsgeschichtlichen Vergleich unterziehen (S. 8f.). Im Unterschied zu Harnack sah er den wesentlichen Wert der erhaltenen gnostischen Zeugnisse darin, dass sie »ganze Schichten untergegangener religiöser Vorstellungen und Anschauungen in der Versteinerung und Erstarrung« erhalten (S. 8). Also nicht die vorliegenden Quellen interessierten in erster Linie, sie waren ja versteinert und erstarrt, sondern was sie in sich bargen und was der Historiker Bousset anhand der »Überreste einer

11 W. Bousset, *Hauptprobleme der Gnosis*, Göttingen 1907 (Neudruck 1973), S. 7.

verschollenen religiösen Vergangenheit« (S. 8) wieder lebendig machen wollte. Er fasst diese »Vergangenheit« und damit die »Grundvorstellungen dieser Gnosis« in einem rekonstruierten kosmogonischen, dualistischen Mythos zusammen (S. 320 f.). Dessen Entstehung (die ihm »fast restlos klar geworden« ist, S. 321) führt er auf den »Zusammenprall persischer und babylonischer Religionsgedanken«, »griechische Einflüsse« und »orientalische Parallelen« zurück, sieht also in der Gnosis eine »im Grunde durchaus heidnische Religion« (S. 323). Diese Vorstellung führte in die Irre. Es gibt keinen rekonstruierbaren orientalischen, vorchristlichen gnostischen Mythos, wie sich gleich noch näher zeigen wird. Bei bleibender Hochachtung vor der geleisteten gewaltigen Sammelarbeit kann das heute gesagt werden.

In Weiterführung des Ansatzes von Bousset entwickelte Richard Reitzenstein[12] als Inbegriff und Ursprung aller Gnosis einen vorchristlichen Mythos vom »erlösten Erlöser«, den er auf iranischen Ursprung zurückführte. Er verstand darunter die Vorstellung von einem himmlischen Lichtwesen, einem Gott, »Mensch« genannt, der in die Finsternis gerät und daraus erst wieder gelöst werden kann, nachdem er einen Teil von sich zurückgelassen hat. Dieser Teil ist die in den Menschen dieser Welt eingekerkerte Lichtseele, von gleicher Substanz wie das himmlische Lichtwesen, der »Urmensch«. Daraus ergibt sich: Sowohl das Lichtwesen »Urmensch« muss seine versprengten Teile sammeln, um wieder vollständig zu werden, als auch die

12 R. Reitzenstein, *Die hellenistischen Mysterienreligionen*, Leipzig ³1927 (Nachdruck 1956).

im Körper gefangenen einzelnen Lichtseelen müssen durch das Lichtwesen wieder befreit und gesammelt werden, da sie nur so der Einkerkerung in den Körper der Finsternis entkommen können. Der Urmensch, der diese Sammelarbeit vollbringt, ist also im Wortsinne »erlöster Erlöser«.

Diese Vorstellung eines erlösten Erlösers, verbunden mit dem entsprechenden kosmogonischen und anthropogonischen Mythos, hat die Gnosisforschung lange geprägt, mit starken Auswirkungen in die Theologie und biblische Exegese. Heute ist aufgrund der gelehrten Arbeit von Carsten Colpe[13] allgemein anerkannt, dass es einen solchen Mythos aus vorchristlicher, archaischer Zeit niemals gegeben hat. Er ist weder ein uraltes Gebilde, das durch viele Kulturen gewandert ist, um in unterschiedlichsten Überlieferungskreisen seine Spuren zu hinterlassen, noch handelt es sich um *einen* definierbaren Mythos, noch geht er auf *einen* Ursprung, sei es Iran (Reitzenstein) oder das Judentum (Quispel) oder welche Kombination von Ursprungsgebieten auch immer, zurück. In verschiedenen Variationen hat sich die Theorie eines Erlösermythos dennoch fortgesetzt (Puech, Schenke, Bianchi, Rudolph, Holzhausen). Dem ist ein gewisses Recht insofern nicht abzusprechen, als die erhaltenen gnostischen Mythen – nicht deren erschlossener Ursprungsmythos – gewisse übereinstimmende Strukturmerkmale zweifellos aufweisen. Ich arbeite aus verschiedenen Gründen nicht mit diesem Konstrukt, obwohl zuzugeben ist, dass die mythische

13 C. Colpe, *Die religionsgeschichtliche Schule. Darstellung und Kritik ihres Bildes vom gnostischen Erlösermythos*, Forschungen zur Religion und Literatur des Alten und Neuen Testaments 78, Göttingen 1961.

Ausdrucksweise der Gnostiker immer auch rätselhaft bleibt. Dazu unten mehr.

Dass das Thema Gnosis bis heute eine so ungebrochene Anziehungskraft entfaltet, verdankt es zum wesentlichen Teil einer Deutung aus den 30er Jahren des vorigen Jahrhunderts, die mit Recht die »intellektuell bedeutendste und wirkmächtigste Interpretation der Gnosis« (J. Halfwassen) genannt worden ist, der von Hans Jonas (*Gnosis und spätantiker Geist*, Teil 1, Göttingen 1934, Teil 2/1, 1954). Jonas verstand die Gnosis, damals ausgehend von der Existenzphilosophie Martin Heideggers, als Ausdruck der menschlichen Daseinserfahrung der Angst, der Einsamkeit und des Ausgesetztseins in dieser Welt, die als abgrundtief fremd gegenüber dem eigenen Ich erfahren wird. Jonas hat diese als Grundbefindlichkeit des Gnostikers angesehene Haltung in mitreißenden Interpretationen gnostischer Texte aufgezeigt und damit zutreffend ein Moment der Distanzierung des Ichs von dieser Welt namhaft gemacht, das zweifellos in den Texten enthalten ist. Ob es das auslösende Moment für die Gnosis ist, darf gefragt werden. Nach Jonas provoziert diese Grunderfahrung das, was er die revolutionäre »Projektion« eines überweltlichen Gottes nennt. Der sich in dieser Welt als fremd erfahrende Mensch projiziert einen solchen Gott, der sich in unsagbarer Überlegenheit gegenüber dieser Welt befindet, um seine eigene Verwandtschaft mit ihm zu legitimieren. Ihm fühlt sich der Gnostiker zu eigen, belehrt durch eine Erkenntnis, die er auf Offenbarung dieses Gottes zurückführt.

Mit dieser Deutung war Außerordentliches geschehen. Jonas fand in den gnostischen Texten des 2. und 3. Jahrhunderts eine Lebenseinstellung wieder, die der eminent modernen Einstellung des Existentialismus in der Mitte des 20. Jahrhunderts außerordentlich nahe, ja analog war, und er konnte sie in den Texten aufweisen! Die alten, merkwürdigen und skurrilen Texte wurden unter seiner sie erklärenden Feder lebendig und modern verstehbar. Es konnte nicht ausbleiben, dass diese Sicht auf die Dinge die Gnosisforschung insgesamt zutiefst beeinflusste. Der im Sinne von Jonas verstandene gnostische Dualismus zwischen Mensch und Welt einerseits und parallel zwischen Welt und Gott andererseits bestimmt als kennzeichnendes Charakteristikum die verbreitete Anschauung von Gnosis bis heute.

Wer Jonas' Sicht der Dinge in einer beurteilenden Zusammenfassung von ihm selbst lesen möchte, sollte zu seinem Aufsatz »Gnosis, Existentialismus und Nihilismus« greifen, den er geschrieben hat, als er sich längst von der Existenzphilosophie gelöst hatte (englisch 1952, deutsch, von ihm selbst, 1960, 1963 und öfter). Er liest sich wie eine Befreiung vom Existentialismus mit Hilfe der Gnosis. Jonas beschreibt, wie er, ausgerüstet mit den Kategorien der Existenzphilosophie der Schule Heideggers, wie sie sich in *Sein und Zeit* fassen lässt, die gnostischen Texte erschloss, die sich unerwartet weit öffneten und bisher nicht Gesehenes zeigten, und fragt sich, inwiefern umgekehrt der Existentialismus, »der die Grundstrukturen menschlicher Existenz überhaupt zu explizieren beansprucht« (S. 6), von der Gnosis her, einer sozusagen »gnostischen« Lesung des Existentialismus her erhellt werden könnte. Er beschreibt das Wesen des Existentialismus als »ein gewisser Dualismus …, eine Entfremdung zwischen Mensch und Welt mit dem Verlust der Idee eines verwandten Kosmos, kurz: ein anthropologischer Akosmismus« (S. 9) und findet einen analogen, alles bestimmenden Dualismus in der Gnosis. Dabei »gehören Mensch und Gott gegenüber der Welt zusammen, sind aber dieser wesenhaften Zusammengehörigkeit zum Trotz eben durch die Welt getrennt« (S. 11). Daraus erwächst Angst, aber auch die einzigartige Überlegenheit des einzelnen Gnostikers, der sich aufgrund seines Geistes durch eine »unüberbrückbare Kluft« (S. 7) vom Rest der Wirklichkeit geschieden weiß und entsprechend danach strebt, »selbst und eigentlich zu sein, ›authentisch‹ zu existieren«. Das wird im Einzelnen expliziert am gnostischen Antinomismus und Akosmismus und führt zu dem, was »gnostische Naturverachtung« genannt wird, parallel zu der »existentialistische(n) Entwertung der Natur« (S. 22). Jonas selbst wendete sich von da an in seiner eigenen Philosophie konsequent der Natur in ihrer Verehrungswürdigkeit zu.

Ob seine Gnosisdeutung nicht zu sehr von jenem extremen Dualismus zwischen Gott/Mensch gegen Welt und entsprechend der sogenannten gnostischen Naturverachtung, dem kosmischen Nihilismus, geprägt ist, muss gefragt werden. Zumindest weiß sie wenig von der Erlösung und dem, der sie schenkt. Er, Gott, wird bezeichnenderweise nur als »Nicht-Welt« charakterisiert. Die Ursache des »Bruches« zwischen »Mensch und totalem Sein« (S. 25) und dessen Funktion im Ganzen wird nicht reflektiert. Es könnte aber selbst die starke Betonung einer schlechten oder unzureichenden Welt, wie sie die Gnosis zweifellos vornimmt, auch andere Gründe haben, nämlich: die Größe und unvergleichliche Andersheit Gottes, der die in der Antike als göttlich verehrte Welt so unsagbar überragt, auszusagen und zu umschreiben. Der Gott, von dem die Gnostiker redeten, war mehr, als die Adressaten ihrer Rede aus den Vorstellungen ihrer Welt erschließen konnten. Inwiefern er mehr war, muss unsere Interpretation der Quellen zeigen.

Einen gewissen Abschluss dieser langen Epoche der Forschung, die noch mit dem eingeschränkten Bestand aus weithin indirekten Quellentexten arbeitete, bildete der große internationale Gnosiskongress vom April 1966 in Messina mit dem bezeichnenden und, wie wir heute wissen, unglücklichen Titel »*The Origins of Gnosticism*«. Er war nicht als Abschluss, sondern als Klärung und Neuanfang gedacht. Der Kongress schlug in einem vom Plenum verabschiedeten Schlussdokument eine neue Terminologie für die Gnosisforschung vor, nach der man künftig unterscheiden solle zwischen Gnosis und Gnostizismus. Mit »Gnosis« solle bezeichnet werden eine alle Zeiten und Räume übergreifende Erkenntnis, die als »ein Wissen um göttliche Geheimnisse, das einer Elite vorbehalten ist«, beschrieben wird. Unter »Gnostizismus« solle das verstanden werden, was wir hier unter Gnosis verstehen, nämlich »eine bestimmte Gruppe von Systemen des 2. Jahrhunderts nach Christus«. Dahinter verbirgt sich mehr als eine bloße Sprachregelung, nämlich die Überzeugung von Gnosis und Gnostizismus als etwas ganz Eigenem und Ursprünglichem, das zwar nicht genau definiert wurde, aber eben doch vorausgesetzt werden müsse. Nach einer »Weltgeschichte« von Gnosis und Gnostizismus zu fragen sei legitim. Der Kongress blieb ohne große Wirkung und wurde nicht wiederholt. Insbesondere nachdem die Texte der neuen koptischen Handschriftenfunde allmählich zugänglich wurden und nüchterne Arbeit verlangten, waren globale Forschungsziele obsolet geworden. Als Ergebnis hat sich eine Sprachgewohnheit herausgebildet: Im deutschen Sprachraum redet man im allgemeinen wie stets von Gnosis, im englisch- und französischsprachigen von Gnostizismus. Gemeint ist dasselbe, die Systeme des 2. und 3. Jahrhunderts.

Von heute aus gesehen endete mit dem Kongress von Messina 1966 und dem lesenswerten Sammelband aus der Reihe »Wege der Forschung« (Bd. 262: *Gnosis und Gnostizismus*, Darmstadt), den Kurt Rudolph 1975 herausgab, eine in vieler Beziehung große Epoche der Forschung. Sie war abgegrenzt durch die Kenntnis eines bestimmten Umfangs von Quellen. Sie endete bei aller Verschiedenheit mit einer These über die Gnosis, die ich mit Rudolphs Worten, nicht mit denen des Schlussdokuments von Messina, zusammenfasse:

> Was Gnostizismus oder Gnosis ist und was nicht, dürfte einigermaßen der heutigen Forschergeneration deutlich sein. Ihm ist eigen: ein antikosmischer Dualismus, die Überzeugung von der Konsubstantialität des Salvator und Salvandus (also eine Art göttlicher Monismus), eine typische Offenbarungs- und Erlösungslehre sowie eine kühn gehandhabte Schriftexegese oder -allegorese. Seine Lehren sind in einer eigenen schriftlichen Überlieferung niedergelegt, die sich nach Herkunft und Schulbildung unterscheiden (*Gnosis und Gnostizismus*, S. 773).

Schon immer gab es auch andere Stimmen, wie etwa die des Klassischen Philologen Hermann Langerbeck, der gnostische Texte von Paulus her erklärte und sie seinen Studenten in lebhaften Vorlesungen lebendig zu machen wusste, oder es wurde auf ergänzende Züge der Gnosis hingewiesen, so etwa durch Ugo Bianchi auf ihre »parasitäre« Rolle, d.h. ihre Fähigkeit, die gnostische Grundstimmung in anderen, fremden religiösen Überlieferungen und deren mythologischen Vorstellungen zum Ausdruck zu bringen. Der Forschungskonsens der Epoche der eingeschränkten Quellenkenntnis stand aber fest.

In den 60er Jahren des letzten Jahrhunderts wurden allmählich die neuen koptischen Quellentexte zugänglich, und es begann die lange Phase der Editionen, Übersetzungen und Kommentierungen. Die Faksimile-Edition der *Nag Hammadi Codices* (NHC) erschien in den Jahren 1972–1984, die erste vollständige englische Übersetzung der Texte von Nag Hammadi, maßgeblich der Initiative von James Robinson gedankt, im Jahr 1977. Die Arbeit daran hält an. Eine neue These, gar ein Konsens über das, was Gnosis insgesamt sei, ist nicht in Sicht. Weder ist eindeutig zu beantworten, warum die Textsammlung von Nag Hammadi in der vorgefundenen Form im 4. Jahrhundert zusammengestellt wurde, noch ist die Zuweisung der einzelnen Texte klar. Nicht alle scheinen gnostisch zu sein, gewiss nicht alle christlich-gnostisch. Gelungen ist es, eine größere Anzahl von Texten zwei schulenartigen Gruppierungen zuzuweisen, die schon aus den Kirchenvätern teilweise bekannt waren, der sogenannten sethianischen und der valentinianischen Schule.

Der Sethianismus wurde von Hans-Martin Schenke und dem Berliner Arbeitskreis für gnostische Studien »entdeckt« und später von amerikanischen Forschern, insbesondere John Turner, ausführlich studiert. Den bei Irenäus,

AH 1,29–31, überlieferten gnostischen Systemen wurden elf Texte aus Nag Hammadi, darunter die verschiedenen Fassungen des *Apokryphon des Johannes*, zugeordnet und als Lehre einer literarisch zusammengehörigen Gruppe interpretiert. Die Texte erwiesen ihre Verwandtschaft durch auffällige mythologische Übereinstimmungen, so die himmlische Göttertrias von Urvater, Barbelo und Autogenes, die immer mit gleichen Namen benannten Äonen und großen Erleuchter und so fort. Die ihnen zugehörige sethianische Lehre beruht auf der Überzeugung dieser Gnostiker, »Same des Seth«, des Urvaters ihres erwählten Geschlechts, und des Erlösers seines Samens zu sein. Es ist sogar eine literargeschichtliche Entwicklung des Sethianismus nachgezeichnet worden.[14]

Für den Valentinianismus begann der norwegische Gelehrte Einar Thomassen ein paralleles Unternehmen und legte 2006 eine eindrucksvolle Gesamtdarstellung dieser Schule vor.[15] Der Ausgangspunkt ist hier insofern ein anderer als beim »Sethianismus«, als schon die Antike von einer großen, in einen westlichen und östlichen Teil aufgegliederten Schule des Valentinianismus wusste. Thomassen geht dem gründlich anhand der Zeugnisse der Kirchenväter und der valentinianischen Texte aus Nag Hammadi nach, unter ihnen dem wichtigen, umfänglichen *Tractatus Tri-*

14 Vor allem J. Turner, *Sethian Gnosticism and the Platonic Tradition*, Quebec/Louvain/Paris 2001 und »Typologies of the Sethian Gnostic Treatises from Nag Hammadi«, in: *Les Textes de Nag Hammadi et le Problème de leur Classification*, ed. L. Painchaud et A. Pasquier Quebec/Louvain/Paris 1995, S. 169–217.

15 E. Thomassen, *The Spiritual Seed. The Church of the »Valentinians«*, Leiden/Boston 2006.

partitus (NHC I,5), dem »key piece that creates a bridge between the heresiological reports on the Valentinian systems and the non-systematic Valentinian tractates in the Nag Hammadi library« (S. 1). Er zeichnet die Filiation der valentinianischen Schule und die Grundlinien ihrer Theologie nach und beginnt behutsam, diese in Bezug zur zeitgenössischen Philosophie zu setzen.

Damit sind zwei eindrückliche Hypothesen zu Teilgebieten der heute bekannten Quellen aufgestellt. Die Diskussion darüber ist im Gange, auch das Verhältnis der beiden Gruppierungen zueinander ist noch nicht eindeutig geklärt. Es gibt Stimmen, die den Sethianismus nicht als eine relativ homogene Gruppe ansehen und die Zuordnung der Texte aus Nag Hammadi anders vornehmen. Vor allem wird bestritten, ob man, wie Schenke und Turner meinen, das sethianische System als ursprünglich und grundsätzlich vorchristlich anzusehen habe (Gerard P. Luttikhuizen, 2009). Es gibt andere Stimmen, die die »Sethianer« als die Gnostiker schlechthin ansehen wollen, weil sie allein sich nach Irenäus AH 1,29,1. 11,1 selbst »Gnostiker« nannten. Von ihnen ausgehend habe man die gesamte Bewegung der Gnosis deshalb zu verstehen. Marcion und Valentin seien von ihnen beeinflusst (Bentley Layton, David Brakke, 2011). Das ist alles noch kaum entschieden.

Die alten, heftig umstrittenen Fragen der Forschung nach Wesen und Ursprung der Gnosis sind über der Fülle von Detailarbeit an den neuen Texten in den Hintergrund getreten. Nicht, ob »Gnosis als Weltreligion« (so ein Buchtitel von Gilles Quispel aus dem Jahr 1951) zu betrachten sei, wird heute diskutiert, man bezieht sich vielmehr auf sehr viel kleinere Quelleneinheiten und versucht, sie sachgemäß zu analysieren. Das ganz große Pathos der Gnosisforschung ist verschwunden. Nach wie vor virulent und strittig ist die Frage, ob Gnosis im Kern nichtchristlich ist oder ob sie auf dem Boden des gedanklich-dogmatisch noch unfertigen Christentums des 1. und 2. Jahrhunderts entstand. Die Frage ist heute in keiner Weise einvernehmlich geklärt. Vielleicht ist sie mit einem schlichten Entweder-oder nicht zu beantworten.

Zur Gnosis insgesamt sind in jüngerer Zeit vor allem negative Voten erschienen. Michael A. Williams schlug in einem engagiert geschriebenen Buch *Rethinking ›Gnosticism‹. An Argument for Dismantling a dubious Category* (1996) vor, auf den Begriff ganz zu verzichten. Er zeigte auf, dass die mit der Gnosis und den Gnostikern in Zusammenhang gebrachten Begriffe »revolt«, »protest«, »salvation«, »pessimistic world-rejecters« und »anticosmic bodyhaters« u. s. f. widersprüchliche Assoziationen hervorriefen und auch nicht auf alle sogenannten gnostischen Quellentexte passen. Auf der Suche nach einer neutralen Kategorie für die Zueinanderordnung und Organisation der Quellentexte schlug er vor, lediglich von »biblical demiurgical myth« zu reden. Das ist zwar nicht aufgegriffen worden, es bleibt aber sein Verdienst, Klarheit darüber eingefordert zu haben, welche der vielen in Frage kommenden Quellen man für ein Phänomen, das man immer noch »Gnosis« nennen könnte, heranziehen will und warum.

Williams Anregungen folgten Karen King (2003), Elaine Pagels (2003) und der oben schon erwähnte David Brakke (2011). Auch Frau King will den Begriff Gnosis aufgeben, während ihn Brakke strikt auf die »sethianischen« Barbelo-Gnostiker reduzieren will. Frau King kommt durch eine

Analyse der polemischen Methoden der Kirchenväter zu ihrem hinsichtlich des Begriffs Gnosis resignativen Urteil. Sie deckt dabei ein solches Maß an »Konstruktion« auf, dass ihr der zu ermittelnde Wahrheitsgehalt beider Seiten völlig abhandenzukommen scheint. »The discourse not only determines the self but constructs the other as well« (S. 24). Auch wenn man die Resignation der Autorin nicht teilt, hilft ihre Analyse zu einer sachgemäßeren Nutzung der indirekten Quellentexte. Elaine Pagels ist aus andern Gründen nicht mit dem häresiologisch besetzten Begriff »gnostisch« zufrieden. Ihr Interesse geht darauf, die einschlägigen Quellentexte in die Vielfalt des sich im 1./2. Jahrhundert ausbildenden Christentums einzugliedern und sie als ein anderes Christentum, das einst auch möglich gewesen sei, vorzustellen. Es ist ihr in besonderer Weise gelungen, diese Texte für ein breiteres kirchliches wie kirchenfernes Publikum zu erschließen.

Gleichsam außer Konkurrenz soll abschließend auf die Arbeit eines Forschers eingegangen werden, der, wie mir scheint, mehr als alle anderen in der Lage war, sämtliche Quellen und deren vermutete Ursprungskulturen, die je mit der Gnosis in Zusammenhang gebracht wurden, zu überblicken, die Arbeit des 2009 verstorbenen Religionswissenschaftlers und Theologen Carsten Colpe. Das Ergebnis seiner Studie zur »Religionsgeschichtlichen Schule« und zum Erlösermythos kennt und akzeptiert jeder, es wurde oben bereits erwähnt. Sein großer, 122 Spalten umfassender Artikel über »Gnosis II (Gnostizismus)«, unterschieden von »Gnosis I (Erkenntnislehre)«, aus dem *Reallexikon für Antike und Christentum* (RAC) aus den Jahren 1980/81 ist dagegen, soweit ich sehe, kaum rezipiert. Das hat verschiedene Gründe, nicht zuletzt den durch die Fülle des Materials und die Vorgaben des Lexikons bedingten schwierigen Telegrammstil. Colpe kannte und studierte intensiv nicht nur die alten Quellen zur Gnosis, sondern vom ersten Bekanntwerden an auch die koptischen Texte aus Nag Hammadi. Seine *Einleitung in die Schriften aus Nag Hammadi* ist vor kurzem postum erschienen (Münster 2011). Colpes RAC-Artikel stellt die einzige Synthese auf der Basis aller Quellen zur Gnosis und ihrer Hintergründe dar, die es gibt. Wir referieren hier kurz zumindest den Kern dessen, was Colpe als »gnostisch« charakterisiert und von »vorgnostisch« abhebt. Auch darin, dass er genau das sich zu tun bemüht, unterscheidet er sich von anderen.

Zunächst Grundsätzliches zu Colpes Sprachregelung. Er sieht im gnostischen Erkenntnisbegriff eine Veränderung gegenüber anderen antiken Erkenntnis-Spekulationen. Die Erkenntnis sei »Funktion eines Erkenntnisorgans geworden, das Substanzqualität erlangt hat und behandelt werden kann wie jede andere Substanz, ja wie eine Person«. In der Gnosis sei dieses Erkenntnisorgan, von Colpe »Selbst« genannt, dualistisch zerspalten in zwei Bestandteile (»Hypostasen«) bei weiterhin bestehender gleicher »Substanz«. Dieses hypostatisch zerspaltene Selbst stehe in der Gnosis im Zentrum eines bestimmten Erlösungsdenkens, durch das erklärt wird, wie es zur hypostatischen Spaltung des Selbst kommt und wie sie wieder aufgehoben wird (Sp. 540 f.).

Colpe stellt dezidiert fest, dass unter dieser Terminologie ein spezifischer und abgrenzbarer Bereich von Mythen und/oder Systemen zusammengefasst werden kann, den er Gnostizismus nennt (d. h. unsere Gnosis des 2./3. Jahrhunderts). Von ihm gilt: »Diesen Gnostizismus gibt es nur in der Zeit, in der es auch das Christentum gibt, also nicht vorchristlich. Er enthält jedoch zweierlei, das auch in vorchristlicher Zeit gegeben oder mindestens möglich ist.« Dies sei einmal das hypostatisch zerspaltene Selbst, das im Sinne von dualistischer oder mythologischer Gnosis zu verstehen sei. Es seien zum anderen zusammenhängende Überlieferungen, Lehren, einzelne Gestalten und Kräfte, Verhaltensweisen, Kultus- und Organisationsformen, Ideen und Systeme, die jedoch in der vorchristlichen Antike noch nicht auf dualistische und mythologische Gnosis hingeordnet seien (Sp. 541).

Unter diesen Prämissen ist nach Colpe von Gnosis dann zu sprechen, wenn folgende Punkte zutreffen:

1. Himmlische und irdische Welt, Licht/Geist und Finsternis stehen sich so gegenüber, dass (bei einer einsetzenden Abwärtsbewegung des Selbst) keine Kontinuität der Qualität des Lichts besteht, sondern sich ein scharfer »Bruch« (Sp. 571), eine »totale Depravation« (Sp. 559) des Lichts/Geistes ergibt. Das Gott und Mensch verbindende Selbst ist so gebrochen, dass der depravierte Teil nicht wieder zum himmlischen Licht gelangen kann (Sp. 561f., 571). Er ist fremd in der irdischen Welt oder im menschlichen Leib, klagt um die verlorene Heimat oder hat sie gänzlich vergessen, ist aber nach wie vor »Bestandteil« der den Kosmos transzendierenden Lichtwelt (Sp. 571).

2. Die Rückkehr des im Kosmos oder Leib gefangenen Teils des Selbst in die Lichtwelt kann nicht von dem gefangenen, depravierten Selbst ausgehen. Es hat seiner selbst vergessen. Auch Ermahnung und Lehre durch himmlische Boten können es nicht zur Rückkehr bewegen. Eine solche

Weise der Stärkung und Bewahrung des Selbst ist der Philosophie eigen. Sie ist nicht gnostisch (Sp. 571). Das gefangene Selbst kann nicht als solches aus sich aktiviert oder platonisch in der Höhle »umgedreht« werden.

3. Rückkehr und damit Errettung und Heilung kann für das gefangene Selbst nur durch Erlösung, d. h. eine den Kontinuitätsbruch überwindende Errettung, einen Ruf aus der Transzendenz selbst geschehen. Colpe spricht von »einem tief reflektierten Erlösungsgedanken«, »der in der ganzen Religionsgeschichte nur der Gnosis eigen ist« (Sp. 559). Erlösung in diesem Sinne hat immer ein Moment von Offenbarung. Sie befreit aus Unwissenheit, Irrtum und Selbstvergessenheit.

4. Erlösung geschieht daher nicht mittels belehrender Aktivierung des seiner selbst vergessenen Selbst durch einen Lehrer oder Propheten. Das genügt nicht. Erlösung geschieht durch einen Erlöser. Der gnostische Erlöser ist der himmlische Teil des zerspaltenen Selbst und »tritt sich als seiner irdischen, in die Materie gefesselten Hälfte in hypostatisch verselbständigter Gestalt gegenüber« (Sp. 552). Seine Funktion ist daher vor allem von seiner eschatologischen Wirkung her zu begreifen, was auf keinen Propheten, Weisen oder philosophischen Lehrer zutrifft. Er wirkt endzeitlich wiederherstellend und zusammenführend.

5. Der Unterschied der gnostischen Erlösungsvorstellung von griechisch-platonischen und jüdisch-christlichen Vorstellungen von Heil besteht darin, dass der erlöste Gnostiker zur Identität mit seinem himmlischen Selbst gelangt, nicht zur Ebenbildlichkeit (Sp. 570, vgl. Sp. 559). Außerhalb der Gnosis konstituiert schon das Selbst an sich – Selbst-Spekulationen gab es nach Colpe vielfach – eine Art

›Soteria‹ (Bewahrung) des Menschen, d. h. seine Harmonie mit sich, dem Kosmos, der Gottheit etc. »In der Gnosis muss das Selbst jedoch selbst erlöst, d. h. erweckt, zu sich selbst gebracht, an seine durch seine himmlische Heimat bestimmte Eigentlichkeit erinnert werden« (Sp. 570 f.).

6. Wie es zur Zerspaltung, dem Bruch im Selbst, kommt, und wie er im Erlösungsprozess wieder aufgehoben wird, wird in kosmogonischen Mythen begründend beschrieben (vgl. Sp. 541).

7. Ab wann von Gnosis geredet werden kann, wann also die Veränderungen in der Vorstellung von einem zerspaltenen Selbst so weit vorangeschritten sind, dass sie Gnosis genannt werden können, ist nur zu erschließen. Colpe rechnet mit dem 1. Jahrhundert v. Chr., womit aber kein einheitlicher Anfang gesetzt sein soll; auch spätere Ausbildungen sind denkbar. Grundsätzlich gilt: »Wenn es gelingt, chronologisch festzulegen, wann man zuerst zwei Hypostasen statt einer bildete bzw. den Bruch im vorgegebenen Selbst empfand bzw. die Verbindung der eigenen Seele mit der des Kosmos nicht mehr ohne Offenbarung realisieren konnte, dann hat man den Anfang der Gnosis« (Sp. 559).

8. Zur Frage, ob und inwiefern das Christentum zur Entstehung der Gnosis beigetragen habe, äußert sich Colpe nur vorsichtig. Grundsätzlich gilt für ihn: »Der zur gnostischen Daseinshaltung führende Bruch und die in der gnostischen Weltdeutung vollzogene Mythologisierung der Begriffe sind letztlich nicht erklärbar« (Sp. 572).

Fazit: Colpe benennt aufgrund umfassender Quellenkenntnis wichtige Charakteristika der Gnosis, die zu beachten sind. So vor allem der eingetretene totale »Bruch«, der eine Erlösung und keine andere Art der Wiederaufhebung nötig macht. Erlösung ist damit zu begreifen als eine in keiner Weise durch das zu Erlösende selbst zu bewerkstelligende Rettung, die zur Identität des zu Rettenden mit dem Retter führt. Ich bin allerdings skeptisch gegenüber dem von Colpe für die Gnosis vorausgesetzten Substanzdenken. Denn es konterkariert ja den von ihm mit Recht so betonten Begriff der Erlösung. Wenn der depravierte, im Kosmos oder Leib gefangene Teil des Lichts wieder mit dem transzendenten, reinen Licht/Geist vereinigt werden muss, weil Substanzqualität Zu-Erlösendes und Erlöser verbindet, liegt diese Errettung des verlorenen Teils durchaus im Interesse des Lichts. Es bestünde sogar eine zwingende Notwendigkeit für die Erlösung. Damit wäre eine interessengeleitete Begründung für die – m. E. grundlose – Erlösung gegeben.

IV Die Quellen zur Gnosis

In diesem Kapitel wird ein Überblick über die Quellen der Gnosis insgesamt, ihre Herkunft, Eigenart und ihre Gattungen gegeben. Wie wir bereits sahen, handelt es sich im wesentlichen um zwei große Blöcke, die Nachrichten der Kirchenväter und die gnostischen Originaltexte in koptischer Übersetzung.

1 Die Nachrichten der frühen Kirchenschriftsteller

Die Gnosis hat anfangs vor allem als christliche Häresie Anstoß erregt. Schon im Neuen Testament beklagt sich der Autor des 1. Timotheusbriefes über das »gottlose leere Geschwätz und die falschen Lehren der fälschlich sogenannten Gnosis (Erkenntnis)« und mahnt seinen Adressaten, sich davon fernzuhalten (1. Tim. 6,20). Unsere frühesten Informationen über die Gnosis bestehen entsprechend in deren ausführlichen Widerlegungen durch christliche Theologen des 2. und beginnenden 3. Jahrhunderts. Dabei werden Zitate, Paraphrasen und Referate von gnostischen Werken und Lehren mitgeteilt, die selbst nicht mehr erhalten sind. Für die Gnosisforschung ergab sich daher schon immer die Frage, inwieweit man diesen Mitteilungen trauen könnte. Waren sie nicht polemisch verzerrt und tendenziös ausgewählt? Mir scheint aus mehreren Gründen die Lage nicht so hoffnungslos zu sein, wie es scheint. Selbstverständlich sind die Widerlegungen der Väter insgesamt polemisch – das zu sein war ihre Aufgabe. Aber jede wirkungsvolle Polemik muss ja den bestrittenen Gegenstand noch erkennen lassen. Sie muss, auch wenn sie Verzerrungen der gegnerischen Lehre vornimmt, doch auf erkennbaren Fakten aufbauen, sollte die Widerlegung nicht wirkungslos verpuffen. Zudem muss man die Lehrmeinungen, Absichten und Methoden der Bestreiter kennen und berücksichtigen, um den Wahrheitsgehalt und die Intention ihrer Aussagen einschätzen zu können. Das ist möglich. Dazu kommt schließlich, dass die Väter präzise Aufklärungsarbeit leisten wollten und mussten. Denn die Gnosis ist eine schwierige Sache. Zwar hatten charismatische gnostische Prediger offenbar großen Zulauf in den eigenen Kirchen und Gemeinden, aber dass jeder Hörer, der ihnen anhing, wirklich verstanden hatte, was da gesagt wurde, darf bezweifelt werden. Die kirchlichen Theologen mussten also nicht nur widerlegen, was sich da in ihren Gemeinden an falschen Ansichten auszubreiten drohte, sondern sie mussten dieses Falsche erst einmal benennen, vorstellen und dann darüber aufklären. Deswegen enthalten ihre widerlegenden Werke ausführliche Zitate und Paraphrasen gnostischer Lehrschriften, die nicht gänzlich tendenziös ausgewählt sein konnten. Sie mussten ja für die angesprochenen Sympathisanten der Gnostiker, die zurückgewonnen werden sollten, erkennbar sein. Kurz: Mir scheint der Quellenwert der frühen Kirchenschriftsteller bei nüchterner methodischer Überlegung nicht gar so gering zu sein, wie heute, geblendet vom Glanz der »Originalschriften« aus Nag Hammadi, zuweilen angenommen wird.

Die gnosiskritischen Autoren der Alten Kirche und ihre Werke werden im folgenden kurz vorgestellt. Sie stammen aus allen Regionen der christlichen Ökumene von West nach Ost – ein Hinweis auf die Verbreitung und zeitgenössische Aktualität der Gnosis.

Irenäus von Lyon stammt aus dem christlichen Westen von Kleinasien und ist Presbyter und später Bischof in Lyon von etwa 170 bis 190. Er ist ein traditionsbewusster und traditionsbegründender kirchlicher Theologe von hohem Rang. Sein Werk *Darlegung und Widerlegung der fälschlich so genannten Gnosis* (lateinisch *Adversus Haereses*, abgekürzt AH) in fünf Büchern, verfasst etwa zwischen 180 und 185, ist die Grundlage für alle andern kirchlichen, die Gnosis bekämpfenden Werke. Er verwendet selbst Nachrichten aus dem älteren, heute verlorenen Syntagma des christlichen Apologeten Justin. Irenäus kann ein großer Theologe genannt werden. Er hat die Bedeutung der Gnosis und die Gefahr, die sie für christliche Theologie darstellte, erkannt und konzipierte erstmals – in Widerlegung der Hauptpunkte ihrer Lehre – eine Art Gesamtentwurf christlich-kirchlicher Theologie. Ähnliches gab es vorher noch nicht, vielmehr suchte man im ganzen christlichen 2. Jahrhundert noch auf verschiedene Weise, wie man den eigenen Glauben intellektuell verstehen und argumentativ durchdringen könnte. Irenäus setzt dem gnostischen Mythos, der vom Ursprung bis zum Ende ein umfassendes Lehrsystem bietet, einen ebenso umfassenden, konsistenten Entwurf kirchlich-christlicher Lehre entgegen und stellt dabei mit Absicht die enge Verbindung zu seinen kirchlichen Vätern und Lehrern her. »Dies und nur dies ist christlicher Glaube und so ist er begründet«, steht gleichsam über seiner ganzen Arbeit. Irenäus' griechisch verfasstes theologisches Werk ist später durch andere Theologen überholt worden und daher als Ganzes nur noch in lateinischer Übersetzung erhalten. Zum Zeitpunkt seiner Entstehung ist es schnell in der Christenheit des Römischen Reiches verbreitet worden, wie alle anderen antihäretischen Schriften bezeugen, die Irenäus sämtlich benutzen.

Tertullian von Karthago (ca. 160–220) ist der erste lateinisch schreibende christliche Autor aus Nordafrika, ein argumentativ begabter, scharfzüngiger Polemiker, streng und rigoros entschlossen, am christlichen Glauben gegen alle Einwände festzuhalten und seinen häretischen Gegnern jede Mitsprache in christlich-theologischen Angelegenheiten abzusprechen. Tertullian setzt mit seinen zahlreichen Schriften in eigenwilligem und beredtem Latein den Anfang der lateinischen christlichen Literatur. Er wirbt leidenschaftlich für Christentum und Kirche. Von daher sind seine apologetischen Schriften, sein Einsatz für eine tadelsfrei christliche Lebensführung und seine Polemik gegen jede Form von christlicher Häresie, gegen heidnische Philosophie und jüdisches Missverständnis des Messias zu verstehen. In seinem Traktat gegen die gnostischen Valentinianer fußt er auf den Informationen des Irenäus. In einem fünfbändigen Werk setzt er sich intensiv mit dem der Gnosis nahestehenden Erzketzer Marcion auseinander. Beide Theologen, Irenäus und Tertullian, erwehren sich der gnostischen Gefahr durch strikte Abgrenzung und Ausgrenzung der von ihnen als Häretiker angesehenen Gnostiker.

Hippolyt von Rom (ca. 165–235) ist Presbyter und möglicherweise Bischof eines Teils der römischen Gemeinde. Er ist ein gelehrter, fleißiger und streitbarer, dabei viele Worte machender Autor und Verteidiger seiner Auffassung von christlicher Theologie. Er schrieb eine umfassende *Widerlegung aller Häresien* (*Refutatio omnium haeresium*, abgekürzt Ref.). Als Informationsquelle dafür benutzt er Irenäus, macht aber darüber hinaus noch weitere Quellenberichte über gnostische Gruppierungen ausfindig (Naassener, Peraten, »Sethianer«, Justin, den Gnostiker, u.a.), so dass er mit nicht geringem Stolz 33 häretische Gruppierungen vorstellen und, wie er meint, widerlegen kann. Wie schon Irenäus und Tertullian vor ihm war er – nicht ganz zu Unrecht – der Auffassung, die gnostischen Theologen hätten ihre Lehren in Anlehnung an die griechische Philosophie, an Mysterienweisheit und Astrologie entwickelt (Ref. I, Prooemium 8–9), ohne diese wirklich zu verstehen. Hippolyt ist ein Autor ohne große systematische Kraft. Wir wissen nicht, in welcher Form ihm die Quellen vorlagen, die er über Irenäus hinaus kannte. Was er daraus macht, ist auf weite Strecken hin reichlich konfus. Sein Quellenwert ist abgesehen von den direkten, aber nicht allzu häufigen Zitaten relativ gering und nur im Zusammenhang mit andern Texten zu nutzen.

Ähnliches gilt auch für den letzten und schon späten Autor einer Widerlegung der Häresien:

Epiphanius von Salamis (ca. 350–403) ist Mönch und Metropolit von Zypern. Er ist ein heftiger Streiter gegen die trinitarischen Häresien seiner Zeit und verfasst in diesem Zusammenhang ein als Enzyklopädie gedachtes Werk über sämtliche Häresien, die es je gab, einen, wie er es nennt, *Arzneikasten gegen die Häresien* (*Panarion adversus haereses*), darunter auch die gnostischen Gruppierungen. Epiphanius »heilt« nicht zuletzt durch Abschreckung. Die Tendenz zum Abstrusen und Grotesken nimmt in seinen Mitteilungen daher noch einmal zu. Er schöpft aus den Werken des Irenäus und Hippolyt, darüber hinaus nutzt er alles, dessen er auf seinen Reisen habhaft werden konnte. Darunter finden sich dann auch kostbare Perlen, z.B. der vollständige originale Wortlaut eines Lehrbriefes des valentinianischen christlichen Gnostikers Ptolemäus an eine römische Dame namens Flora aus der 2. Hälfte des 2. Jahrhunderts, eine erste Einführung in die christliche Gnosis anhand der Frage, wie man als Christ das alttestamentliche Gesetz verstehen müsse.

Ganz anders geartet als die Nachrichten aus diesen Sammelwerken gegen die Häresien sind die Informationen, die wir von zwei großen alexandrinischen Theologen aus dem Ende des 2. und Anfang des 3. Jahrhunderts erhalten, Klemens und Origenes. Auch für sie irren die gnostischen Christen und müssen daher widerlegt werden, aber das geschieht in diskursiver Auseinandersetzung. Die Gnostiker sind hier eher Gesprächspartner, zwar anderer Ansicht als man selbst, aber doch so, dass man ihren Ansatz ernsthaft erwägen und in Auseinandersetzung damit die eigene theologische Überlegung entwickeln kann. Aus den Schriften dieser Autoren erahnt man am ehesten die intellektuelle Kraft der großen Gnostiker, die mehr als nur Abstruses zu sagen hatten.

Klemens von Alexandrien (ca. 150–220) war ein gelehrter, christlicher Lehrer im lebendigen intellektuellen Klima des antiken Alexandrien. Er war mit der Philosophie der Griechen vertraut und versuchte unter den gebildeten Köpfen seiner Zeit für das Christentum zu werben, das er als Krone und Übergipfelung der Philosophie darstellte. Christus war der neue Orpheus, der alles, was Philosophie immer zu erlangen erstrebte, nun vollgültig lehrt. Klemens verfasste eine Art Trilogie, mit der er für den christlichen Glauben wirbt, die gewonnenen Christen in ihre neue Lebensform einweist und schließlich im dritten Teil, den »Teppichen«

(*Stromata*, abgekürzt Str.), einer zeitgenössischen Literaturgattung entsprechend, in der Manier eines bunten Teppichs über die wichtigsten Themen christlicher Existenz spricht und seine Leser zum nachdenkenden Mitvollzug seiner Gedanken auffordert. Er handelt »über Glaube und Weisheit, über Erkenntnis (Gnosis) und Wissen, über Hoffnung und Liebe, über Buße und Enthaltsamkeit und besonders auch über die Furcht Gottes« (Str. 2,1,1). Dabei bezieht er sich mehrfach auf gnostische Theologen, vor allem Basilides und Valentin, deren Kenntnis er bei seinen Lesern voraussetzt. Für den modernen Nutzer seiner Informationen zur Gnosis bedeutet das, dass zwar keine Vorstellung der gnostischen Lehrer geboten wird wie in den ketzerbekämpfenden Werken der Väter, aber auch keine polemisch verzerrten oder nicht verstandenen Zusammenhänge. Vielmehr liefert Klemens zu den Themen, die er gerade bespricht, kurze, aus dem ursprünglichen Kontext genommene Zitate oder referiert die gnostische Lehrmeinung dazu, wie er sie verstehen zu dürfen meint. Das hat den Vorteil, dass Themen mit originalen Textbelegen angesprochen werden, deren Behandlung man bei den Häresiologen kaum findet. Der Nachteil ist die zusammenhanglose Zufälligkeit der Aussagen. – Klemens benutzt selbst den Begriff »Gnostiker« mehrfach und nennt so den in seinem Sinne wahren, verstehenden und sich bemühenden Christen. Das ist wohl nicht als Überbietung unserer Gnosis gemeint, zumal sich seine wichtigsten Gewährsleute, Basilides und Valentin, nicht Gnostiker nannten, soweit wir wissen. Dass es gänzlich ohne Bezug zur Gnosis geschähe, ist aber kaum glaubhaft.

Origenes (185–253) – sein Enkelschüler, Euseb von Cäsarea, nennt ihn bewundernd »ein Meer« – ist der erste große

Exeget und systematische Theologe der christlichen Kirche. Für ihn gilt in verstärktem Maß, was zu Klemens gesagt wurde. Er begegnet den gnostischen Theologen im Diskurs, zitiert sie ohne Boshaftigkeit und bespricht ihre Ansichten sachlich, wenn auch meistens ablehnend. So insbesondere in seinem Kommentar zum Johannes-Evangelium, in dem er nahezu fünfzigmal die Johannes-Auslegung des Gnostikers Herakleon aus den Jahren 170–175 zitiert und kritisch diskutiert.

Origenes hat es nicht mehr nötig, sich allzu sehr antihäretisch zu ereifern, was ihm ohnehin nicht liegt. Denn die Kraft der Gnostiker ist zu seiner Zeit schon gebrochen. Zwar gibt es sie noch, aber sie haben keine Chance mehr, den Weg der christlichen Theologie zu bestimmen. Origenes ist ihnen gedanklich auch weit überlegen. Dennoch ist er von der Gnosis zutiefst angeregt und beeinflusst worden. Sein gewaltiger Entwurf eines zusammenhängenden Ganzen von Theologie, Kosmologie und Anthropologie in seinem Werk *De Principiis*, *Über die Grundwirklichkeiten* (so H. J. Vogt), ist zwar ganz sein eigener, aber die Gnostiker, die ihm vorausgingen, wollten mit ihren Mythen dasselbe – eine umfassende Gesamtdeutung von Gott, Welt und Mensch, und zwar im Einklang mit der Schrift. Etwas zugespitzt gesagt kann man Origenes' theologische Gesamtschau als die Vollendung dessen betrachten, was Gnostiker gewollt, aber nicht erreicht haben. Sie gehört insofern zu den Nachwirkungen der Gnosis.

Es waren also die bedeutendsten Theologen ihrer Zeit, die sich mit der Gnosis auseinandersetzten, und sie taten es nicht nur nebenbei. In Auseinandersetzung mit der Gnosis wurde geklärt, was die Grundlagen christlicher Theologie sind und nach welchen Kriterien christliche Theologie auszuarbeiten sei.

2 Gnostische Originaltexte in koptischer Übersetzung

Gnostische Schriften sind als solche in ihrer originalen griechischen Sprache nicht überliefert. Da die Gnosis aber vom 2. bis 4. Jahrhundert weit verbreitet war, wurden ihre Texte auch in die lokalen Sprachen des Römischen Reiches übersetzt, so auch ins Koptische, die letzte Form der alten ägyptischen Sprache. Koptische Versionen gnostischer Texte, geschrieben auf dem antiken Beschreibstoff Papyrus, haben sich erhalten, weil die klimatischen und geographischen Verhältnisse in Ägypten für die Erhaltung antiker Handschriften günstig sind. Es kam zu aufsehenerregenden Funden.

Schon im 19. Jahrhundert wurden die nach den Sammlern benannten *Codices Askewianus* und *Brucianus* publiziert. Sie enthalten gnostische Spätschriften (*Pistis Sophia*, *Bücher des Jeu*, ein *Werk ohne Titel* mit ausführlicher Beschreibung der jenseitigen Lichtwelt, Gebete). Mit ihrer überbordenden Fülle von mythologischen Einzelheiten erschwerten sie den Zugang zum Gehalt der Gnosis. Es waren Texte, die von »Wissenden« für »Wissende« geschrieben waren.

Von größerer Bedeutung ist der 1896 erstmals bekannt gewordene Fund des sogenannten *Codex Berolinensis Gnosticus*. Er enthält wichtige, auch anderweitig und sogar in griechischen Fragmenten bekannt gewordene Texte (*Das Evangelium der Maria*, das *Apokryphon des Johannes*, die *Sophia Jesu Christi*, die *Taten des Petrus*). Allerdings konnte der Kodex wegen einer Verkettung von unglücklichen Umständen erst 1954 durch W. C. Till vollständig publiziert werden. Das hatte zur Folge, dass sein Inhalt erst im Zusammenhang mit dem bedeutendsten Fund gnostischer Originaltexte in koptischer Übersetzung ausführlich genutzt wurde, der jetzt zu besprechen ist.

Die Bibliothek von Nag Hammadi

Zu dem Fund, dessen erster Teil im Jahre 1945 zufällig entdeckt wurde, gehören 13 Kodizes mit insgesamt 52 Einzelschriften. Sie waren in Tonkrügen geborgen, möglicherweise um die Schriften im 4. Jahrhundert vor Vernichtung im Zuge von Verfolgung zu schützen. Fundort war eine Höhle in den Kalksteinklippen des heutigen Ortes Hamra Doms in der Nähe der Bahnstation von Nag Hammadi, 100 km nördlich von Luxor am Nil. Der Fundort liegt in der Gegend des alten Scheneset/Chenoboskion, wo im 4. Jahrhundert Pachomius seine ersten koinobitischen Klöster gründete. In den Einbanddeckeln der Kodizes sind alte Briefe und Quittungen als Verstärkungsmaterial verleimt worden, auf denen Daten von 339 und 342 gefunden wurden, ein Hinweis darauf, dass die Bibliothek vor 350 zusammengetragen und etwa in dieser Zeit (von pachomianischen Mönchen?) versteckt wurde. Der griechische Urtext der koptischen Übersetzungen ist früher entstanden. Die griechischen Vorlagen stammen aus dem 2. bis 4. Jahrhundert.

Die Entdeckungs- und Editionsgeschichte war abenteuerlich und langwierig. Zu ihrem glücklichen Ausgang haben Gelehrte verschiedenster Nationen beigetragen: koptische Ägyptologen (Togo Mina und Victor Girgis), französische Orientalisten und Religionswissenschaftler (Jean Doresse und Henri-Charles Puech), der niederländische Patristiker Gilles Quispel, die deutschen Koptologen Martin Krause und Hans-Martin Schenke und vor allem der amerikanische Neutestamentler James M. Robinson, um nur einige der Pioniere zu nennen. Durch ihren Einsatz sind die Texte in vergleichsweise wenigen Jahrzehnten publiziert, übersetzt und damit jedermann zugänglich geworden: *The Coptic Gnostic Library. A complete Edition of the Nag Hammadi Codices*, General Editor James M. Robinson, 1975–1995, Reprint 2000. Die maßgebliche deutsche Übersetzung ist bearbeitet worden von Mitgliedern des »Berliner Arbeitskreises für koptisch-gnostische Schriften« unter Leitung von H. M. Schenke und H.-G. Bethge: *Nag Hammadi Deutsch*, Berlin / New York, Bd. 1: 2001, Bd. 2: 2003, 3. Aufl. 2013. Diese Ausgabe bietet jeweils auch kurze Einführungen in die einzelnen Texte, die für den folgenden Überblick gern genutzt wurden. Eine französische Ausgabe, Übersetzung und Kommentierung erscheint in der Reihe: Bibliothèque Copte de Nag Hammadi, Section »Textes«, Québec, Canada. Wichtige Veröffentlichungen werden publiziert in der Reihe: »Nag Hammadi & Manichaean Studies«, hrsg. von E. Thomassen, Leiden/Boston.

Die Texte aus Nag Hammadi lassen den Leser in mehrfacher Hinsicht staunen. Sie weisen eine Vielfalt von Gattungen und Formen, von metaphorischen Ausdrucksweisen, Bildern und literarischen Anspielungen auf, die die Gnosis als eine literarische, in der Schriftlichkeit lebende und mit Texten umgehende Bewegung kennzeichnen. Man wird dessen dennoch nicht recht froh. Die Texte sind im allgemeinen keineswegs angenehm zu lesen. Sie wirken häufig redundant, unklar gegliedert, ohne zwingenden Gedankenfortschritt, kraus, abstrus und repetitiv. Ein abschließendes Urteil über ihren literarischen Rang kann noch nicht gefällt werden, weil dazu eingehende Studien über jede einzelne Schrift nötig sind. Soviel wird man aber schon sagen dürfen: um große Literatur handelt es sich nicht. Welche Menschen stehen also hinter diesen Schriften, deren Lebenselement Texte sind, die das Geschriebene auch häufig revidieren, variieren und weiterschreiben, denen es aber doch an Gestaltungskraft und Geschmack mangelt und deren Werke sich, abseits der gebildeten Leserschaft in der Kirche, immer mehr hin zu monströsen Machwerken wie der *Pistis Sophia* bewegen? Die Fragen stellen sich, wir werden sie gegenwärtig nicht beantworten können.

Wir geben im folgenden einen nur grob gegliederten Überblick über die Gattungen und den Inhalt der Texte des Fundes von Nag Hammadi.

Die Mehrzahl der Texte wird von der Forschung der Gnosis zugeordnet. Wenn das nicht der Fall ist, so etwa bei Übersetzungen antiker philosophischer Passagen (Exzerpt aus Platon, *Politeia*; *Sextussprüche*), so sind diese doch gnostisch interpretierbar oder nutzbar für gnostische Erörterungen. Das gilt auch von den weisheitlichen, paränetischen Texten, die manche Interpreten allerdings gar nicht mit der Gnosis in Zusammenhang bringen. Viele der Nag-Hammadi-Schriften gehören der christlichen Gnosis an und geben das durch ihre Bezugnahme auf den Erlöser Christus und andere christliche Charakteristika zu erkennen, manche scheinen nachträglich christianisiert oder andere auch entchristlicht und platonisiert zu sein – der Fund enthält Schriften aus einer Entstehungsperiode von schätzungsweise mindestens 150 Jahren. Einige Texte scheinen keinerlei Bezug zum Christentum zu haben. Einige gehören einer auch sonst gut bezeugten gnosisartigen Religionsphilosophie, der Hermetik, an.

Im einzelnen finden sich die folgenden Textsorten in Nag Hammadi (die genannten Texte sind immer nur als Beispiele zu verstehen, eine vollständige Gliederung ist nicht möglich, die Gruppen und Gattungen überschneiden sich vielfach):

Mythen, Teilmythen und mythisches Material verarbeitende Offenbarungsschriften

Es handelt sich um zentrale Lehr- und Verkündigungsschriften der Gnosis. Sie beschreiben und begründen entweder den gesamten Zusammenhang von Gott, himmlischer Lichtwelt, irdischem Kosmos und Mensch (so das *Apokryphon des Johannes* (NHC II,1; NHC IV,1; NHC III,1; BG 8502,2); *Das ägyptische Evangelium* bzw. *Das heilige Buch des großen unsichtbaren Geistes* (NHC III,2) und der *Tractatus Tripartitus*, NHC I,5) oder Teile des Mythos, etwa den himmlischen Ursprung, die Lichtwelt, das Schicksal der Seele, die Endzeit oder ähnliche Ausschnitte (so: *Vom Ursprung der Welt* (NHC II,5); *Die Hypostase der Archonten* (NHC II,4); *Eugnostos* (NHC III,3) / *Die Sophia Jesu Christi* (NHC III,4); *Die Paraphrase des Sêem* (NHC VII,1); *Der zweite Logos des großen Seth* (NHC VII,2); *Die Erzählung über die Seele*, NHC II,6). Hierher gehören auch Offenbarungsreden einer Gottheit (*Die Brontê – Vollkommener Verstand* (NHC VI,2); *Die dreigestaltige Protennoia*, NHC XIII,1) oder mythenbasierte, argumentative Lehrtexte (*Valentinianische Abhandlung*, NHC XI,2). Diese mythisch ausgerichteten Schriften weisen verschiedene Formen auf. Neben der häufigen narrativen Darstellung (*Das Apokryphon des Johannes*, 1. Teil) steht die Offenbarungsrede (*Brontê*), die Apokalypse (*Die (erste) Apokalypse des Jakobus*, NHC V,3) oder der in eine Genesisparaphrase gekleidete Mythos (*Die Hypostase der Archonten/Vom Ursprung der Welt*; *Das Apokryphon des Johannes*, 2. Teil).

Gnostische Gemeindetexte liturgischen, polemischen und paränetischen Charakters

Diese sehr weit gefasste Gruppierung beansprucht in keiner Weise, ein literarisches Kriterium zu liefern. Es wird lediglich die Fülle der auf die gemeindliche Kommunikation bezogenen Texte zusammengefasst. In diesem Sinne kann man nennen:

a) Liturgische Texte: *Die drei Stelen des Seth* (NHC VII,5), die das liturgische »Formular für den ekstatischen Aufstieg zur Gottesschau« darstellen (Schenke, *Nag Hammadi Deutsch*, Bd. 2, S. 626) – ein wichtiger Text, der erkennen lässt, wie man die religiöse Überzeugung, hier der Sethianer, lebte. Vgl. auch die Hymnen in: *Die dreigestaltige Protennoia* (NHC XIII,1) oder den Anhang der *Valentinianischen Abhandlung* (NHC XI,2).

b) Gebete: Die *Ode über Norea* (NHC IX,2), eine nichtchristliche Anrufung von Wesenheiten der oberen Lichtwelt aus sethianischem Kontext, oder das christliche Sterbegebet aus dem *Gebet des Apostels Paulus* (NHC I,1).

c) Polemische und paränetische Texte, die sich an gnostische Gemeinden wenden: *Die Auslegung der Erkenntnis* (NHC XI,1), eine christlich-gnostische Anweisung für das Zusammenleben der Gemeinde unter Heranziehung von neutestamentlichen Gleichnissen und den Briefen des

Paulus; *Das Zeugnis der Wahrheit* (NHC IX,3), eine christlich-gnostische Homilie mit starker Polemik gegen das katholische Christentum; *Der zweite Logos des großen Seth* (NHC VII,2), eine christlich gnostische, belehrende Offenbarungsrede des Erlösers Jesus Christus über den Heilsplan der zu Erlösenden und seine mythische Begründung, ebenfalls verbunden mit antikatholischer Polemik; *Die Apokalypse des Petrus* (NHC VII,3), eine gnostische Apokalypse mit ebenfalls polemischer Wendung gegen die katholische Deutung christlicher zentraler Lehrpunkte, hier des Kreuzestodes Jesu. Eingebettet in eine Passionsvision wird Leiden und Tod Jesu im gnostischen Sinne interpretiert und erläutert, warum der Tod Jesu zwar heilbringend ist, weil Jesus den Gnostikern vorausgehend zum Vater zurückkehrt (das gespaltene »Selbst« wird vereint), keinesfalls aber wegen der Leiden an sich diese Eigenschaft hat. – Polemische und belehrende Schriften dieser Art sind charakteristisch für die Situation christlich-gnostischer Gemeinden des ausgehenden 2. und 3. Jahrhunderts. Aus der katholischen Kirche sind sie ausgeschieden worden, sie verstehen sich aber weiterhin als christliche Gemeinden, als Christen sogar, die das Geheimnis des Glaubens tiefer verstehen als ihre christlich katholische Umwelt. Sie wissen in höherem Sinne, was Erlösung, was Kreuzestod und Auferstehung bedeutet und bewirkt. Belehrende und polemische Texte wie die genannten sind für die Gemeinden und ihr Selbstverständnis notwendig.

Zu dieser Gruppe kann man auch den theologischen Traktat *Der Brief an Rheginus* (NHC I,4) zählen, der in Briefform gekleidet in erstaunlicher, argumentativer Weise die Auferstehung christlich-gnostisch zu verstehen sucht.

Ebenso gehört hierher eine Art Homilie in Form eines persönlich gehaltenen strahlenden Bekenntnisses zum christlich-gnostischen Glaubensinhalt. Der titellose Text beginnt mit den Worten: »Das Evangelium der Wahrheit ist Freude« und wird danach *Evangelium der Wahrheit* genannt (NHC I,3). Möglicherweise ist es identisch mit einer von Irenäus, AH 3,11,9, erwähnten Schrift gleichen Namens.

d) Gnostische didaktische und ethische Paränesen: Unter dieser unscharfen Bezeichnung nenne ich vier ansprechende Schriften, die sich christlich-gnostisch geben und die als solche anzusehen nahezuliegen scheint, deren Einordnung aber kontrovers diskutiert wird: *Die Erzählung über die Seele* (NHC II,6), *Authentikos Logos* (NHC VI,3), das *Buch des Thomas* (NHC II,7), *Die Lehren des Silvanus* (NHC VII,4). In allen Texten geht es in ihrer vorliegenden Form um die irdische Existenz der Seele. Vorausgesetzt wird, dem Mythos gemäß, aber nicht immer expressis verbis genannt, ihre himmlische Herkunft und ihre notwendige Rückkehr. Dafür erhält sie Hinweise und Maßregeln. Das scheint soweit klar, und die Notwendigkeit solcher Texte für die gnostischen Gemeinden und ihre Mitglieder leuchtet auch ein. Da aber in der Forschung der Gnosisbegriff so verschieden gefasst wird, wird anhand dieser Schriften diskutiert, ob es sich lediglich um christliche Bearbeitung eines gnostischen (vorausgesetzt wird »gnostisch« als nichtchristlich) Textes handelt (AuthLog) oder um Christianisierung eines weisheitlich-jüdischen Textes ohne Bezug zur Gnosis (Silv) oder um zwar einheitliche Schriften, die aber gnostische, d.h. nichtchristlich gnostische Motive in einen hellenistisch-klassischen und christlichen Kontext stellen (ExAn).

Alle literarischen Gattungen des Neuen Testaments kommen in der Bibliothek von Nag Hammadi vor: Evangelien, Apostelgeschichten, Apostelbriefe und Apokalypsen. Texte werden im Namen von Aposteln verfasst, geben sich als Briefe oder Gebete von Aposteln aus. Texte stellen sich als Offenbarungen an Apostel oder Berichte über die Taten von Aposteln vor oder nutzen Einzelmotive aus neutestamentlichen Schriften, indem sie sie als Offenbarungen weiter ausmalen. Das ist natürlich ein bedeutsamer Hinweis auf den Kontext und das Milieu, aus dem diese Schriften stammen. Ihre Autoren kennen die Hauptschriften des Neuen Testaments und möglicherweise andere schriftliche und mündliche frühchristliche Traditionen und setzen diese Kenntnis auch bei ihrem Publikum voraus. Sie ergänzen sie oder versuchen, sie in einem »tieferen« Sinne zu verstehen als die großkirchlichen Christen und schreiben sie in dieser Absicht um und fort – ein Signum von Sekundarität. Ursprüngliches außerkanonisches Gut kann man in Nag Hammadi nicht erwarten, außer vielleicht spurenhaft im Thomasevangelium. Dieses Urteil bedeutet natürlich keine Abwertung der Texte. Sie demonstrieren lebendig, wie man in einem bestimmten Segment der pluralen christlichen Ökumene im ausgehenden 2. und 3. Jahrhundert mit den überlieferten »kanonischen« Texten umging, und sie zeigen, dass man mit ihnen, und nicht anderen Texten, umging – ein in der modernen Kanondebatte nicht überflüssiger Hinweis.

Im folgenden wird ein Überblick über die apokryphen Texte aus Nag Hammadi gegeben. Er bezeugt die Beibehaltung und Weiterführung der neutestamentlichen Gattungen, nicht das Verhältnis zu den neutestamentlichen Texten selbst. Zu beachten ist, dass die Gattungen häufig nicht rein vorkommen. Insbesondere Briefe können verschiedenartige Offenbarungen oder Dialogevangelien enthalten. Die Gattung dient dann nur als – vertraute – Einkleidung.

Evangelienliteratur: *Das Evangelium nach Thomas* (NHC II,2), eine Sammlung von Sprüchen und Gleichnissen Jesu; *Das Evangelium nach Philippus* (NHC II,3), eine christlich-gnostische Anthologie zu Sakrament und Ethik; *Das Evangelium nach Maria* (BG, d. h. *Berolinensis Gnosticus* 8502,1), ein nur teilweise erhaltenes Gespräch Jesu mit seinen Jüngerinnen und Jüngern, das Maria, auch im abschließenden Nachgespräch, eine herausgehobene Rolle zuerkennt.

Apostelgeschichten: *Die Taten des Petrus und der zwölf Apostel* (NHC VI,1), ein interessanter Text, der die Aufgabe des Pneumatikers in dieser Welt, dargestellt an Petrus, demonstriert; *Die Tat des Petrus* (BG 8502,4), eine kurze apokryphe Heilungstat des Petrus, anlässlich derer über die Bedeutung von Krankheit reflektiert wird.

Briefe: *Der Brief des Jakobus* (NHC I,2), ein in einen Brief des Jakobus, wohl an einen Kerinth (den Gnostiker?), gekleidetes Dialogevangelium; *Der Brief des Petrus an Philippus* (NHC VIII,2), ein Brief des Petrus an Philippus, dem ein langes gnostisches Lehrgespräch zwischen dem auferstandenen Jesus und den Jüngern folgt.

Apokalypsen: *Die Apokalypse des Paulus* (NHC V,2); *Die* (erste) *Apokalypse des Jakobus* (NHC V,3); *Die* (zweite) *Apokalypse des Jakobus* (NHC V,4); außerdem, als eine Art alttestamentliches Apokryphon, zur Adamsliteratur gehörend, *Die Apokalypse des Adam* (NHC V,5).

Die Gattung der Apokalypse eignet sich mit ihren Visionen und Auditionen besonders gut zur Mitteilung gnostischer Offenbarungen. Auch nichtchristliche Traktate kleiden sich in diese Form, so *Marsanes* (NHC X). Der mitgeteilte Inhalt entspricht den Grunddaten des gnostischen Mythos und wird narrativ variierend und belehrend ausgebreitet. Die Apokryphen von Nag Hammadi sind formal Weiterführungen und Ergänzungen der neutestamentlichen Schriften, wie es die sonst bekannten neutestamentlichen Apokryphen auch sind. Auch unter diesen weisen einige, so insbesondere die *Johannesakten* und die *Thomasakten* aus dem 2./3. Jahrhundert, gnostische Vorstellungen und gnostisch zu interpretierende Hymnen (»Christushymnus«, Act Joh 94–102) und Lieder *(Perlenlied*, Act Thom 108–113) auf.

Dialogevangelien: Sie stellen eine besondere Form der Weiterführung neutestamentlicher Texte dar und gehören daher nur indirekt zu den Apokryphen. Es handelt sich um Gespräche des auferstandenen Jesus mit seinen Jüngern und Jüngerinnen aus der Zeit zwischen Auferstehung und Himmelfahrt. Die Autorität des Auferstandenen legitimiert dabei das Mitgeteilte. Solche fiktionalen Gespräche waren für den Anspruch gnostischer Christen, die Glaubensgeheimnisse in tieferem Sinne zu verstehen als andere, besonders geeignet. Formal umfassen sie entweder ganze Schriften oder bilden nur Teile davon. Dazu gehören: *Die Weisheit Jesu Christi* (NHC III,4); *Das Apokryphon des Johannes* (NHC II,1 und Parallelen); *Das Evangelium nach Maria* (BG 8502,1); *Der Brief des Petrus an Philippus* (NHC VIII,2); *Der Brief des Jakobus* (NHC I,2); *Die* (erste) *Apokalypse des Jakobus* (NHC V,3); *Der Dialog des Erlösers* (NHC III,5).

Einzig im letztgenannten Dialog des Erlösers tritt Jesus, »der Herr«, nicht explizit als der Auferstandene auf. Verschiedene Forscher sehen in ihm den vorösterlichen Jesus sprechen. Damit ergäbe sich eine auffällige Parallele zu den sogenannten Abschiedsreden des Johannesevangeliums (Joh 13–17). Auch dort redet Jesus noch vor der Passion, aber gleichsam aus nachösterlicher Perspektive.

Philosophische Gnosis

Eine offensichtliche Spätform stellt eine Gruppe von philosophischen gnostischen Texten sethianischer Zugehörigkeit aus Nag Hammadi dar: *Zostrianus* (NHC VIII,1); *Marsanes* (NHC X); *Allogenes* (NHC XI,3). Verwandt sind *Die drei Stelen des Seth* (NHC VII,5). Ihr gemeinsames Kennzeichen ist, dass ihre auf dem Mythos basierenden Lehrinhalte nicht mehr mit den Merkmalen des christlichen Glaubens verbunden sind, sondern die einzelnen Stufen des mythischen Geschehens philosophierend platonisch ausgedeutet und begründet werden. Diese Gruppe von Texten hat besonderes Interesse auf sich gezogen. Schon in der Antike benutzten die einstigen »Freunde«, später Gegner des berühmten Neuplatonikers Plotin die Offenbarungsschrift *Zostrianus* (NHC VIII,1). Die intensive moderne Forschung hat sachliche und sogar wörtliche Parallelen zu mittel- oder neuplatonischem Text- und Gedankengut festgestellt.

Mit der metaphysischen Spekulation dieser Texte, die auf die Grundfakten des Mythos bezogen wird, verschwimmt die Grenze zwischen gnostischer Offenbarung und philosophischer Beweisführung, die ohnehin nicht immer ganz scharf war. Was im Mythos als geoffenbarte Wahrheit über Gott, die himmlische Welt, Kosmos und Mensch mitgeteilt wurde, ist spätneuplatonischem Denken nicht unähnlich. Dass sich die Gnosis teilweise mit dem Neuplatonismus verband und sich so philosophisch fortsetzte, ist daher verständlich. Neuplatoniker konnten die jenseitige Welt folgerichtiger beschreiben, als das im Genus des Mythos der Fall war. Die Gnosis hat – wie auch die christliche Theologie – eine Tendenz zur platonischen Theologie.

Hermetische Gnosis und philosophische Übersetzungsliteratur

Mit dieser Tendenz der Gnosis zur Philosophie hängt es möglicherweise zusammen, dass auch einige Texte einer religionsphilosophischen, nichtchristlichen Spielart der Gnosis in die Bibliothek von Nag Hammadi aufgenommen wurden: Texte der hermetischen Gnosis. So *Über die Achtheit und Neunheit* (NHC VI,6); *Ein (hermetisches) Dankgebet* (NHC VI,7); *Asklepios* (NHC VI,8). Diese Hermetik, die nach ihrem Offenbarungsträger Hermes Trismegistos benannt ist, einem Erlöser, in dessen Gestalt Züge des griechischen Gottes Hermes und des ägyptischen Gottes Thot verschmolzen sind, ist von der übrigen Gnosis sachlich geschieden. Es fehlt ihr das Moment des scharfen Bruches zwischen der himmlischen Welt und dem Menschen und seinem im Körper gefangenen himmlischen Teil. Die hermetischen Texte waren aber, wie wir das auch bei paränetischen (*Die Lehren des Silvanus*, NHC VII,4) und liturgischen (*Die dreigestaltige Protennoia*, NHC XIII,1) Texten sahen, umfassend gnostisch interpretierbar und nachsprechbar, so insbesondere das *Hermetische Dankgebet*. Ihr Vorkommen in einer durchweg gnostischen Textsammlung ist daher gut zu erklären.

Schließlich nenne ich unter dieser Rubrik auch die beiden in der Bibliothek von Nag Hammadi enthaltenen koptischen Übersetzungen griechisch-philosophischer Originale. Sie wurden als eine Art Vorlagen- und Vergleichstexte genutzt und gedeutet, ähnlich neutestamentlichen Passagen:

Platon, *Politeia* 588A–589B (NHC VI,5), ein in der Antike gut bekannter Passus zur platonischen Seelenlehre, der in einer merkwürdig ungenauen und/oder bearbeiteten koptischen Übersetzung vorliegt.

Die *Sextussprüche* (NHC XII,1). Es handelt sich um eine Reihe von Sentenzen popularphilosophisch-weisheitlicher Art unbekannter Herkunft, die in der Alten Kirche geschätzt waren. Die ersten im 12. Codex erhaltenen Sprüche lauten (in der Übersetzung von Plisch und Schenke): »Langrednerei ist der Begleiter der Unwissenheit / Liebe die Wahrheit / Und die Lüge behandle wie Gift / Der rechte Zeitpunkt soll deinen Worten vorangehen. (…)« Man versteht: Ähnliches war für die Anhänger jedweder Religion oder Philosophie zu gebrauchen.

Ob Nag Hammadi eine gnostische Bibliothek genannt werden kann, ist umstritten. Diese Bezeichnung ist m.E. in dem Sinne möglich, dass die Sammlung umfasst, was Gnostiker bestimmter Richtungen in Lehre, Leben und ritueller Praxis nutzen konnten. Wer sie zusammenstellte und aus welchen Gründen, ist unklar. Sie ist schwerlich die gewachsene Sammlung einer gnostischen Gemeinde. Dagegen sprechen Umfang und Vielfalt. Sie enthält Zeugnisse verschiedenartiger gnostischer Lehrrichtungen, und die koptischen Versionen bezeugen verschiedene regionale Dialekte. Eher könnte es sich also um eine gelehrte Sammlung von Personen handeln, die an der Gnosis als Phänomen interessiert waren. Wollten sie sie – etwa aus antihäretischen Gründen – studieren? Die an sich nichtgnostischen, nur gnostisch interpretierbaren Schriften darin würden dann verwundern. Jedenfalls ist die Bibliothek in ihrer Vielfalt nicht unähnlich den Quellensammlungen, die wir uns als Material der Gnosis-Bestreiter Irenäus und Hippolyt vorstellen müssen, ist aber umfassender und besteht nur aus originalen Texten, nicht aus zusammenfassenden Referaten. Herkunft und Zweck der Sammlung sind also gegenwärtig noch offen. Auch der mögliche Zusammenhang mit pachomianischen Klöstern ist ungeklärt. Naheliegend ist nur, dass zur Entstehungszeit der Codices in der Mitte des 4. Jahrhunderts eine so große Zusammenstellung christlich-häretischer Schriften dem Argwohn der ägyptischen Kirche mit ihrem Zentrum in Alexandria ausgesetzt war und deshalb versteckt werden musste.

Die mythenbasierten Lehrtexte und die liturgischen Texte der Bibliothek sind vor allem zwei gnostischen Schulrichtungen zuzuordnen. Die *Valentinianer* sind mindestens vertreteten mit: EV (NHC I,3); Rheg (NHC I,4); TractTrip (NHC I,5); EvPhil (NHC II,3); Inter (NHC XI,1); ExpVal (NHC XI,2) und die sog. *Sethianer* mindestens mit: AJ (NHC II,1 und Parallelen); HA (NHC II,4); ÄgEv (NHC III,2); ApcAd (NHC V,5); StelSeth (NHC VII,5); Melch (NHC IX,1); OdNor (NHC IX,2); Protennoia (NHC XIII,1); und zusätzlich mit den philosophischen Texten: Zostr (NHC VIII,1); Mar (NHC X); Allog (NHC XI,3). In den späten Texten aus der 2. Hälfte des 3. Jahrhunderts ist teilweise schon manichäischer Einfluss spürbar: UW (NHC II,5).

Auffällig ist, dass die frühen gnostischen Lehrer aus dem

Anfang des 2. Jahrhunderts, von denen wir durch Irenäus und Hippolyt wissen, so gut wie keine Spuren in der Bibliothek von Nag Hammadi hinterlassen haben. Wir hören so gut wie nichts von Simon Magus, Menander, Kerinth, Satornil, vor allem nichts von Basilides, ebenso wenig wie von den Ophiten/Naassenern und Peraten. Waren ihre Anhänger, ohne Schriftliches bleibend zu hinterlassen, zur Entstehungszeit der Sammlung bereits untergegangen? Von Basilides und seiner Schule gilt das sicher nicht. Origenes kann sich über die Ophiten zu Beginn des 3. Jahrhunderts noch informieren, hält sie aber für eine der Kirche völlig fernstehende pagane Gruppierung.

Vielleicht noch auffälliger ist, dass in der Bibliothek von Nag Hammadi ein grundlegender valentinianischer Mythos der Art fehlt, wie er uns bei Irenäus und Tertullian und in Parallelversionen bei Hippolyt und Klemens von Alexandrien belegt ist. Zwar gibt es in Nag Hammadi den valentinianischen Mythos in einer breit und detailreich ausgeführten Form im *Tractatus Tripartitus* (NHC I,5), aber er beruht doch nur auf einer verwandten, wahrscheinlich der sogenannten orientalischen Version und ist nicht ganz früh. Demgegenüber ist der sethianische Mythos im *Apokryphon des Johannes* (NHC II,1 und Parallelen) in drei Handschriften der Sammlung erhalten und zusätzlich in mehreren Weiterführungen in sethianischen Schriften. Über die Ursachen für das Vorhandene wie den Fehlbestand kann heute nicht spekuliert werden. Sicher ist jedenfalls, dass die gnostische antike Literatur staunenswert umfangreich war.

Die Mehrzahl der Texte von Nag Hammadi gehören einer christlichen Gnosis an, in welcher speziellen gnostischen Lehrausrichtung sie auch immer auftreten. Auch deshalb kann man sagen, dass die Gnosis im christlichen Kontext ihre größte Ausbreitung und auch starke und gut begründete Ausformungen ihrer Lehre und ihres Glaubens gefunden hat. Ob die Gnosis in ihrem Kern ein christliches Phänomen ist, ist damit noch nicht entschieden. Die communis opinio der Forschung zu den sethianischen Schriften von Nag Hammadi geht bisher mit wenigen Gegenstimmen davon aus, dass Gnosis eine ursprünglich nichtchristliche Erlöserreligion sei und dass die sethianische Gnosis daher wesensmäßig ältere und originale gnostische Spuren enthalte als der Valentinianismus. Ich bin davon nicht überzeugt, was hier nicht auszuführen ist (vgl. unten Kap. V. 2). Sicher ist, dass es eine der Aufgaben der künftigen Forschung zur Bibliothek von Nag Hammadi sein muss, das Verhältnis der sogenannten sethianischen und der valentinianischen Schriften zueinander genauer zu bestimmen. Die Frage, ob sie wirklich in ihrem Gehalt grundsätzlich verschieden sind, könnte auch für die Wesensbestimmung der Gnosis wichtig werden.

Hat sich mit dem Fund der koptisch-gnostischen Texte die Grundlage für die Gnosisforschung prinzipiell so geändert, dass das Phänomen Gnosis völlig neu beschrieben werden müsste? Man könnte es bei einer derartig erweiterten Quellenbasis annehmen, und viele Gelehrte plädieren auch dafür. Ich bin nicht dieser Ansicht, halte vielmehr die Texte aus Nag Hammadi für eine willkommene Ergänzung und ein Korrektiv der Väterzeugnisse, deren Qualität aber durch Nag Hammadi bestätigt wird. Zwar paraphrasieren und berichten sie selektiv, jedoch weitgehend genau, wie sich aus der Wiedergabe des valentinianischen Mythos (Irenäus, AH 1,1–8 im Vergleich mit dem *Tractatus Tripar-*

titus) und des sethianischen Mythos (Irenäus, AH 1,29 im Vergleich mit den Versionen des *Apokryphon des Johannes*) zeigt. Die Deutung der Väter ist selbstverständlich polemisch verzerrend, weist aber auch dabei indirekt auf Schwerpunkte der gnostischen Lehre hin. Die Texte aus Nag Hammadi haben den großen Vorteil, dass sie uns eine Fülle von Einzelheiten zu gnostischem Lehren und liturgischem wie sogar sozialem Leben bieten. Sie verraten auch etwas über die Entwicklung der Gnosis vom 2. zum 4. Jahrhundert. Was jedoch das zentrale Anliegen der Gnosis betrifft, so sehe ich nicht, dass Nag Hammadi grundsätzlich anderes zu entnehmen wäre als den Kirchenschriftstellern. Deren sachgemäße Nutzung ist natürlich vorauszusetzen. Auch Übersetzungen sind, wie die Väterberichte, in gewissem Sinne Sekundärzeugnisse.

Der »Codex Tchacos« (CT)

Der Codex, der ebenfalls koptische Übersetzungen gnostischer Texte des 2. und 3. Jahrhunderts enthält, stellt eine Ergänzung und sachliche Entsprechung zur Bibliothek von Nag Hammadi dar. Schon seit 1978 bekannt, konnte er erst 2006 publiziert werden. Die Geschichte seiner Erforschung ist daher noch kurz. Der Codex enthält zwei auch aus Nag Hammadi bekannte Texte: *Der Brief des Petrus an Philippus* (CT 1) = NHC VIII,2 und *Die* (erste) *Apokalypse des Jakobus* (CT 2, Titel hier *Jakobus*) = NHC V,3, mit größeren Unterschieden zwischen beiden Versionen. Außerdem finden sich zwei bisher unbekannte, fragmentierte Texte: *Das Evangelium nach Judas* (CT 3) und ein *Allogenes* benanntes Bruchstück (CT 4), das nicht mit der gleichnamigen Schrift NHC XI,3 identisch ist.

Aufsehen erregt hat das *Judasevangelium*. Es handelt sich um eine Art Dialogevangelium, also um Gespräche des erhöhten Jesus mit seinen Jüngern, wie sie auch aus Nag Hammadi bekannt sind. Im *Judasevangelium* werden die Jünger negativ gezeichnet und Judas positiv von ihnen abgehoben, ohne allerdings als derjenige verherrlicht zu werden, der Jesus dem Tod auslieferte. Das wäre gnostisch zwar verstehbar gewesen, denn der leibliche Tod Jesu ermöglicht ihm ja die Rückkehr in die Lichtwelt. Aber eine solche Deutung scheint nicht vorzuliegen. Die Beurteilung des Judas ist noch umstritten. Textlücken erschweren das Urteil. Auf jeden Fall liegt eine von der Mehrheitskirche abweichende Deutung des Judas vor, der als »13. Dämon« bezeichnet wird. Die Schrift enthält einen sethianischen Schöpfungsmythos.

3 Weitere sekundäre Quellen

Zusätzliche Quellentexte dokumentieren die breite Wirkung der Gnosis – sachlich wie geographisch, ohne dass sie primär neues Faktenwissen zum Phänomen beitrügen. Es handelt sich um poetische Texte, die zwar gnostisches Gut spiegeln, aber nicht trennscharf von christlichen Erlösungstexten anderer Herkunft gesondert werden können.

Die *Oden Salomos*, ein Corpus von 42 dem Salomo zugeschriebenen Hymnen in griechischer und in syrischer Originalsprache, werden auch als Lieder oder Psalmen bezeichnet und stammen wohl aus dem 2. Jahrhundert. Es handelt sich um hymnische Heils- und Erlösungsaussagen von teilweise hoher lyrischer Qualität. Die Hymnen sind durchzogen von Hinweisen auf christlich-gnostische, dualistische Mythologie und konnten sicher von Gnostikern nachgesprochen werden, sind wohl auch von der Gnosis nahestehenden Personen verfasst worden. Allerdings erlaubt der hymnisch preisende Charakter der meisten Lieder keine genaue Zuordnung auf den genauen systematischen Ort ihrer Herkunft. Er bezeugt die Atmosphäre der jubelnden Erlösungsfreude gnostischer Gruppen und muss nicht auf diese beschränkt sein.

Das *Perlenlied* ist eine Märchendichtung. Sie handelt von der Suche eines Königssohnes nach einer verlorenen Perle, von den Gefahren seiner Reise, dem gänzlichen Vergessen des Ziels seiner Suche und seines Auftrags, seinem Erinnert- und Erwecktwerden durch eine briefliche Botschaft, der endlichen Gewinnung der Perle, seiner glücklichen Rückkehr in die Heimat und der Wiedergewinnung seines einst zurückgelassenen Lichtkleides. Man merkt: Das Lied ist gnostisch ausdeutbar als Lied von der Seele, die im Leib ihre wahre Natur und Herkunft vergisst, aber erweckt wird und in ihre Heimat zurückkehrt. Das *Perlenlied* ist in den apokryphen *Thomasakten* enthalten (§ § 108–113), möglicherweise aber erst später in sie eingefügt, da es nur in einer syrischen und einer griechischen Handschrift der *Thomasakten* überliefert ist.

Die *Thomasakten*, wahrscheinlich in syrischer Sprache in der 1. Hälfte des 3. Jahrhunderts entstanden, zeigen, wie die *Johannesakten* aus der 2. Hälfte des 2. Jahrhunderts, eine christliche Mentalität und Atmosphäre der Übergänge von großkirchlichem und gnostischem Empfinden, Denken und Leben. Beide Apostelakten enthalten Quellenmaterial, das gnostisch interpretierbar ist, so das *Perlenlied* der *Thomasakten* wie der Tanzhymnus und der gnostisch überformte Passionsbericht der *Johannesakten* (§§ 94–102). Beide Akten sind asketisch-dualistisch ausgerichtet, reden von der Heiligkeit und Reinheit der Seele und der Wiedergewinnung der ihr zukommenden Gestalt. Die Trennlinien eines so ausgerichteten Christentums zur Gnosis sind nicht scharf. Die apokryphen Apostelakten demonstrieren, welche Züge der Gnosis im großkirchlichen Christentum rezipiert wurden oder auch weitgehend identisch waren: Man weiß oder fühlt sich erlöst durch den himmlischen Erlöser Christus und zugehörig seiner himmlischen Welt und zieht daraus asketische Konsequenzen für ein heiligmäßiges Leben in dieser Welt. Hier lernt man Bereiche der Christenheit kennen, die aufnahmefähig für Gnosis und Gnostiker waren.

Ganz anderer Art ist eine letzte hier zu nennende wichtige Quelle, die uns noch beschäftigen wird, die Polemik des Neuplatonikers Plotin, *Gegen die Gnostiker* (*Enneaden* II,9), die letzte Schrift eines vierteiligen Schriftenzyklus (III,8; V,8; V,5; II,9), nach 265 entstanden. Plotin setzt sich darin mit Nachdruck von der Seelenlehre einiger Gnostiker ab, denen er Verkehrung platonischer Philosophie in äußersten Widersinn vorwirft. Die qualitätvolle Schrift referiert die Ansichten der Gnostiker nur knapp und indirekt, enthält aber die Hauptkritikpunkte an der Gnosis aus philosophischer Sicht. Interessant ist, dass Plotin die Gnostiker »Freunde« (oder: »Bekannte«) nennt, die sich ihm angeschlossen haben – wie nah, muss offen bleiben –, ohne, wie er verständnislos anmerkt, ihre gnostischen Ansichten aufzugeben. Porphyrios berichtet in seiner *Vita Plotini* (16), diese Gnostiker hätten »Apokalypsen« des Zoroaster, Zostrianos, Nikotheos, Allogenes, Mesos und »ähnlicher Leute« besessen. Inwieweit diese Texte mit den gleichnamigen aus Nag Hammadi übereinstimmen, ist kaum zu klären. Die weitreichende Wirkung der Gnosis wird durch diese Angaben deutlich (vgl. dazu unten Kap. IX. 2).

4 Manichäismus und Mandäismus

Die von dem Perser Mani (216–276) gestiftete »Weltreligion« des Manichäismus kann als eine konsequent dualistische, selbständige Weiterführung der Gnosis betrachtet werden und wird uns als solche unten in Kapitel IX. 3 beschäftigen.

Die reichen Quellen des Manichäismus bestehen, ähnlich wie in der Gnosis, aber insgesamt in der Aussage einheitlicher, in Originalschriften von Mani selbst und aus manichäischer Überlieferung, in Exzerpten aus Schriften nichtmanichäischer Autoren, so besonders des Syrers Theodor bar Konai (8. Jahrhundert), und den Referaten und der Polemik der Gegner des Manichäismus, insbesondere Augustins (385–432), Alexanders von Lykopolis (um 300) und Titus' von Bostra (4. Jahrhundert). – Bedeutende Funde manichäischer Quellen setzen sich bis in jüngere Zeit fort. Nach den aufsehenerregenden Entdeckungen in der Oase von Turfan in der chinesischen Provinz von Xinjiang zu Beginn des 20. Jahrhunderts und von Medinet Madi in Ägypten aus dem Jahr 1930 wurde 1965 der sogenannte Kölner Mani-Kodex bekannt, eine Art Biographie Manis, die seine Herkunft von den judenchristlich-täuferischen Elkesaiten bezeugt. Dazu kommen die Funde aus der Oase Dakhleh in der libyschen Wüste, die fortlaufend publiziert werden.

Ein Vorläufer Manis ist der Syrer Bardaiṣan (Bardesanes), der lange Zeit am Hof des Königs Abgar IX. von Edessa (179–216), einem römischen Pufferstaat gegenüber den Persern, wirkte. Bardaiṣan, ein Gnostiker, stellt ein Verbindungsglied von der Gnosis zu Mani dar. Er schrieb in syrischer Sprache, einem im 13. Jahrhundert untergegangenen westaramäischen Dialekt, und viele noch kaum ausgewertete Nachrichten über ihn sind bei seinem Bestreiter Ephraem Syrus aus dem 4. Jahrhundert erhalten. Bardaiṣan ist m. E. sicher nicht der Autor des unter seinem Namen laufenden *Buch der Gesetze der Länder*, eines griechisch beeinflussten Traktats über das Schicksal in syrischer Sprache.

Der Mandäismus (mandäisch ›manda‹ = Erkenntnis) ist eine gnosisartige Täuferreligion, die noch heute Anhänger in Irak und Iran hat (Selbstbezeichnung: Sabäer). In Nachwirkung der religionsgeschichtlichen Schule und ihrer Arbeit ist das Mandäertum mit der Geschichte des Urchristentums und der neutestamentlichen Literatur in enge Verbindung gebracht worden, was aber aufgegeben werden musste. Die (jüngeren) Quellen – teilweise zugänglich gemacht durch den bewundernswerten Einsatz von Lady E. S. Drower – verraten eindeutig Einflüsse von gnostischer Mythologie, Kosmologie und Anthropologie und bezeugen das Fortleben einer orientalischen Gnosis in Lehre und kultischer Praxis in einem geschlossenen, aramäischsprachigen Lebenskreis.

Wichtige Neben- und Seitenerscheinungen der Gnosis wie Markion und seine Schule und der pagane Hermetismus werden unten in Kapitel VII mit ihren Quellen behandelt.

V Die Hochgnosis

1 Der Mythos als Aussage- und Lehrform der Gnosis

Die Gnostiker entwickelten ihre Theologie in Form von Mythen. Wenn sie umfassend sagen und begründen wollten, worum es ihnen ging, erzählten sie einen Mythos, eine mythische Dichtung von Gott und der Entstehung der Welt und des Menschen. Warum? Aus verschiedenen Gründen lag das nicht so fern, wie man meinen möchte. Zum einen kann man über die Urgründe des Seins und ihre umfassenden Konsequenzen kaum in logischer Deduktion reden, man kann es auch nicht in direkter Auslegung der Genesis oder neutestamentlicher Schriften tun. Dafür bot sich eher die bildhafte Rede an, die ihren Gegenstand vorsichtig umspielende erzählende Form, die sich gleichwohl der Wahrheit in genauestmöglicher Weise anzunähern beanspruchte.

Zum anderen, und wichtiger noch, war ihnen in dieser Form der Rede längst jemand vorausgegangen, nämlich die griechische, vornehmlich platonische Philosophie. Platon selbst hatte im Dialog *Timaios* gesagt, dass man über die Entstehung des Weltalls und ihre Ursachen keine »durchgängig mit sich selbst übereinstimmende und genau bestimmte Aussagen« aufstellen könnte, sondern nur eine »wahrscheinliche Rede«, einen εἰκὼς μῦθος (eikos mythos), geben könne (*Timaios* 29c–d), der bei diesem Gegenstand die für Menschen genauestmögliche Aussageweise sei. Der platonische Dialog *Timaios*, und insbesondere der darin enthaltene Weltentstehungsmythos (27a–92c), war zu der Zeit, als die Gnostiker ihre Systeme ausbildeten, eine autoritative Schrift geworden, der zur Ausbildung des sog. Mittelplatonismus mit beigetragen hatte. Vom 1. Jahrhundert v. Chr. an hatten mittelplatonische Philosophen es unternommen, den nicht einfach zu lesenden Mythos des *Timaios* zu systematisieren, indem sie ihn auf die notwendigen Ursachen der Welt befragten. Sie erhoben daraus eine Prinzipienlehre, die – in ihrer verbreitetsten Gestalt – Auskunft gab über die Wirkursache der Welt (das »wodurch?«): Gott, dann die Zweckursache (das »woraufhin?«): das Vorbild, schließlich die Materialursache (das »woraus?«): die Materie. Diese Prinzipien sollten, so gab man an, mit Platons Lehre übereinstimmen, und als Ausweis dafür bezog man sich auf den Mythos des Dialogs *Timaios*, der so zu einer Lehrschrift, einem autoritativen Referenzwerk der Philosophie wurde. Man entnahm daraus ein Modell für das gesamte Sein, das als gestuft betrachtet wurde.

Den Gnostikern war also im 2. Jahrhundert bei ihrem Vorhaben, die Wahrheit über Gott, Welt und Mensch umfassend auszusagen, eine autoritative Form, ebender Mythos, schon vorgegeben. Sie beanspruchte höchste Autorität, denn der Platonismus war zu ihrer Zeit zur führenden Philosophie geworden. Wenn man Wahrheit wollte, wandte man sich an sie. Damit gilt zugleich: Wenn sich die Gnostiker der mythischen Form bedienten, dann traten sie damit in bewusste Konkurrenz zur platonischen Philosophie. Sie erhoben ihrerseits einen Anspruch auf Wahrheit, die ihr eigener, bewusst in Konkurrenz entworfener Mythos abbilden sollte. Damit ergibt sich dann auch schon ein methodischer Hinweis für das Lesen der gnostischen Texte. Wir werden sie auf dem Hintergrund des platonischen Mythos und der Auslegungen seiner wichtigsten Stellen lesen müssen und werden dabei auf grundlegende Übereinstimmungen und entscheidende Abweichungen stoßen. Beides kann uns zum Aussagegehalt des gnostischen Mythos führen.

Die mythische Redeweise hat allerdings ihre Eigenheiten, die zu beachten sind. Eine mythische Erzählung muss in der Zeit auseinanderlegen, was außerhalb und vor der Zeit Geltung hat. Sie muss nacheinander darlegen, was zusammengehört und eins ist. Plotin, der überragende Denker des Platonismus im 3. Jahrhundert, hat das sehr klar formuliert (*Enneaden* III 5,9, 24–29) und den Gnostikern vorgeworfen, dass sie gegen diese Regeln des Mythos verstoßen hätten (II 9 passim). Wir werden das prüfen müssen. Grundsätzlich werden wir feststellen, dass die Gnostiker sich der Notwendigkeiten und Möglichkeiten ihrer gewählten Sprachform durchaus bewusst waren und sie zu handhaben wussten. Scheinbare Inkonzinnitäten, Verdoppelungen von Personen, Variierungen des mythischen Ablaufs etwa können mit der von Plotin benannten Eigenart des Mythos zusammenhängen oder der Nuancierung des auszusagenden Sachverhalts dienen. Sie müssen nicht von vornherein Ausweis für Unglaubwürdigkeit sein, wie die Kirchenväter polemisch behaupteten.

Zusammenfassend also: Der Mythos der Gnostiker ist ein zu bestimmtem, umfassendem Zweck erdichteter Kunstmythos, der ein zeitgenössisches philosophisches Seinsmodell aufnimmt und sich daran ausrichtet. Er entspricht dem platonischen Begriff von Mythos als einer »wahrscheinlichen Rede«, die verantwortbar ist. Er ist keine altüberlieferte traditionelle Erzählung, die auf Götter, Heroen und Menschen bezogen ist. Neudichtungen von Mythen, wie sie die Gnostiker vornahmen, hat es zu der

Zeit, in der die Gnostiker arbeiteten, gegeben, allerdings keine Weltentstehungsmythen. Dafür war das Vorbild des Mythos im *Timaios* zu übermächtig und schlechthin autoritativ. Die Gnostiker, die solche Mythen entwarfen, zeigen sich uns also als Intellektuelle, die die literarischen Ausdrucksformen ihrer Zeit kannten und nutzten.

2 Der valentinianische Mythos nach Irenäus

Der valentinianische Mythos ist in mehreren Fassungen erhalten, die sich ergänzen. Gerade in ihren Variationen lassen sie die Eigenart des philosophischen Mediums »Mythos« erkennen. Es handelt sich um folgende Auszüge und Paraphrasen im originalen Griechisch bei christlichen Ketzerbestreitern und um einen Traktat aus Nag Hammadi in koptischer Übersetzung:

- Irenäus, *Adversus Haereses* (AH) 1,1,1 – 1,8,5 – eine aus der Schule des Valentinschülers Ptolemäus stammende Version des Mythos
- Klemens von Alexandrien, *Excerpta ex Theodoto* (Exc.) 42,2 – 65,2
- Hippolyt von Rom, *Refutatio omnium haeresium* (Ref.) 6,29 – 37
- Der *Tractatus Tripartitus* (TracTrip), *Nag Hammadi* Codex (NHC I,5)

Wir gehen von dem frühesten Bericht, dem bei Irenäus, aus. Er muss vor 180, der Entstehung von Irenäus' Werk, verfasst sein und stellt die älteste erhaltene Form eines gnostisch-valentinianischen Gesamtmythos dar.

Der gnostische Mythos gibt eine vollständige Darlegung eines gnostischen Lehrsystems, also eine Erklärung der gesamten Weltwirklichkeit, ihrer Ursachen, ihrer Zusammenhänge und Konsequenzen. Das beansprucht auch die zeitgenössische antike Philosophie. Der gnostische Mythos folgt in der Struktur seiner Erzählung einem Modell der Seinsordnung aus platonischer Tradition. Auf Übereinstimmungen und Abweichungen zu achten hilft daher zu seinem Verständnis.

Die Vertreter des Mittelplatonismus, d.h. derjenigen Phase der platonischen Schule, die die gnostischen Lehrer im 2. Jahrhundert vorfanden, gehen einheitlich davon aus, dass die Wirklichkeit eine abgestufte Seinsdichte aufweist: Der göttliche *Geist (Nus)* hat die höchste Seinsintensität und damit Dignität. Er umfasst die intelligiblen *Ideen*. Darauf folgt die ebenfalls göttliche *Weltseele*. Sie ist vom Nus insofern unterschieden, als sie in Bewegung und fähig ist, sich nach außen zu wenden und dadurch die Ideen an die sinnlich wahrnehmbare Welt zu vermitteln. Der Kosmos schließlich, der »sinnlich wahrnehmbare, sich zeigende Gott«, wie Platon sagte (θεὸς αἰσθητός, theos aisthetos, *Timaios* 92 c 7), ist göttlich, insofern er eine vernünftige Ordnungsstruktur aufweist, die durch die Seele vermittelt wird. Im Mittelplatonismus wird die Transzendenz wiedergewonnen, nachdem sie in der Stoa ganz aufgegeben war.[16] Erst im Neuplatonismus des 3. Jahrhunderts bei Plotin (205–270) zeigt sich das ganz. Hier wird das System zur

16 Dazu M. Baltes, »Was ist antiker Platonismus?«, in: *Dianoemata. Kleine Schriften zu Platon und zum Platonismus*, hrsg. von A. Hüffmeier, M. L. Lakmann, M. Vorwerk, Stuttgart/Leipzig 1999, S. 223–247.

vollen Konsequenz gebracht, erst aus dem Neuplatonismus besitzen wir vollständige Werke, so dass es sinnvoll ist, die plotinische Philosophie, auf die hin der Mittelplatonismus zu begreifen ist, mit in den Blick zu nehmen.

Plotin begreift die gesamte Wirklichkeit aus Prinzipien, die aus sich seiend sind und auf jeweils Anderes außer ihnen selbst wirken. Sie sind die Bedingungen dafür, dass das Ganze des Seienden in seinem Zusammenhang begreifbar wird. An der Spitze des Seins steht der »Ursprung des Seins«, die produktive »Mächtigkeit zu Allem«, die »Quelle des Geistes und des Lebens« als reine, differenzfreie, absolute Einheit, als das Gute schlechthin, das an seiner Fülle frei teilhaben lässt und damit der Ausgangspunkt seiner Selbstentfaltung ist: das *Eine* (Hen). Die erste Stufe der Selbstentfaltung des Einen »schafft«/ist die Dimension von Vielheit oder Andersheit gegenüber dem Einen: Im Rückbezug auf das Eine konstituiert sich ein absolutes, zeitfreies Denken, der Geist (Nus), der nur durch diesen Rückbezug selbst er selbst »wird« und ist. Sein Sein ist mit seinem Denken des Einen identisch. Die nächste Stufe der durch die Selbstentfaltung des Einen ausgelösten Bewegung »schafft«/ist, die Formkraft des Geistes nachbildend, eine noch weiter differenzierte Dimension der Vielheit, die Tätigkeit der diskursiv denkenden Weltseele/Allseele (Psyche). Ihre zeithaft fortschreitende, diskursive Reflexivität vermittelt und begründet die vernünftige Struktur des Kosmos. Zugleich begründet die individuelle Seele die Vernunft- und Denkkraft jedes Menschen. Entscheidend ist, dass zwischen diesen »drei Dimensionen des Einsseins«, den drei Stufen des Göttlichen, »ein verlässlicher, in sich beständiger Zusammenhang besteht, der auch vom fernsten Punkt der Entfaltung auf deren Ursprung zurückweist«.[17]

Wegen dieses Zusammenhangs kann sich der Mensch kraft seiner durch die Seele begründeten Denk- und Vernunftfähigkeit zu seinem Anfang zurückwenden, denkend den ihm wesenhaften Bezug zu seinem Ursprung realisieren, sich in sein wahres Selbst transformieren, er kann Gott werden. Für den Gnostiker gilt das nicht. Er setzt diesen »verlässlichen, beständigen Zusammenhang« vom höchsten bis zum letzten Punkt des sich entfaltenden Seins gerade nicht voraus, und das hat schwerwiegende kosmologische, anthropologische und natürlich auch theologische Konsequenzen, wie wir dem gnostischen Mythos folgend jetzt sehen werden.

Der göttliche Urgrund und die himmlische Fülle (Pleroma): Gott, Geist (Nus), Äonen

Am Anfang und vor allem intelligiblen und sinnlich wahrnehmbaren Sein steht ein Urwesen, das mit allen Merkmalen negativer Theologie charakterisiert ist. Es ist unfassbar, unsichtbar, ewig und ungezeugt. Es heißt Vor-Anfang, Vor-Vater und Urgrund, nach anderer pythagoreisch-platonisch beeinflusster Quelle auch Eins (Monas) und Vater. Es existiert in vollständiger Ruhe in unbegrenzten Ewigkeiten. Mit ihm zusammen – wir merken hier, dass wir es mit einer Geschichte personaler handelnder Wesenheiten

17 So nach W. Beierwaltes, »Plotins Theologik«, in: *Philosophie und Religion*, hrsg. von J. Halfwassen / M. Gabriel / St. Zimmermann, Heidelberg 2011, S. 91–120. Vgl. Plotin II 9, 1,1–16 (»Gegen die Gnostiker«). Zur Einführung in Plotin vgl. J. Halfwassen, *Plotin und der Neuplatonismus*, München 2004.

zu tun haben – existiert seine Gefährtin, die Denken (Ennoia) oder auch Gnade (Charis) und Schweigen (Sige) heißt.

Irgendwann, so beginnt die Geschichte, »gedachte (ἐννοηθῆναι, ennoethenai) der Urgrund, aus sich den Anfang von allem hervorgehen zu lassen, und wie einen Samen senkte er diese Hervorbringung, die er hervorbringen wollte, in den Mutterschoß seiner Gefährtin«. Sie empfängt den Samen, wird schwanger und gebiert den Geist (Nus), der »seinem Hervorbringer gleich war und allein die Größe des Vaters erfassen konnte« (AH 1,1,1). Er heißt auch Monogenes (Einziggeborener, vgl. Joh. 1,18) und Vater von allem, denn durch den Nus entsteht, wie wir hören werden, die gesamte Fülle (Pleroma) der Äonen (Ewigkeiten).

Was sagt uns dieser Anfang der Geschichte? Wir haben es tatsächlich mit einem Mythos zu tun, bei dem im zeitlichen Nacheinander geschildert werden muss (»irgendwann gedachte ...«), was in zeitfreier »Gleichzeitigkeit« zu denken ist. Beachtet man das, dann ist deutlich, dass mit den beiden Wesenheiten Urgrund und Geist (Nus/Monogenes/Vater von allem) mit nachfolgenden Äonen auf die ersten beiden Prinzipien des platonischen Modells angespielt ist. Die Übereinstimmung ist, sieht man auf die wesentliche Aussage, nahezu perfekt: Aus einem vorseienden Urgrund entfaltet sich die erste Dimension der Vielheit, der Geist (Nus) als Vermittler der Äonen. Er allein kann den Vater erkennen, d. h., er steht in selbstreflexiver Beziehung zum Urgrund und »wird«/ist dadurch. Das bestimmt den Fragehorizont der Valentinianer: Gott ist Ursprung des Seins, nichts anderes. Ungeachtet dessen macht der

Mythos aber schon in den ersten Sätzen unmissverständlich klar, dass eine christliche Aussage gemacht werden soll: Der Geist (Nus) heißt auch Monogenes (Einziggeborener). Damit wird auf Joh. 1,18, den Schlusssatz des Prologs des Johannesevangeliums, angespielt, wo es vom Logos, der im Anfang mit Gott gleichursprünglich ist (so nach Joh. 1,1), heißt: »Gott hat niemand je gesehen; der einziggeborene (monogenes) Gott, der an der Brust des Vaters ist, er hat ihn verkündet.« Mit dem Bezug auf Anfang und Schluss des Johannesprologs wird also verdeutlicht, wer mit den bisher benannten »Prinzipien«, Urgrund und Geist (Nus), gemeint ist: der christliche Gottvater und sein Sohn und Logos, Jesus Christus.

»Als der Monogenes« (das ist der Geist, Nus) »wahrnahm, wozu er hervorgebracht war, brachte er Logos und Leben hervor …« (AH 1,1,1). Der Geist (Nus) lässt, befähigt durch seine Erkenntnis des Urgrundes und Vorvaters, die Fülle der Äonen (Ewigkeiten) in Erscheinung treten. Das geschieht in einem längeren, sich vervielfältigenden Prozess. Metaphorisch wird es in geschlechtssymbolischem Akt vorgestellt: den Äonen wird jeweils eine Gefährtin beigegeben, die Wesen und Wirkungsweise des betreffenden Äons umschreibt. So ist der weibliche Syzygos des Nus die Wahrheit, der des dann entstehenden Logos das Leben – wieder eine klare Anspielung auf den Johannesprolog (Joh. 1,1–4) – und so fort. Diese Paare (Syzygien) bringen dann jeweils die nächstfolgenden Äonenpaare hervor. Auf diese Weise entsteht im Schema dargestellt folgende Ordnung des Pleroma:

Urgrund (Monas) <-> Denken, Gnade, Schweigen

Nus <-> Wahrheit

Logos <-> Leben

Mensch <-> Kirche

10 weitere Äonen
(Urgrundhafter <-> Mischung
Niealternder <-> Vereinigung
Selbstwachsender <-> Lust
Unbeweglicher <-> Vermischung
Monogenes <-> Selige)

12 weitere Äonen
(Paraklet <-> Glaube
Väterlicher <-> Hoffnung
Mütterlicher <-> Liebe (agape)
Stetsvernünftiger <-> Einsicht
Kirchenzugehöriger <-> Glückseligkeit
Gewollter <-> Sophia (Weisheit)

Die Namengebung der Äonen ist dabei zunehmend beliebig. Erreicht werden sollen 30 Äonen als Sinnbild der 30 Jahre des Lebens Jesu, in denen er im Verborgenen, im Mysterium, blieb und nicht an die Öffentlichkeit trat.

Zu beachten ist, dass mit den zuerst entstandenen Nus, Logos und Mensch drei Umschreibungen für Christus, den Logos und Menschgewordenen, gegeben sind. Das Hervorgehen der Äonenpaare im einzelnen ist jeweils analog dem Urakt des Hervorgehens zwischen Vater und Sohn, Urgrund und Geist (Nus), vorgestellt. So wie der Sohn im

Rückbezug auf den Vater, ihn reflektierend, schuf, so wollen auch die Äonen, den Vater verherrlichend, weitere Hervorbringungen entstehen lassen (AH 1,1,2) und bringen die angezeigten zehn bzw. zwölf weiteren Äonen hervor.

Die Äonen des Mythos werden in der Forschung meist als Nachbildungen der platonischen Ideen verstanden, jener wahrhaft seienden Urbilder und Einheitsgründe für die Vielheit der Erscheinungen hier. Ein solcher Bezug lag nahe. Denn im Mittelplatonismus des 2. Jahrhunderts war die Lehre von den Ideen als »Gedanken Gottes« verbreitet. Es erscheint jedoch angemessener, die Gesamtheit der Ideen als schon in der obersten Gottheit, dem Urgrund selbst, vorhanden anzunehmen[18] und die dem Nus nachgeordneten Äonen als untergeordnete göttliche Wesenheiten in absteigender Linie zu betrachten, vergleichbar den Untergöttern des platonischen *Timaios*. Denn Ideen fallen nicht, wie wir es aber gleich von einem Äon zu berichten haben werden. Nicht nur die Namen der Äonen weisen darauf hin, dass sie eher einzelne Teilaspekte der zuerst entstandenen Äonen Nus, Logos und Mensch sind. Ideen dagegen, deren Grund Gott als der vollkommenste Geist ist, definiert Alkinoos/Albinos in seinem *Didaskalikos* (9,1), einem Hand- und Repetitionsbuch für Studierende der platonischen Philosophie, in folgender Weise: »Die Idee ist in Beziehung zu Gott sein Denken, in Beziehung zu uns der erste Grund des Gedachten, in Beziehung zur Materie ihr Maß, in Beziehung zur sinnlich wahrnehmbaren Welt ihr Urbild, in Beziehung auf sie selbst ihre Substanz. Insgesamt muss al-

18 So ausdrücklich im Valentinianerbericht bei Epiphanius, *Panarion* 31,5,3.

les, was wir denkend erfassen, auf etwas hin erfasst sein, von dem ein Urbild präexistiert – so, wie etwas von etwas wird, etwa von mir mein Bild.« Das stimmt nicht mit dem überein, was wir von den nachgeordneten Äonen hören.

Die Äonen haben, entsprechend ihrer Entstehung, eine unterschiedliche Nähe zum Urgrund, und daraus entsteht nun die Geschichte, die der Mythos erzählt. Allein der Nus (Geist) besitzt Erkenntnis des Vaters und Urgrundes, und er »gedachte« (διενοεῖτο, dienoeito, AH 1,2,1; vgl. *Timaios* 39e), diese auch den übrigen Äonen mitzuteilen. Er wird aber vom Urgrund mit Hilfe seiner Gefährtin, dem Schweigen, daran gehindert, weil die Äonen zum beständigen verlangenden Suchen nach Erkenntnis des Vaters gebracht werden sollen. Hier stoßen wir gewissermaßen auf den Plot des Mythos, die kausale Verknüpfung aller seiner Handlungselemente. Die Äonen finden sich im Zustand des Sehnens vor und verlangen »in einer Art Ruhe« (AH 1,2,1) danach, ihren Ursprung zu erkennen und zu erforschen – eine unheilschwangere, weil unbefriedigte Ruhe, wie sich zeigen wird.

Deutlich ist schon jetzt: Das Verhältnis des Gnostikers, jedes Gnostikers zu Gott besteht in Erkenntnis Gottes, sonst nichts. Die gesamte Deutung des christlichen Glaubens, die der valentinianische Mythos bietet, basiert auf der Grundüberzeugung, dass Heil, Glück und wahres Leben für den Menschen auf Erkenntnis (Gnosis) des Seins, Erkenntnis Gottes, beruht. Das ist eine griechische, genauer, eine platonische Interpretation des Christentums. Die Gnostiker sind die ersten in einer langen Reihe von christlichen Denkern, die versucht haben, mit Hilfe platonischer Kategorien den christlichen Gottesbegriff auszusagen.

Der Fall des Äons Sophia und die Konsequenzen
Der Mythos steuert jetzt auf eine dramatische Wendung, eine grundstürzende Störung zu. Mit dem zunehmenden Abstand der nacheinander entstandenen Äonen vom Vater wächst die Spannung der Sehnsucht nach seiner Erkenntnis, und sie entlädt sich beim letztentstandenen Äon, der beziehungsreich so genannten Sophia (Weisheit). Sie stürzt vor, versucht den Vater zu erreichen, d.h., das zu tun, was alle Äonen in ihrer »Art Ruhe« zu tun wünschen: ihn zu erkennen und mit ihm solche Gemeinschaft zu haben wie der Nus. Aber Sophia versucht es allein, ohne ihren Gefährten, damit das Gesetz ihres Seins, das sie an ihren Syzygos bindet, missachtend. Sie verfällt ihrem Sehnen in wilder Leidenschaft (Pathos) und gerät in höchste Bedrängnis, denn Erfolg kann ihr nicht beschieden sein. Der Vater ist ja nicht zu erkennen. Sie ist ihrer Auflösung nahe.

Dem Fall der Sophia und ihrer Restitution durch Christus kommt im gnostischen Mythos zentrale Bedeutung zu, wie sich im Vergleich mit dem platonischen Modell zeigt. Im Platonismus wie in der Gnosis stellt sich die Frage, wie gedacht werden kann, dass der bisher rein intelligible Bereich von Urgrund/Ideenkosmos und Nus bzw. Äonenpleroma nach außen tritt, so dass die sinnlich wahrnehmbare Welt entstehen kann. Im gesamten Platonismus ist dafür Platons Lehre von der Weltseele aufgegriffen worden. Danach hat – so die mythische Darstellung des Dialogs *Timaios* – ein göttlicher Schöpfer (Demiurg), der Nus mittels der Weltseele, die sichtbare Welt dadurch erschaffen, dass er die form- und gestaltlose Materie nach dem Vorbild der ewigen Ideen ordnet und formt. Die Gnosis beantwortet dieselbe Frage grundsätzlich nicht durch eine wie immer im einzelnen ausgeführte notwendige Entfaltung und Wirkung des Geistes nach außen, sondern sie setzt den sogenannten Fall an, durch den das Nichtige entsteht (*Excerpta ex Theodoto* 31,3–4), einen Bruch von so gewaltigen Ausmaßen, dass er nur durch Gott selbst geheilt werden kann und wird. Wie das im einzelnen vorgestellt und wie damit die platonische Lehre von der Weltseele vollständig umgeformt und »christianisiert« wird, verfolgen wir jetzt.

Auf die Begründung des Falles der Sophia wird in den gnostischen Quellen große Aufmerksamkeit verwendet. Nach dem Bericht bei Irenäus (AH 1,2,2) sind es Fürwitz (τόλμη, tolme – eine platonische Metapher) und Überheblichkeit, die Sophia antreiben, weil sie mit dem Vater nicht dieselbe Gemeinschaft hatte wie der Geist (Nus). Als Überhebung im Sinne des Selbst-sein-Wollens und Aus-sich-(ohne Gefährten)-Schaffen-Wollens wird ihr Handeln auch in parallelen Variierungen des Mythos bei Irenäus (AH 1,2,3) und Hippolyt (Ref. 6,30,7) gedeutet. Auch in den nichtvalentinianischen gnostischen Systemen, so im weit verbreiteten *Apokryphon des Johannes*, wird der Fall der Sophia als angemaßtes Handeln des Ich erklärt (*Apokryphon des Johannes*, NHC III,1,11–14; NHC II,1,9,25–35; Parallelen).

Im valentinianischen *Tractatus Tripartitus* schließlich werden aus dem »hochmütigen Denken« in der Folge alle Laster und Sünden der Welt abgeleitet (78,28–80,11). Sünde wird als der Wahn charakterisiert, aus sich selbst und selbstmächtig zu sein. Sie äußert sich in Herrsch- und Ruhmsucht und der Unfähigkeit zum Empfangen-Können. Dennoch, so heißt es im *Tractatus Tripartitus*, ist der Fall auch notwendig: Er geschah nicht ohne Willen des Vaters, das Geschehen ist nicht anzuklagen. Denn es ist »der Anlass für eine zukünftige Heilsordnung« (vgl. TractTrip, NHC I,5, 76,31–77,18).

Was also einerseits, weil es Erkenntnis über alles Maß hinaus erstreben wollte, in »Unkenntnis«, »Unmaß« und »Formlosigkeit« umschlug und damit das »Kenoma« (Leere), d. h. das Nichtige, die Privation von Sein und Denken, erzeugte (*Excerpta ex Theodoto* 31,3–4), begründet andererseits die Möglichkeit von Rettung, provoziert das Eingreifen des Göttlichen und damit die Sicherung und Erhaltung (Soteria) des Geistigen. Wie das im Mythos dargestellt wird, sehen wir jetzt.

Die Sophia, die ihrer Auflösung ins Nichtsein nahe ist, wird davor bewahrt, weil sie auf die Grenze des Pleroma, den Horos (Grenze), trifft. Er ist wie alle andern Wesenheiten des Mythos personal gefasst, wird vom Urgrund durch den Monogenes hervorgebracht (AH 1,2,4) und heißt auch Stauros (Kreuz), Erlöser, Frei-Sprechender, Grenzbestimmender und Hinüberleitender (Metagogeus). Der Bezug auch dieser Gestalt zu Christus ist – wie beim Monogenes – überdeutlich. Er stärkt die gefallene Sophia, »wendet sie um zu sich selbst« (AH 1,2,2), mythologisch gesprochen: er führt sie ihrem Gefährten wieder zu (AH 1,2,4). Sie akzeptiert, dass der Vater unfassbar ist, gibt also ihr leidenschaftliches Verlangen auf und wird damit dem Pleroma wieder eingegliedert.

Aber das ist noch nicht alles, der Fall ist damit nicht erledigt. Denn das einmal aufgetretene leidenschaftliche Sinnen und Begehren (Enthymesis und Pathos) ist mit der

Rettung der Sophia nicht zunichtegemacht. Es wird zwar von der Sophia abgetrennt, existiert aber als eine Art selbständige Wesenheit außerhalb des Pleroma, im Kenoma (Leere), weiter, »ohne Form und Gestalt«, die eine Funktion des Geistes sind, einer »Fehlgeburt« gleich (ἔκτρωμα, ektroma)[19]. Ihr Name ist Achamoth (abgeleitet vom hebräischen Wort für Sophia, Weisheit). Sie wird, wie wir sehen werden, der Anlass für die Entstehung der Welt.

Sophia wird also gedoppelt, oder besser, die eine Sophia des Pleromas wird geteilt. Ihr intelligibler Teil verbleibt, gereinigt, im Pleroma und sehnt sich dort wie die übrigen Äonen in jener gewissen – gefährlichen, weil zum Ausbruch neigenden – »Art von Ruhe« (AH 1,2,1) nach Erkenntnis des Vaters. Ihr leidenschaftlicher Teil ist total von dem intelligiblen getrennt und bringt dadurch das Kenoma in Erscheinung.

Diese Doppelrolle der Sophia hat in mittelplatonischen Interpretationen der Weltseele gewisse Parallelen. Scharf ist aber der Unterschied zu markieren: Während im Platonismus, z. B. bei Numenios, die Weltseele zwar in ihrer auf die Materie gerichteten ordnenden Tätigkeit von der Materie affiziert und damit von ihrem geistigen Wesen abgezogen und getrennt wird – wie bei der Sophia geschehen –, so ist diese Trennung doch immer nur eine periodische. Zwar ist die Trennung schwerwiegend, so dass Numenios von einer Teilung in einen sog. zweiten und dritten Gott spricht, aber entscheidend ist, dass sich der sog. dritte Gott »jederzeit« wieder zurückwenden und dem göttlichen Sein

19 AH 1,2,4 und 1,4,1; vgl. so als Selbstbezeichnung des Paulus 1. Kor. 15,8 und entsprechend des Ignatius, *An die Römer* 9,2).

und Vorbild zuwenden kann und dann wieder zweiter Gott ist. Beide sog. Götter werden daher ausdrücklich als »eins« bezeichnet (frg. 11 und 12, Des Places). Anders im valentinianischen Mythos. Die Trennung ist hier radikal und total. Das abgesonderte Pathos der Sophia, die Achamoth, ist vollkommen unfähig zu jeder Aktion, geschweige denn einer Rückwendung zum Geist. Es wird im Bild sehr präzise als »Fehlgeburt« bezeichnet. Soll daraus noch etwas entstehen – und es muss noch etwas entstehen, denn immerhin ist die Fehlgeburt das Pathos eines Äons, d.h. eine »pneumatische Wesenheit« –, so kann das ausschließlich durch Hilfe von oben, durch schöpferisches Eingreifen durch Gott selbst geschehen.

Ebendiese totale Trennung der Achamoth von der Sophia und dem Pleroma, die die Totalität des Falls bleibend dokumentiert, wird später einen der Hauptpunkte der Kritik Plotins an den Gnostikern ausmachen. Für ihn kann die Allseele gar nicht fallen (II 9, 4,21–24, vgl. 10,17–23). Sie ist ja Geist und schafft nur in der Verbundenheit mit dem Geist. Wenn sie abgesunken wäre, hätte sie die Welt nicht schaffen können; sie hat sie aber geschaffen (II 9, 4,6–11). Und genau hier liegt der Unterschied zwischen Philosophie und christlicher Gnosis oder die entscheidende Abwandlung des philosophischen Modells durch die Gnosis: Auch für die Gnosis wird die Achamoth – der von der geheilten Sophia abgetrennte Teil des Äons Sophia, vergleichbar dem dritten Gott des Numenios – zum Demiurgen dieser Welt, d.h. zur pneumatischen Ideengeberin für den herstellenden Demiurgen dieser Welt (s. dazu unten S. 110). Aber sie wird es nicht aus sich, sie wird es nicht selbstmächtig aufgrund ihres äonenhaften, göttlichen Seins. Denn dieses

Sein ist verloren und bleibt nur noch als seine Schwundform, verbildlicht als erbarmungswürdige Fehlgeburt oder als »schwache und weibliche Frucht« (AH 1,2,4). Sie wird zum Demiurgen, zur Verursachung, der Welt nur, weil sich der Vater mittels seiner Erlösergestalt ihrer »erbarmt« (AH 1,4,1), wie wir hören werden.

Als Konsequenz ergibt sich: Die gesamte folgende Geschichte, die der Mythos erzählt, samt Entstehung der Welt und des Menschen, ist eine Rettungsgeschichte, die die Rückführung des gefallenen Seins, soweit das möglich ist, zum Ziel hat. Die Spuren des Urgeschehens, das in einem hilflosen und hoffnungslos gefallenen Restwesen resultiert, ziehen sich durch die weitere Geschichte. Welt und Mensch tragen diese Spuren an sich, aber sie weisen ebensosehr und noch mehr die Merkmale der rettenden und gestaltenden Zuwendung des Vaters auf, wie sich zeigen wird. Von einer durchweg feindlichen und bösen Welt, wie sie meistens für die Gnosis vorausgesetzt wird, kann hier zumindest nicht die Rede sein. Verglichen mit der platonischen Kosmologie verliert die Welt allerdings an Göttlichkeit, das schöpferische Eingreifen Gottes ist aber keineswegs geringer zu veranschlagen als dort.

Die kosmologischen und anthropologischen Konsequenzen werden zu bedenken sein. Schon jetzt zeichnet sich ab: Von einer Göttlichkeit der Welt, von der Unsterblichkeit der Seele und damit der Möglichkeit der Selbsterlösung des Menschen wird angesichts des Falls nicht mehr die Rede sein können. Die Gnostiker nehmen das Böse ernster als die Platoniker.

Soteriologie: Restitution des Gefallenen als Weltgeschichte und Heilsgeschichte

Der erste Schritt bei der Rettung des Gefallenen besteht in der Verhinderung weiterer »Unfälle« im Pleroma. Wir sahen ja bereits, dass in der gesamten Äonenschaft eine unterschwellige Unruhe aus Sehnsucht nach Erkenntnis herrscht. Trotz Abtrennung des Pathos der Sophia und deren Wiedereingliederung ins Pleroma kann es immer noch geschehen, dass einer der Äonen »in ähnliche Leidenschaft verfällt« wie sie (AH 1,2,5).

Um das zu verhindern, muss die Rettungsaktion der Sophia, die durch den Horos/Stauros erfolgte, vervollständigt und die gesamte Äonenschaft gefestigt und befriedet werden. Das geschieht, wie jede Rettung im gnostischen Denken, durch Belehrung und Erkenntnis. Dafür wird »der fürsorgenden Voraussicht des Vaters gemäß« durch den Nus/Monogenes wiederum eine Rettergestalt mit Gefährten hervorgebracht: Christus und heiliges Pneuma.

Dieser Christus befestigt das Pleroma, indem er die Äonen über ihr Wesen und ihre Beziehung zum Vater aufklärt. Der betreffende Satz ist bei Irenäus (AH 1,2,5) möglicherweise nicht fehlerfrei überliefert. So viel ist zu entnehmen: Christus belehrt die Äonen, dass es für sie als Erfassung des Urgrundes, d.h. des ungezeugten Vaters, hinreichend sei, das Wesen ihres eigenen Paarseins, der Syzygie, zu begreifen. Dieses Wesen, so sahen wir, ist der Selbstbezug jedes Äons, in Abspiegelung des ersten Denkens des Urgrundes *und* des erkennenden Rückbezugs von dessen Nus. Damit werden die naturgegebenen Möglichkeiten und Grenzen der Äonen aufgezeigt und zusätzlich mit biblischem Bezug (Joh. 1,18; Mt. 11,27) erläutert: Der Vater ist als solcher unfassbar, fassbar ist er allein durch den Sohn, was bedeutet: Die Ursache der Äonen ist der Vater, der vermittelnde Grund ihres Hervortretens ist das, was an ihm fassbar ist, der Sohn, d.h. der Nus. Diese Erkenntnis, so endet der Abschnitt, »schuf« (ἐδημιούργησε, edemiurgese) der Christus (AH 1,2,5).

Durch diese Aufklärung wird das Pleroma befriedet: Alle kennen nun ihren Ort. Alle sind damit nach Gestalt und Einsicht einander gleichgestellt. Ein zukünftiger Unfall ist ausgeschlossen. Es kehrt die vollkommene Ruhe ein, ein eschatologischer Zielbegriff der Gnosis. Das »heilige Pneuma« lehrt sie zu danken. Als Ausdruck dessen bringen sie das Schönste hervor, das jeder in sich hat, und fügen es zusammen. Es entsteht die vollkommenste Frucht des Pleroma: Jesus, der auch Soter (Erlöser) und Christos und Logos heißt. Ihm werden Engel zugeordnet (AH 1,2,6).

Innerhalb des Pleromas ist der Fall durch das Eingreifen des Vaters und seines Nus aufgehoben. Der Fall wurde zum Anlass für die Schaffung der endgültigen Ruhe im Pleroma. Nach diesem Muster wird auch die Rettung des im Kenoma abgetrennten Pathos, der aus sich unfähigen »Fehlgeburt« Achamoth, vor sich gehen. Die scheinbar vielfach verdoppelten Rettergestalten Horos/Stauros (1,2,4), Christus/Pneuma (1,2,5) und Jesus/Soter (1,2,6) bezeichnen – entsprechend den drei ersten Äonen Nus, Logos und Mensch – Aspekte und Funktionen der einen präexistenten Christusgestalt in ihrem schöpferischen und erlösenden Wirken. Die scheinbaren Verdoppelungen sind durch die Erzählweise des Mythos bedingt, in dem zeitlich auseinandergezogen werden muss, was zeitlos zusammengehört. Im gnostischen Mythos werden damit Definitionen des

Wesens Christi aufgenommen, die auch in der gleichzeitigen apologetischen Theologie bedacht werden.

Die Rettung der gefallenen Achamoth geschieht in einem komplizierten Prozess, der als Einheit zu betrachten ist. Er kann folgendermaßen gegliedert werden:

1. Die Gestaltung des Gefallenen als Voraussetzung der Welt (AH 1,4)
2. Der Demiurg und die Welt (AH 1,5)
3. Mensch und Menschenklassen AH 1,6)
4. Das Eschaton als Ziel (AH 1,7)

1. Die Rettung der hilflos im Kenoma (Leere) abgetrennten »Fehlgeburt« Achamoth geschieht in zwei Schritten durch Christus. Er gibt ihr eine sogenannte Gestaltung der Substanz nach, d.h. verleiht ihr ein gewisses Bewusstsein ihrer selbst, so dass sie Sehnsucht nach ihrem himmlischen Ursprung zu empfinden vermag. Doch kann sie sich von sich aus nicht zu ihm aufschwingen, gerät vielmehr in Leid, Trauer und Angst und wendet sich hilfeflehend an Christus, der ihr den Parakleten (Tröster, vgl. Joh. 14,16.26; 15,26; 16,7) schickt. Dieser verleiht ihr die sogenannte Gestaltung der Gnosis (Erkenntnis) nachträglich und befreit sie dadurch von ihrem Leid, so dass sie zwar nicht ins Pleroma eingehen kann – in allem folgenden befinden wir uns ganz außerhalb der intelligiblen Welt –, aber doch zu der im Diesseits größtmöglichen Erkenntnis der Gesamtzusammenhänge gelangt, im mythologischen Bild: Sie bringt aus der Begegnung mit den Engeln, die den Soter begleiten, »pneumatische Frucht« hervor (AH 1,4,5). Wichtig sind daran zwei Dinge: Es ist Christus bzw. sein

Paraklet, der das hilflos Gefallene gestaltet und damit zum Leben erweckt. Zum anderen: Auch die Hinwendung zum »Besseren« (AH 1,4,1), d.h. die Rückwendung zu seinem Ursprung und Erlöser, wird erst durch Christus ermöglicht.

Die im Verlaufe dieses Geschehens entstandenen Affekte werden durch den Soter/Christus zu den – noch unkörperlichen – »Materialien« der Welt verdichtet: Aus den Leiden der Achamoth, aus Trauer und Angst, entsteht (schlechte) Materie (Hyle), aus ihrer sehnsuchtsvollen Hinwendung zu ihrem Ursprung (ἐπιστροφή, epistrophe – lat. conversio) entsteht Psyche (Seele). Die nunmehr gestaltete Achamoth selbst bringt mit den Engeln des Soters Pneumatisches hervor. Das wird abschließend mit der Feststellung kommentiert, dass der Soter sich virtuell (δυνάμει, dynamei) als Demiurg betätigt habe (AH 1,4,5).[20]

2. Die Welt und ihr Demiurg werden in der Literatur zur Gnosis fast ausschließlich negativ gesehen. Die dualistische Unterscheidung des bösen Demiurgen und seines entsprechenden Werkes von dem wahren Gott wird geradezu als ein Hauptpunkt gnostischer Weltanschauung und Lehre betrachtet. Unsere bisherige Lektüre des valentinianischen Mythos, die ein rein monistisches und monotheistisches System aufzeigte, lässt Ähnliches nicht vermuten. Wir nähern uns jetzt der mythischen Darstellung der Entstehung der Welt, ihrer Ursache und Bedeutung. Jetzt muss sich zumindest für die valentinianische Gnosis klären, wer

20 Parallel und mit Beziehung auf Joh. 1,3 heißt es bei Klemens, *Excerpta ex Theodoto* 45,3–47,1: »Erster und allgemeiner Demiurg wurde also der Soter (Erlöser).«

der Demiurg ist und wie er und der Kosmos einzuschätzen sind.

Der Mythos erzählt: Die »Materialien« der Welt, Hylisches (Materielles), Psychisches und Pneumatisches, liegen bereits vor. Die Achamoth, nunmehr geheilt und pneumatisch, begibt sich nach den Vorgaben des Soters an ihre Bearbeitung. Dazu gestaltet sie zuerst aus psychischer Substanz – das ist jene, die aus der »Hinwendung«, *conversio*, entstand – den nun ausdrücklich so genannten Demiurgen der Welt. Von ihm gilt zweierlei: Er ist qualifiziert als Handwerker, Hersteller, aller psychischen und materiellen Dinge und als solcher ist er gewaltig und groß. Er wird »Gott und Vater und König aller Dinge, die ihm wesensgleich sind«, genannt (AH 1,5,1). Andererseits ist er töricht: Er schafft nicht aus eigenem Vermögen, sondern wird von seiner Mutter Achamoth zu seinem gestalterischen Tun bewegt und merkt es noch nicht einmal. Sie ist es auch, die ihm das Vorbild für das zu Schaffende eingibt. »Er hat einen Himmel gemacht, ohne den Himmel zu kennen; er bildete den Menschen, ohne den Menschen zu kennen; er hat Erde sichtbar gemacht, ohne von der Erde zu wissen. Bei allem, so sagen sie, hat er die Urbilder (Ideen) der Dinge, die er herstellte, nicht gekannt und auch nicht seine Mutter« (AH 1,5,3). Seine törichte Begrenztheit äußert sich darin, dass er angesichts der gewaltigen Dinge, die er hervorbringt, meint, er allein habe alles geschaffen. Er wird überheblich und hochmütig und spricht den Satz, der in vielen gnostischen Texten der Charakterisierung des Demiurgen dient: »Ich bin Gott und außer mir ist keiner« (Jes. 45,5; 46,9). Dies also ist der sogenannte Demiurg: gewaltig und mächtig einerseits, töricht und verblendet hochmütig andererseits.

Sein Werk, die Welt, wird im ursprünglichen Referat des Irenäus nicht näher gekennzeichnet. Sie ist, wie sie ihrem Werkmeister gemäß zu erwarten ist: unvollkommen. In späteren Abschnitten des irenäischen Berichtes wird mit Bezug auf parallele Versionen des Mythos geschildert, wie der begrenzte Demiurg nur verzerrte Abbilder des Pleromas hervorbringen konnte (AH 1,17,1–18,1). Aber, und das ist gleich schon hervorzuheben, die Welt ist weder belanglos noch ausschließlich negativ und bedrohlich; sie erfüllt eine teleologische Funktion: sie ist Erziehungsstätte für den Menschen und wurde deshalb geschaffen (AH 1,6,1).

Soweit das Referat des Mythos. Was bedeutet diese Darstellung von Weltentstehung und Demiurg? Eindeutig ist, dass der hier beschriebene »Demiurg« als Hersteller nicht alleinige Ursache der Welt ist und daher auch die Welt nicht allein nach ihm beurteilt werden kann. Vielmehr übt, wie schon die Hinweise im bisherigen Bericht zeigten (AH 1,2,5. 4,5, vgl. 1,5,1. 3), auch der Nus/Christus als der Sohn und Soter demiurgische Tätigkeit aus. Er ist sogar der eigentliche Demiurg und Schöpfer, indem er dem Hersteller die Vorbilder für seine Aufgabe durch die gestaltete und pneumatische Achamoth vermittelt. Es wäre also verfehlt, den gnostischen Demiurgen nur nach der expressis verbis so genannten Person des Mythos, dem Hersteller, zu beurteilen. Was er ist, ergibt sich wieder im Vergleich mit dem platonischen Modell des Mythos.

Im Platonismus war die Frage nach dem Demiurgen umstritten, weil schon bei Platon selbst die Gestalt des Demiurgen, des Gottes, rätselhaft und weder seine Stellung zu den Ideen einerseits noch zu der Idee des Guten andererseits klar war.[21] Im der Gnosis zeitgenössischen Mittelplatonismus denkt der Demiurg üblicherweise die Ideen und birgt sie als seine Gedanken in sich. Sie sind ihm also gleich- oder nachgeordnet.[22] Philon, der jüdische Platoniker, hatte gelehrt, dass der göttliche Geist die Ideen als Modell seiner Weltschöpfung erschafft, und auch für platonisierende Christen, die die Gnostiker waren, lag es nahe, den Schöpfungsbericht der Genesis in dieser Weise zu verstehen.

Auch für den valentinianischen Mythos sind die Ideen das Vorbild für die Welt (AH 1,5,3). Wenn gesagt wird, der Hersteller der Welt habe sie nicht gekannt, so wird diese Vorstellung nicht aufgegeben, aber es wird dem radikalen Bruch Rechnung getragen, der sich mit dem Fall zwischen intelligiblem Sein und Kenoma aufgetan hat. Der Hersteller der Welt stammt aus dem, was aus dem Fall resultiert, jener Fehlgeburt, die – aus sich völlig hilflos – schon die erste Gestaltung durch Christus erfahren hat und sich zu ihrem »Lebendigmacher« hinwenden kann. In der Terminologie des Mythos heißt das: der »Demiurg« (insofern der Hersteller gemeint ist) ist psychisch. Entsprechend ist sein

21 Dazu Baltes, *Platonismus V*, S. 262–265, zu Baustein 128. Vgl. auch J. Halfwassen, »Der Demiurg. Seine Stellung in der Philosophie Platons und seine Deutung im antiken Platonismus«, in: A. Neschke-Hentschke (Hrsg.): *Le Timée de Platon. Contributions à l'histoire de sa réception*, Bibliothèque Philosophique de Louvain 53, Louvain/Paris 2000, S. 39–62.

22 Zuweilen werden sie auch als mit dem idealen Vorbild identisch vorgestellt (Baltes, *Platonismus V*, S. 264 f., mit Belegen). So insbesondere bei dem der Gnosis nahestehenden Numenios (Baltes, *Platonismus V*, S. 267, zu Baustein 128,1).

Werk nur verzerrtes und unvollkommenes Abbild der Ideen. Es ist zudem zeitlich, entstanden in Reaktion auf den Fall, der einmal geschah, und wird auch wieder vergehen – Vorstellungen, die die meisten Platoniker nicht teilen konnten. Das Werk dieses Herstellers ist nicht ausschließlich negativ gesehen. Zwar ist es weit entfernt davon, der »wahrnehmbare Gott« Platons zu sein (*Timaios* 92c), es ist auch nicht »sehr gut« (Gen. 1,31), aber es hat eine sinnvolle Funktion auf dem langen Weg der Restitution des Gefallenen: Es ist Erziehungsstätte für den Menschen, der Unterweisung nötig hat. »Deshalb wurde die Welt gemacht«, heißt es in der nun im Mythos folgenden Behandlung des Menschen (AH 1,6,1).

3. Um des Menschen willen ist der Mythos verfasst. Auf ihn, seine Verfassung und seine Lage, seine Möglichkeiten und sein Heil zielt die mythologische Darstellung ab. Sachlich ergibt sich jetzt aber nichts Neues. Vielmehr sind die Aussagen über den Menschen die Konsequenz aus der bisherigen Geschichte der Rettung des Gefallenen. Der Weg wird fortgesetzt und findet seinen Höhepunkt im Geschick des Menschen. Mit ihm gelangt die Rettung des Gefallenen an ihr – vorläufiges – Ende.

Aus den bereits bestehenden »Materialien« für die Welt, Materie (Hyle), Psyche (Seele) und Pneuma (AH 1,4,5), verfertigt der herstellende Demiurg den Menschen, wie im Anklang an die Schöpfungsberichte der Genesis (Gen. 2,7. 1,26, vgl. 3,21) dargestellt wird. In den irdischen, aus Materie geformten Menschen (nach dem »Bild« seines Herstellers) bläst er den psychischen (nach dem »Gleichnis«, d.h. seinem psychischen Verfertiger wesensgleichen) Menschen. Gleichzeitig damit wird das Pneuma, die Frucht der Mutter

Achamoth, in ihn hineingesenkt, ohne dass der Demiurg es bemerkt. So wie also einst der Demiurg die Welt schuf, indem ihm ohne sein Wissen die Vorbilder dafür von seiner pneumatischen Mutter geliefert wurden, so wird jetzt ohne sein Wissen das Pneuma in den Menschen gegeben – mit dem Unterschied, dass das Pneuma jetzt – sozusagen substanziell – im Menschen ist, was für die Welt, die nur unvollkommenes Abbild des Vorbilds war, nicht galt.

Die Bedeutung für diese dreifache Konstitution des Menschen, die natürlich Bild für eine bestimmte Aussage über das Wesen des Menschen und seine Möglichkeiten sind, wird breit erläutert:

Das Hylische geht notwendig zugrunde, »weil es keinen Hauch von Unvergänglichkeit aufnehmen kann« (AH 1,6,1). Die Begründung ist bemerkenswert: Die Auf- und Annahme der Unvergänglichkeit ist Bedingung des ewigen Heils, nicht eine mit der Schöpfung gegebene göttliche Substanz wie etwa der vielbesprochene »Funken«, den man etwa von Natur aus hätte.

Das Psychische – jenes Element der gefallenen Achamoth, dem die »Hinwendung« zum Soter ermöglicht wurde – kann sich neigen, wohin es will. Es ist selbstbestimmt (αὐτεξούσιον, autexusion) in dem Sinne, dass ihm die Möglichkeit, sich zum Besseren zu wenden, verliehen ist.

Das Pneumatische ist in den Menschen gesät, damit es hier ausgetragen werde, wachse und »bereit werde zur Aufnahme des vollkommenen Logos« (AH 1,5,6). Es ist also nicht an sich schon gerettet, ein ewiger Besitz, sondern kann und wird – passiv – vollendet werden (AH 1,5,6. 6,4. 7,5).

Diese Aufnahme des vollkommenen Logos, die zugesagt, aber noch nicht vollzogen ist, ist gebunden an einen irdischen Erziehungsweg des Menschen, bei dem das Pneumatische mit dem Psychischen »als Paar verbunden« (συζυγέν, syzygen) und mit ihm zusammen erzogen wird. Beide sind also offenbar aufeinander angewiesen. Das Psychische braucht Erfahrung im sinnlich Wahrnehmbaren (vgl. Hebr. 5,14). »Deshalb wurde die Welt geschaffen« (AH 1,6,1). Aber auch das Pneumatische, das mit ihm zusammengebunden ist, wurde »unmündig« (νήπιον, nepion) in diese Welt entsandt und muss hier erst – in der Verbindung mit dem Psychischen – vollendet werden (AH 1,6,4. 7,5), wobei die passive Ausdrucksform zu beachten ist. Erlösung/Vollendung geschieht durch Erkenntnis (Gnosis), die offenbart werden muss, und zwar Erkenntnis der im Mythos mitgeteilten Tatsachen, d. h. der Erkenntnis, dass

- es eine göttliche Ursache von allem gibt,
- sich ein schuldhaft/notwendiger Fall im Pleroma der Äonen ereignete,
- dass der Fall ausschließlich durch göttliches schöpferisches Handeln des Christus restituiert wird,
- die Welt, der Mensch und das eigene Ich aus dem als solches völlig hilflosen und unfähigen Abfallprodukt dieses Falls stammen und nur durch das schöpferische und erlösende Handeln des Christus zu der ihnen angemessenen Gestalt und Vollendung kommen.

Erlösung ist auch im Platonismus Gotteserkenntnis, ja Gott-Werden, aber sie erfolgt durch eine Art Selbsterlösung, insofern auch noch der vereinzelte Teil in der Vielheit der Dinge durch seine Anteilhabe am ihn konstituierenden Sein der Seele die Möglichkeit des Rückbezuges zum Ursprung hat. Nicht das Ziel also ist anders. Wohl aber ist in der Gnosis, dieser christlichen Umformung der platonischen Vorlage, die Möglichkeit der Selbsterlösung gänzlich ausgeschlossen. Weder das Konzept der Unsterblichkeit der Seele, das zentrales Dogma des Platonismus ist, noch, wie wir sehen werden, die Ewigkeit der Welt kann in der Gnosis übernommen werden. Die zentrale Bedeutung des Falls und Bruches im Sein steht dagegen.

Alleiniger Vermittler göttlichen Seins ist in der Gnosis Christus, der in vielerlei Gestalt auftritt. Im Pleroma als Nus (Monogenes), Logos, Mensch, zur Rettung des Pleromas als Horos/Stauros und als Christus und Pneuma, außerhalb des Pleroma als Christus, Paraklet, Logos, Soter und schließlich als der auf Erden wirkende Retter. Der irdische Jesus wird in folgender Weise beschrieben (AH 1,6,1): Er nimmt das an, was er retten wollte: Von der (geheilten) Achamoth das Pneumatische – auch das Pneuma muss, wie wir sahen, noch vollendet werden –, vom psychischen Demiurgen das Psychische, das mit unsagbarer Kunst zu einem psychischen Leib geformt wurde, der sichtbar, betastbar und leidensfähig wurde. Hylisches nahm er nicht an, denn es ist ja nicht ›capax salutis‹, heilsfähig (vgl. auch AH 1,7,2).

Christus ist also

- der Logos Gottes, wie im Johannesevangelium und der zeitgenössischen apologetischen Theologie,
- Schöpfer und Mittler Gottes,
- Retter und Soter (Erhalter).
- In der irdischen Welt erscheint er als auf Erden wandelnder Gott als Demonstration Gottes und wirkt als solcher als Lehrer.

Kreuz und Auferstehung sind zwar in dieses Konzept und vor allem die Liturgie eingebaut, haben aber keine zusätzliche Funktion zu den genannten, sondern werden von ihnen her erklärt. Dass Christus, der Retter und Soter der Achamoth, mit dem auf Erden erschienenen Christus eine letzte Einheit bildet, geht aus der im übrigen mühsamen und gedrechselten Deutung in AH 1,7,2 hervor.

Menschenklassen?

Eine der umstrittensten und fatalsten Fragen der Gnosisforschung ist die nach dem Verständnis der verschiedenen Möglichkeiten des Menschen, seiner hylischen, psychischen und pneumatischen Verfasstheit. Bezeichnen sie verschiedene Menschenklassen, für die charakteristisch ist, dass sie jeweils von vornherein, »von Natur aus«, deterministisch entweder hylisch oder psychisch oder pneumatisch bestimmt sind, handelt es sich um Möglichkeiten des einen Menschen oder sind andere Deutungen denkbar?

Irenäus interpretiert eindeutig im Sinne von determinierten Menschenklassen und nutzt das am Ende seines Referates über das gnostische Menschenbild (AH 1,6,1–3) geschickt polemisch gegen die Gnostiker: Er unterstellt, sie behaupteten, die pneumatischen Menschen zu sein und vollkommene Gnosis zu haben. Die Kirchenchristen dagegen seien nur psychisch veranlagt, weswegen sie auch, da sie ja Gnosis nicht haben, auf gute Werke angewiesen seien, um die ihnen mögliche Rettung zu erlangen. »Sie aber (die Gnostiker) – so lehren sie – werden nicht wegen ihrer Werke, sondern weil sie von Natur aus pneumatisch sind (φύσει πνευματικοί, physei pneumatikoi) auf alle Fälle vollständig gerettet« (AH 1,6,2). Irenäus lässt eine Reihe von

Beispielen dafür folgen, dass die Gnostiker angeblich jede ethische Anstrengung verachten, weil sie sich in maßloser Überheblichkeit als vollkommen und erwählt ansehen, die Christen, die sich zur Kirche halten, dagegen für bedauernswert beschränkt (ἰδιῶται, idiotai) und nichtwissend halten (AH 1,6,4). Diese Deutung des Irenäus galt lange Zeit als Tatsachenbericht über das gnostische Menschenbild. Heute ist man vorsichtiger geworden, ohne dass die Menschenklassenlehre aufgegeben wäre.

Irenäus' Interpretation ist offensichtlich tendenziöse Deutung. Denn sein Verständnis der Menschenklassenlehre ist nicht systemkonform. Es widerspricht einer der Hauptaussagen des Mythos, nämlich der, dass sich rühmende Überheblichkeit und Aus-sich-selbst-sein-Wollen gerade nicht zum Ziel führen. Im Pleroma führte ein solcher Irrtum zum Fall, umgekehrt entstanden Welt und Mensch gerade durch die göttliche Zuwendung zu dem ganz und gar nichts aus sich selbst Vermögenden. Es kann deshalb nicht sein, dass die Gabe des Pneumas an den Menschen zur berechtigten Ursache jedweder Art der Selbstüberhebung und des Sich-Rühmens würde. Wohl nehmen augenscheinlich nicht alle Menschen aufgrund des Pneumas den »vollkommenen Logos« auf (vgl. AH 1,5,6), denn nicht alle Menschen sind ja Gnostiker oder wollen es auch nur werden. Aber das Pneuma ist selbst nur ganz und gar ohne Anspruch und Verdienst verliehene Gabe, entsprechend der Rettung der Achamoth. Es handelt sich um eine Begabung gleichsam »von Natur«, wie es in gnostischen Texten zuweilen heißt und wie Irenäus im oben angeführten Zitat belegt. Einer natürlichen Begabung kann man sich nicht rühmen. Aber wie ist dann das Zitat des Irenäus (»Sie aber (die Gnostiker) – so lehren sie – werden nicht wegen ihrer Werke, sondern weil sie von Natur aus pneumatisch sind, auf alle Fälle vollständig gerettet«) zu verstehen?

Setzten die Gnostiker sogenannte Menschenklassen voraus oder nicht? Ich kann nur zweierlei vermuten. Das Zitat ist inhaltlich sachgemäß, der Kontext ist falsch. Das will sagen: Der Determinismus, den Irenäus den Gnostikern vorwirft, ist nicht im Sinne einer objektiven Beschreibung der Menschheit zu verstehen mit der Konnotation von Anspruch und Automatismus der Erlangung der Vollendung, sondern als Bekenntnis des Sich-erlöst-Wissenden selbst, der sein Heil nicht auf sich selbst zurückführt. In diesem Sinne mag die gnostische Rede von verschiedenen Menschengruppen, die es wohl gab, verstehbar und akzeptabel sein. Menschenklassen sind eine Faktizität in dieser Welt. Wenn man zu den Pneumatikern gehört, kann man dafür nur danken. Aber Menschenklassen sind auch verborgen. Wenn die Gnostiker in den Kirchen predigen, was ihnen erst Irenäus untersagt (AH 3,15,2), dann doch offenbar, weil sie unter den Kirchenchristen – den, nach Irenäus, angeblichen Psychikern – diejenigen zu erreichen hoffen, die sich als erwählte Pneumatiker erweisen. Und sie fanden sie. Das Sich-Überheben der Pneumatiker ist ein Abusus, sonst nichts.

Das gilt zum einen. Zum andern sind in der historischen Realität bei den Gnostikern offenbar Missdeutungen des Pneumatikertums jeder Art, gefolgt von groben Auswüchsen der Konsequenzen für die Ethik vorgekommen. Irenäus berichtet davon (AH 1,6,2–4). Es gab auch theologische Begründungen für eine insbesondere sexuell ausschweifende Ethik (Karpokrates). Auch in den Texten von Nag Hammadi schlagen sich solche Missverständnisse nieder, ebenso aber der entschiedene Widerstand gegen solche Verzerrungen der gnostischen Überzeugung, die sich auf den Umgang der Gnostiker untereinander auswirkten. (Vgl. *Die Auslegung der Erkenntnis*, NHC XI,1).

4. Die Eschatologie wird nur kurz abgehandelt und bestätigt das, was der Mythos vorher schon besagte. Das Ende wird eintreten, wenn der gesamte pneumatische Same vollendet ist – wodurch bekräftigt wird, dass dieser Same begrenzt ist, es also nur eine bestimmte Zahl von Erlösten in der Welt gibt und geben wird. Dann kann die Achamoth den ihr nach ihrer Rettung zugewiesenen Ort in der Mitte, unterhalb des Peromas, aber über der Welt und ihrem Demiurgen (AH 1,5,3), verlassen. Sie zieht ins Pleroma ein und vereinigt sich als Paar (Syzygie) mit jener Rettergestalt, die einst als Dank für die Festigung des Pleromas von allen Äonen hervorgebracht war, mit dem Soter, auch Jesus/Christus/Logos genannt. Die Pneumatiker dieser Welt gehen mit ihr ins Pleroma ein, nachdem sie ihre Seelen, mit denen sie hier zusammengespannt waren, abgelegt haben, und werden intelligible Geister, paarweise vereinigt mit den Engeln des Soters.

Die Seelen gehen zum gleichen Zeitpunkt mit dem psychischen Demiurgen an jenen bevorzugten Ort der Mitte, den die Achamoth verlassen hat, unter dem Pleroma, aber über der Welt. Allerdings geht nicht das Psychische schlechthin zu diesem Ort, sondern es kann nur dann dort eingehen, »wenn es das Bessere wählt« (AH 1,7,5), will sagen: Gemäß dem definierten Wesen des Seelischen, sich zu seinem Lebendigmacher »hinwenden« zu können (AH 1,4,1. 6,1), müssen und können die Psychiker in dieser Welt das Angebot Christi annehmen, sie müssen den Mythos begreifen und akzeptieren.[23] Dann werden sie an dem ihnen bestimmten Ort »ruhen« (AH 1,7,1). Der psychische Demiurg, bisher stets als unwissend beschrieben, wird bei der Parusie (Wiederkunft) des Herrn – sie ist offenbar als gleichzeitig mit der Vollendung des pneumatischen Samens gedacht – von ihm über »alles«, d.h. über die im Mythos geschilderten Zusammenhänge, unterrichtet, und er läuft ihm freudig mit aller Kraft entgegen wie der Hauptmann im Evangelium, der Jesus auf sein Wort hin glauben kann, auch ohne dass der in sein Haus tritt (Mt. 8,9 par.) – ein bemerkenswertes Bild: der gewaltige und mächtige Hersteller der Welt anerkennt freudig den, der der eigentliche Schöpfer der Welt ist.

Damit ist der Fall endgültig aufgehoben. Sophia war schon ins Pleroma zurückgekehrt. Ihr hilflos abgetrennter Teil, die Achamoth, und die bei ihrer Rettung entstandenen Wesenheiten Psyche und Pneuma sind ebenfalls der drohenden Auflösung (vgl. AH 1,2,2) enthoben und in eine ewige Seinsform gebracht, soweit das möglich ist. Die Welt und die gesamte Weltgeschichte erwies sich als zweckgebunden notwendig für diese Rettung. Da die Welt jetzt keine Funktion mehr hat, geht sie im Weltenbrand zugrunde (AH 1,7,1, vgl. 1,6,1), mit ihr alles Hylische und auch die Seelen, die »das Schlechtere« gewählt haben, die also nicht das Angebot Christi und den Inhalt des Mythos in rechter Weise verstanden und akzeptiert haben.

23 Zur Reaktion der drei Menschentypen auf den Christus dieser Welt vgl. AH 1,8,3.

Der Gehalt des Mythos

Der besprochene Mythos hat eine klare Aussage, die – könnte der Mythos als repräsentativ für die Gnosis gelten – eine Zusammenfassung der Grundzüge gnostischer Lehre bieten müsste. Sie umfasst folgende Punkte:

1. Es gibt eine Ursache von allem, ein Gott, der als Grund von allem über allem ist und – wahrscheinlich ist es so zu denken – die Ideen in sich enthält. Er ist unerfassbar und unerkennbar.

2. Der eine Grund tritt aus sich heraus, indem er sich selbst denkt und damit den Geist (Nus) hervorbringt, die Dimension der Vielheit und Bewegung gegenüber dem einen Urgrund in Ruhe. Mythologisch wird der Nus gleichgesetzt mit dem Sohn (des Urgrund-Vaters), dem Logos und Christus. Als Denken des Vaters hat er allein Erkenntnis des Vaters. Als solcher ist er Vermittler des Vaters, insofern er die Vielheit, die der Vater umfasst, hervortreten lässt (das Pleroma der Äonen) und insofern an und in ihm das erkannt werden kann, was vom Vater erkennbar ist. Er ist daher Mittler des Heils, das in Erkenntnis (Gnosis) dieser Zusammenhänge besteht.

3. Ein Fall im Seienden, hervorgerufen durch zunehmende Individuation, die auch der Platonismus kennt, aber interpretiert als schuldhaftes Selbst-sein-Wollen und fürwitzige Überhebung, führt zum totalen Bruch zwischen Sein und Nichtsein mit der Konsequenz, dass die Entstehung der Welt sowie die Welt- und Menschheitsgeschichte als Geschichte der Aufhebung des Falls durch den Urgrund-Vater und seinen Sohn verstanden werden.

4. Die Welt und ihr unmittelbarer Demiurg sind qualifiziert durch diese Vorgaben. Die Welt ist nicht um ihrer

selbst willen entstanden, sie ist kein »wahrnehmbarer Gott«, vielmehr ist sie Mittel zum Zweck (im vorliegenden Mythos als Erziehungsstätte des Menschen. Andere Deutungen in andern Mythen sind möglich). Die Welt ist daher endlich. Der Demiurg ist unselbständig-unwissendes Mittel zur Herstellung der Welt, die vom wahren Demiurgen Christus initiiert wird (andere Deutungen sind möglich).

5. Im Menschen, in dem – bildlich gesprochen – göttliches Pneuma konzentriert ist (sein kann), findet der Höhepunkt des Rettungsprozesses statt. Rettung erfolgt auf allen Stationen ausschließlich aufgrund von Mitteilung und Gabe, deren Erkenntnis (Gnosis) Modus der Rettung ist.

Dieser Gesamtgedankengang scheint mir nur christlich denkbar zu sein. Er basiert auf paulinischem und johanneischem Gedankengut und will auch ausdrücklich Auslegung dieser und anderer neutestamentlicher Texte sein, wie die bei Irenäus eingeschobenen Kapitel mit gnostischen Schriftbelegen zeigen. Auch darin ist das Vorgehen der gnostischen Valentinianer dem der Platoniker formal ähnlich, die ihrerseits darauf beharrten, mit ihren philosophischen Ausführungen Platon wiederzugeben. Über die Christlichkeit der Gnosis insgesamt ist damit noch nicht entschieden.

Die Aussage dieses Gesamtzusammenhangs betrachte ich, Irenäus folgend, als gnostisch. Beim Vergleich mit anderen gnostischen Mythen oder anderen Textformen der sich auf verschiedenartige Weise ausdrückenden Gnosis frage ich nach dieser Grundaussage von: monistischer göttlicher Ursache von allem – Fall und dessen radikale Konsequenzen, insbesondere der gänzlichen Unfähigkeit des Gefallenen – Rettung als ungeschuldete Wiederherstellung durch dieselbe ursprüngliche Ursache. Dieser Zusammenhang muss gewahrt sein ungeachtet möglicher Variationen im einzelnen, die es geben kann und zahlreich gibt. Mit dieser Betonung des spezifischen Gesamtzusammenhangs gehe ich über Bestimmungen von Gnosis hinaus, die lediglich typologisch arbeiten, d.h., nach bestimmten, gnostische Texte kennzeichnenden Ideen oder Motiven oder auch nach mythologischen Einzelheiten und Namen die Zugehörigkeit zur Gnosis bestimmen. Dabei kommt die zusammenhängende theologische Aussageabsicht, die einen als gnostisch anzusehenden Text erst zum gnostischen macht, zu kurz. Selbstverständlich ist die nüchtern sammelnde Feststellung von Übereinstimmungen notwendig, aber sie führt noch nicht an den Kern der Sache.

Der folgende Exkurs zum Verhältnis von Platonismus und Gnosis wird den Neuansatz des gnostischen Denkweges noch einmal präzis verdeutlichen. Danach vergleichen wir die Gesamtaussage des valentinianischen Mythos mit einem anderen gnostischen System in mythischer Form, der sog. sethianischen Gnosis, wie sie im *Apokryphon des Johannes* (AJ) erhalten ist. Dieser Text ist einer der meistbehandelten in der Gnosisforschung. Der Mythos, den er enthält, wird meist als Zeugnis einer eigenständigen und sehr frühen Form der Gnosis angesehen, die schon die Valentinianer beeinflusst habe. Wir behandeln ihn hier unter der Frage, ob und inwiefern die gnostisch-valentinianische Gesamtaussage auch diesem Mythos zugrundeliegt, welche Unterschiede es gibt und welche Konsequenzen diese für das Verständnis des Gesamtphänomens Gnosis haben.

In Erinnerung rufe ich dafür noch einmal, dass die mythische Sprache mit ihren Bildern und Zeichen die Variation erlaubt und herausfordert. Nicht jede Änderung, nicht jeder neue Name ist daher schon eine gravierende Abweichung in der Gesamtaussage.

3 Exkurs: Platonismus und Gnosis im Vergleich

Es gibt ein mittelplatonisches philosophisches System, das dem geschilderten valentinianischen ähnlich ist. Im Vergleich sind Übereinstimmungen und Unterschiede beider gut zu erkennen. Gemeint ist das System des Numenios von Apameia aus der zweiten Hälfte des 2. Jahrhunderts, also etwa zeitgleich mit dem von uns betrachteten gnostischen Mythos.

Numenios unterscheidet Gott und Materie als ewige Prinzipien.[24] Gott als Seiendes ist einfach, unveränderlich, ewig, geistig; die Materie (Hyle) ist unentstanden, damit »gleichalt«, gleichursprünglich wie Gott, aber immer bewegt, fließend, ohne wahren Seinscharakter, sie hat ein ἐπιθυμητικὸν ἦθος (epithymetikon ethos), d. h. einen triebhaft begehrlichen Charakter. Gott als Monas, Einssein, steht die Materie als »unbegrenzte Zweiheit« gegenüber.

Uns interessiert zunächst der Bereich der Monas, des Göttlichen und Seienden. In ihm sind drei Ebenen zu unterscheiden: Der erste Gott (Nus) ist identisch mit der Idee

24 Vgl. zu Numenius vor allem K. Alt, *Weltflucht und Weltbejahung. Zur Frage des Dualismus bei Plutarch, Numenios, Plotin*, Stuttgart 1993; M. Baltes, ›Numenios von Apameia und der Platonische Timaios‹, in: *Dianoemata. Kleine Schriften zu Platon und zum Platonismus*, Stuttgart/Leipzig 1999, S. 1–32, J. Dillon, *The Middle Platonists. 80 B. C. to A. D. 220*. Revised Edition, New York 1996, S. 448–452.

des Guten, er ist das Gute selbst (frg. 16, Des Places); er ruht in sich selbst, ist einfach und unteilbar, weil er ganz »in sich« ist (frg. 11). Er umfasst in sich das Ganze der Ideen, ist Prinzip des noetischen Seins. Der zweite Gott (Nus) ist sein Nachahmer (μιμητής, mimetes) und analog zu ihm zu verstehen (frg. 16). Er ist der Gott des Werdens, so wie der erste der Gott des Seins ist. Er blickt auf den ersten Gott und ahmt ihn nach (frg. 16.18), d. h., er ist der Schöpfer des Werdens. Er ist auch gut, aber nicht gut in sich selbst, sondern er ist nur gut und bei sich selbst, wenn er auf den ersten Gott blickt. Wendet er sich dagegen der Hyle zu – wie es seinem Wesen und Auftrag entspricht –, um sie zu einen und durch Harmonie zusammenzubinden (frg. 11 und 18) und die Weltordnung zu schaffen, so ist er nicht mehr bei sich selbst, sondern er wird von der Hyle bei seinen Bemühungen um ihre Einung aufgespalten (frg. 11), so dass er als ein dritter Gott von dem zweiten abgetrennt ist. Beide Gottheiten sind aber ausdrücklich eins (frg. 11). Die Unterscheidung von zweitem und drittem Gott meint also nur die Unterscheidung der beiden Aspekte des einen Demiurgen-Gottes: des nach oben zum ersten Gott und damit zu seinem eigentlichen Sein (ἴδιον ἦθος, idion ethos) ausgerichteten Wesen, von dem her ihm der Plan zu seiner Weltordnung kommt, und des nach unten zur Hyle gerichteten Wesens, das diese eint.

Numenios bezieht sich dabei auf den platonischen Demiurgen, den er ebenso in zwei Aspekte zerfallen sieht, und zieht *Timaios* 39e nachträglich als Bestätigung für seine eigene Lehre vom Demiurgen heran.[25] Numenios' Konzep-

25 So Baltes, ›Numenios‹ (s. Anm. 15), S. 19–28 und J. Halfwassen,

tion ergibt sich nicht zwingend aus der genannten Stelle. Wie Platon aber verlegt er das Ideenganze in den ersten Gott. Der zweite (und dritte) schafft nur ein Abbild des Ideenganzen im ersten Gott. Diese Welt ist dann nur Abbild dieses Abbildes, d.h. des Wesens (οὐσία, usia) des zweiten Gottes. Sie ist also nur mittelbares, d.h. durch den zweiten Gott vermitteltes Abbild des Ideenganzen im ersten Gott.

Die Parallelen zum valentinianischen Mythos sind auffällig, ebenso die Abweichungen.

1. Es liegt eine weitgehende Vergleichbarkeit der beiden Konzeptionen vor bei je nach Aussageabsicht unterschiedlicher Terminologie. Beide Götter sind erste Ursache von allem (ἀρχὴ τῶν πάντων, arche ton panton, Ref. 6,29,2), sind Monas (Eins),[26] ungezeugt, ewig. Beide Götter umfassen das Ganze aller Ideen/Äonen, sind aber dennoch älter und ursächlich gegenüber den Ideen. Während dieser Gedanke bei Numenios klar ausgesprochen wird (frg. 16), ist er im valentinianischen System vorauszusetzen. Denn hier will der Vater, der eins, allein und in sich ruhend ist, »einmal« das Schönste, »das er in sich hatte«, hervorbringen (so nach Ref. 6,29,5), weil er ja »zeugungsfähig« ist. Und er tat das und brachte den Nus hervor, wie wir auch aus Irenäus wissen. Man darf daher eine Konzeption wie die des Numenios auch für den valentinianischen Mythos voraussetzen. Der mythische Stil bedingt die andere Ausdrucksweise.

Geist und Selbstbewusstsein. Studien zu Plotin und Numenios, Mainz/Stuttgart 1994, S. 39 ff.

26 Für Numenios bei Calcidius, *In Timaeum* 295–299 (frg. 52, Des Places), für den valentinianischen Mythos bei Hippolyt, Ref. 6,29,2.5.

Unterschiedlich scheint hier und da die Erkennbarkeit der Monas, des Vaters und Urgrunds, zu sein. Während die Valentinianer immer wieder betonen, dass er unzugänglich, unerfassbar und unbegreiflich sei – das Problem des Erkennens des Vaters ist ja die Grundachse ihres Denkens –, heißt es bei Numenios, dass Gott νοητόν (noeton), geistig erfassbar, sei (frg. 7,1; 8,5). In Wahrheit ist der Unterschied nicht gar so groß, aber vorhanden. Auch bei Numenios ist eine direkte Beziehung der Welt zum ersten Gott nicht möglich. Erkenntnis Gottes kann nur vermittelt durch den zweiten Gott geschehen.

2. Der Nus der Valentinianer wird vom Vater hervorgebracht, entsteht aus ihm und bringt die weiteren Äonen hervor, den Vater »nachahmend« (Ref. 6,29,7) und damit dann die gesamte weitere Äonenschaft vermittelnd. Auch der zweite Gott des Numenios ist der »Nachahmer« des ersten Gottes (frg. 16). Auch er konstituiert sein Wesen (οὐσία, usia), wenn er zum ersten Gott aufblickt, als ein Abbild des Ideenganzen im ersten Gott. Die Welt wird dann nur ein Abbild des Wesens des zweiten Gottes sein, nicht des ersten Gottes selbst (frg. 16). Der zweite Gott ist gut, nicht das Gute selbst. Das ist der erste Gott.

Man sieht: die Parallelen gehen weit und würden sich noch reichlicher zeigen, wenn wir einen umfassenden Vergleich mit dem Mittelplatonismus vornähmen. Es ist nicht zweifelhaft, dass die Gnostiker die Nähe zur Philosophie suchten und im Vergleich mit ihr das eigene Anliegen formulierten. Aber man sollte nicht meinen, mit der Feststellung der Übereinstimmungen schon an die Aussageabsicht der Gnostiker herangekommen zu sein. Diese unterscheidet sich wesentlich von der der Philosophen. Das wird im folgenden bei der Sophia der Valentinianer und dem dritten Gott des Numenios deutlich werden.

3. Die Übereinstimmungen: a) Die Sophia ist ein Äon, der letztentstandene Äon. Sie fällt und wird damit letztlich der Anlass für die Entstehung der Welt. Auch der dritte Gott des Numenios schafft die Weltordnung. – b) Die im Fallen begriffene Sophia wird angehalten, gereinigt und gestärkt und zu ihrem eigentlichen Sein zurückgewendet. Auch der Demiurg des Numenios (d.h. der zweite und dritte Gott, die ja einer sind) konstituiert sich je neu, wenn er sich von der Materie ab- und dem Sein des Ursprungs, des ersten Gottes, zuwendet. – c) Von der gereinigten und zurückgewendeten Sophia wird ihr »leidenschaftliches Verlangen«, Achamoth genannt, abgetrennt. Man kann auch formulieren: die eine Sophia wird »gespalten« in die gereinigte Sophia und die »Fehlgeburt« Achamoth. »Gespalten« ist der Ausdruck des Numenios (frg. 11). Er bezeichnet damit die Auswirkung der unruhig-chaotischen Materie auf den Demiurgen, der sein Wesen doch durch den Blick nach oben konstituiert (vgl. frg. 18). – Das sind Parallelen, und doch, welcher Unterschied in der philosophischen Konsequenz, in der theologischen Aussageabsicht und in der Sache, wie wir sehen werden.

Die Unterschiede: Nicht von der Materie wird im valentinianischen System die Sophia »gespalten«. Denn Materie gibt es noch gar nicht. Sie ist bei den Gnostikern kein unentstandenes, ewiges Prinzip. Sophia fällt, wie wir sahen, weil sie sie selbst sein wollte, weil sie »aus Eigenem« Gott erkennen wollte. Die »Spaltung« von Sophia und Achamoth ergibt sich erst im Verlauf der Rettungsaktion durch den Horos (Grenze) / Stauros (Kreuz), der den Nus / Monogenes bzw. den Logos / Christus repräsentiert. Die Materie entsteht erst viel später aus der Angst und Trauer der abgetrennten Achamoth. Sie ist ein minderes Element, aber doch ein durch die Einwirkung des Geistes zustandegebrachtes Element. Insofern trägt sie die Spuren Christi an sich (AH 1,4,2 und 5, vgl. 1,2,2 und 1,2,4). Auch bei Numenios wirkt der Demiurg auf die Materie ein, er »eint sie« (frg. 11). Aber es handelt sich um die vorgegebene Materie, das Prinzip Hyle. Ihr unruhig-chaotischer Charakter ist der Anlass der Spaltung. Bei den Valentinianern ist es das schuldhaft/notwendige Aufbegehren eines Äons.

Platonisch-philosophisch ist die Annahme vom Aufbegehren eines Äons mit derartigen Folgen ganz unsinnig, Für den valentinianischen Theologen ist sie unabdingbar. Denn für ihn gibt es nicht die ungebrochene Kontinuität des Geistes von der ersten Ursache bis in den Kosmos und die Einzelseelen. Für ihn gibt es dagegen den radikalen Bruch zwischen Sein und Nichtsein, infolge dessen dann – christlich – die Entstehung der Welt als eine gnädige Zuwendung und Rettungsmaßnahme Gottes geschildert werden kann.

Der Demiurg des Numenios gerät zwar in Gefahr, sich – als dritter Gott – an die Materie zu verlieren, aber er ist doch fähig, sich zu seinem Vorbild, dem Vater, zurückzuwenden und so seine eigene göttliche Gestalt zu konstituieren. Sophia kann das nicht. Sie fällt wirklich, gerät nicht nur in Gefahr zu fallen wie der dritte Gott des Numenios. Und Sophia wird, ganz passivisch, festgehalten und gestärkt und ihr Begehren von ihr abgetrennt, wieder ganz passivisch. Und dieses Abgetrennte – Achamoth – vermag nichts aus sich selbst, obwohl es als leidenschaftlicher Trieb eines Äons eine »pneumatische Wesenheit« ist (AH 1,2,4). Und auch sie wird, wieder ganz passiv, gerettet, und daraus entsteht in langer Geschichte die Welt.

Numenios und die Valentinianer nutzen ganz ähnliche Grundvorstellungen, aber sie interpretieren sie anders und setzen die Akzente anders. Dadurch wird aus einem im Groben übereinstimmenden Seinsmodell (eine höchste göttliche Ursache – eine vermittelnde Weltseele – eine abgewertete Materie) eine grundsätzlich verschiedene Aussage, die Konsequenzen für die Lebenshaltung ihrer jeweiligen Vertreter hat. Während der Platoniker wegen seines Anteils am Geist in Form seiner Seele grundsätzlich zur Hinwendung auf den Ursprung befähigt ist, gilt das für den Gnostiker prinzipiell nicht. Er ist, von sich aus, in der Lage der abgetrennten Achamoth, der »Fehlgeburt«, und bedarf der ihm zuzusprechenden Offenbarung (durch Lehre und Mythos) zur rettenden Erkenntnis. Seine Lebensform richtet sich danach aus. Ihr Kennzeichen ist das Empfangen, nicht der Besitz.

Wir sind bisher ausschließlich von den valentinianischen Gnostikern ausgegangen. Natürlich stellt sich die Frage, inwieweit diese repräsentativ für die Gnosis sein können. Mir scheint das der Fall zu sein. Dazu die folgende Analyse des ›sethianischen‹ *Apokryphon des Johannes.*

4 Der sogenannte ›sethianische‹ Mythos nach dem *Apokryphon des Johannes*

Das *Apokryphon des Johannes* (AJ) ist ein wichtiger gnostischer Text des 2. Jahrhunderts. Schon Irenäus referiert eine Zusammenfassung von dessen erstem Teil (AH 1,29,1–4).

Der Gesamttext ist in vier Handschriften in koptischer Übersetzung erhalten, von denen mindestens drei voneinander unabhängige Versionen des griechischen Urtextes oder dessen Vorform sind: NHC III,1 und BG 8502,2 überliefern die Kurzfassung, NHC II,1 und NHC IV,1 die Langfassung. Mindestens zehn Texte aus Nag Hammadi weisen Übereinstimmungen – insbesondere in der Darstellung der himmlischen Welt – mit dem AJ auf. Die dahinterstehende religiöse Gruppierung wird meist »sethianische Gnosis« genannt, abgeleitet von der Bezeichnung »Same des Seth« für die erwählten Heiligen (nach Gen. 4,25 Seth als dritter Sohn Adams), die im AJ einmal begegnet (NHC II,19,15). Auch wir folgen dieser Kennzeichnung. Kürzlich ist energisch und nicht zum ersten Mal darauf aufmerksam gemacht worden, dass sich nur diese sogenannten Sethianer, die Texte wie das AJ lasen, selbst wahrscheinlich erstmals »Gnostiker« (γνωστικοί, gnostikoi) nannten (vgl. AH 1,29,1. 11,1. 2 praef. 2,13,10), eine in der Antike ungewöhnliche Bezeichnung. Man müsse daher von ihnen allein ausgehen, wenn man von Gnosis und Gnostikern handeln wolle (D. Brakke). Ich halte das angesichts des antiken Titels und der Gesamtanlage von Irenäus' Werk nicht für sinnvoll.

Hier geht es nicht um Bezeichnungen, sondern um die Frage, ob der in jedem Fall zentrale und einflussreiche Text des *Apokryphon des Johannes* eine andere Form von Gnosis bezeugt, als wir sie im valentinianischen Mythos kennengelernt haben, oder ob beide eine prinzipiell gleiche oder doch sehr ähnliche Grundaussage treffen. Es ist meine These, dass dieses letztere der Fall ist, ungeachtet der verschiedenen Ausdrucksweisen und Variationen, die für gnostische Texte charakteristisch sind. Was Gnosis ist, wird damit noch deutlicher sichtbar.

Der Urgrund als die eine Ursache von allem

Der erste Teil des Mythos des AJ folgt auf die in der Rahmenhandlung ausgesprochene Bitte des Jüngers Johannes um Erkenntnis an den auferstandenen, noch nicht aufgefahrenen Jesus. Sein Inhalt ist also Inbegriff von Erkenntnis. Alle Hauptpunkte des valentinianischen Mythos und ihr zwingender Zusammenhang begegnen auch hier, das AJ ist aber ausführlicher, bedient sich auch im zweiten Teil anderer Aussageweisen, nämlich einer umdeutenden kritischen Genesisparaphrase, die die Kernaussagen des Mythos zum Ausdruck bringt. Wir verfolgen nur diese Kernaussagen, einschließlich der Variationen gegenüber dem valentinianischen Mythos.

Der eine Urgrund wird mit negativen Prädikaten umschrieben: Er ist unbegrenzt, unerforschlich, unermesslich, unsichtbar, unaussprechlich. Aber er ist auch Licht, Vollkommenheit, sich selbst begründend sowie: mehr als Vollkommenheit, »eine Ewigkeit gebende Ewigkeit« und so fort. Diese Beschreibung des Ursprungs ist eine »streng durchkomponierte, philosophische Abhandlung« genannt und auf ihre Nähe zu mittelplatonischen Traktaten verwiesen worden (J. Mansfeld). Sachlich ergibt sich kein Unterschied zum valentinianischen Mythos bei Irenäus. Bemerkenswert ist der Schluss der Abhandlung, ein leicht umformuliertes Zitat von Joh. 1,18 (»Niemand hat Gott je gesehen. Der Einziggeborene, Gott, der an der Brust des Vaters ist, er hat ihn mitgeteilt.«). Das kann man notfalls auch philosophisch-mittelplatonisch verstehen, aber der Hinweis auf den Mittler Gottes, Christus, ist wohl kaum zu überhören. Etwaige Versuche, einen vor- oder nichtchristlichen Kern im AJ zu identifizieren, müssten neben anderem auch dazu Stellung nehmen.

Das himmlische Reich und sein Mittler

Die gegenüber dem valentinianischen Mythos größere komplexe Ausführlichkeit des AJ tritt hier besonders deutlich zutage. Sachlich wird nichts anderes als dort berichtet: Der eine Gott-Vater denkt sich selbst und weiß sich selbst als die Fülle des in ihm enthaltenen Seins, der Ideen bzw. der Äonen (AJ NHC II,1,4,19–24 »Er betrachtet sich selbst in seinem Licht … In jeder Richtung betrachtet er sein Bild…«). Dadurch tritt sein Denken als selbständige Wesenheit hervor und wird im weiteren Verlauf zum Schöpfer oder besser Vermittler des Entstehens aller weiteren Äonen. Es ist also die Stufe des Nus, die hier angesprochen ist. Im mythologischen Bericht bei Irenäus hieß es vom Nus (Geist), er sei der erste, der vom Vater hervorgebracht wurde, habe allein Erkenntnis des Vaters und sei derjenige, durch den im Auftrag des Vaters die Entstehung aller weiterer Äonen vermittelt würde. Ebendieser selbe mythologisch ausgedrückte und platonisch-philosophisch gedachte Gedanke von der Selbstentfaltung des göttlichen Geistes liegt auch dem AJ zugrunde (vgl. NHC II,1,4,19–7,4) mit dem Unterschied, dass er hier in der größeren Ausführlichkeit einer Anzahl göttlicher Wesenheiten auftritt (mindestens zwölf, wenn nicht mehr, je nach Zählung), die keine andere Funktion haben als eben der Nus.

Wir hatten auch beim valentinianischen Mythos gesehen, dass die Gestalt des Nus, der für Christus steht, im

Äonenpleroma wie in der Geschichte von der Rettung des Gefallenen verdoppelt und vervielfacht wurde. Im AJ nimmt dieser Prozess noch weit größere Ausmaße an: Es entsteht Barbelo (ein unübersetzbarer Name, verballhornt aus dem Hebräischen oder Aramäischen), das »erste Denken« des Vaters, sein »Bild«, »sie wurde der Schoß des Alls, denn sie war vor ihnen allen, Muttervater …« (NHC II,1,4,5–7). Ihr werden vier weitere Wesenheiten zugeordnet, so entsteht die mannweibliche Fünfheit. – Diese Barbelo »empfängt« vom Vater eine weitere Hauptgestalt des Pleromas, den Einziggeborenen (Monogenes) oder Autogenes, der mit Christus identifiziert wird. Ihm wird als Mitarbeiter der Nus zugeordnet. Er wird das weitere »All« der Äonen hervorbringen, der Vater »setzt ihn über das All und unterwarf ihm alle Gewalten …« (vgl. Eph. 1,20–23: Phil. 2,9–11). Das »All« wird dann weiterhin durch die vier für die sethianische Gnosis charakteristischen »Erleuchter« strukturiert sein (Harmozel, Oroiael, Daveithe und Eleleth), d. h. vier Äonen, die mit den vier Weltaltern möglicherweise gleichzusetzen sind und die zu himmlischen Ruheorten für die – später entstehenden – Nachkommen Seths und ihres verschiedenen Geschicks werden.

Für die Herkunft dieser hier nur überaus knapp angedeuteten überbordenden Genealogien werden jüdisch-rabbinische, zoroastrische oder iranisch durchsetzte synkretistische Eschatologien in Anschlag gebracht, ohne dass irgendeine Form von Sicherheit erreicht worden wäre. Darauf kann hier in keiner Weise eingegangen werden. Wir können lediglich versuchen, die überlieferten Endformen des Textes des AJ mit den Augen eines einigermaßen christlich wie philosophisch gebildeten Lesers gnostischer

Texte des 2. Jahrhunderts zu betrachten. Es scheint mir, dass ein solcher Leser in allen bis zur Entstehung des Autogenes im Mythos auftretenden Gestalten immer ein und denselben Sachverhalt ausgedrückt fand: das Verhältnis von Gottvater und Sohn oder besser von Gott und präexistentem Christus als Schöpfungsmittler, philosophisch formuliert, die Beziehung der einen göttlichen Ursache zum Nus (Geist). Das AJ zerdehnt diesen Sachverhalt in verschiedene Aspekte, die alle durch mythologisch handelnde Personen dargestellt werden. Damit ändert sich aber die zentrale Aussage des Mythos nicht, die auch die Autoren der vorliegenden Textfassungen schon im Blick gehabt haben müssen. Sie wollen wir erfassen.

Wesentlich zum Verständnis des folgenden ist allerdings die Art und Weise, in der die Hervorbringungen der immer neuen göttlichen Wesenheiten erfolgt. Sie ist immer gleich: die jeweils untergeordnete Entität bittet den Vater, d. h. den »jungfräulichen Geist«, ihr einen Mitarbeiter oder eine Wesenheit zu geben, der Vater nickt zustimmend, das Erbetene tritt in Erscheinung, Bittsteller und neu Entstandenes stehen »zu Diensten« des Vaters und verherrlichen ihn. Damit wird auf mythologische Weise ein Gesetz beschrieben, nach dem Äonen entstehen können. Es darf nicht gebrochen werden. Im valentinianischen Mythos entspricht es dem Gesetz der jeweils paarweise in Syzygien agierenden und den Vater verherrlichenden Äonen.

Der Fall und seine Konsequenzen

Das Gesetz wird aber gebrochen. Wie im valentinianischen Mythos entspricht auch im AJ einer der Äonen – auch hier die letztentstandene Sophia, dem letzten »Erleuchter«

Eleleth zugeordnet – den Bedingungen der himmlischen Welt nicht. Auch hier wird der Fall der Sophia als ein »Aus-sich-selbst-sein-Wollen« begründet, als Individuation und Selbstüberhebung: Sie dachte einen Gedanken aus sich selbst, sie wollte ein Abbild aus sich selbst in Erscheinung bringen, und zwar ohne die Zustimmung des Geistes/Vaters und ohne Beteiligung ihres Gatten (NHC II,1,9,25–35).

Die Folgen dieses Falles der Sophia werden allerdings zunächst anders beschrieben. Es ist nicht so, dass unmittelbar schon eine erste Rettungsaktion des Vaters durch die Grenze (Horos) und den auftretenden Christus einsetzt, wodurch die Sophia – ohne ihr Pathos – im Pleroma restituiert wird und nur die »Fehlgeburt«, Achamoth, abgetrennt, im Kenoma übrigbleibt. Im AJ entfällt diese erste Rettungsaktion zunächst, sie wird erst später erfolgen. Das Augenmerk wird zuerst auf die Folgen von Sophias Selbstüberhebung gerichtet: Ein »Werk« tritt aus ihr hervor, denn ihr fehlbarer Gedanke kann nicht unwirksam bleiben, ein Werk, unvollkommen und der Mutter unähnlich, löwen- und schlangengesichtig, mit feuerlodernden Augen. Sophia wirft es weg von sich und ihren Orten und umgibt es mit einer Wolke, damit niemand der ihr gleichen Äonen es sieht. Dieses Wegwerfen, das Sophia selbst vollzieht, entspricht der Abtrennung des Pathos der Sophia, die im valentinianischen Mythos durch den Horos erfolgte (AH 1,2,4). Die gleiche Handlung des Abtrennens/Wegwerfens wird also jeweils unterschiedlich gedeutet. In beiden Mythen wird dadurch erstmals ein Bereich außerhalb des Pleromas sichtbar: das Kenoma, die Leere. Denn in beiden Mythen markiert der Fall einen totalen Bruch zwischen Sein und Nichtsein.

Der weitere Fortgang der Makro- und Weltengeschichte wird, wie im valentinianischen Mythos durch die abgetrennte »Fehlgeburt«, Achamoth, so im AJ durch das weggeworfene »Werk« veranlasst. Auch dieses erhält einen Namen. Seine Mutter Sophia nennt es Jaldabaoth, wieder ein semitischer Kunstname, etwa »Erzeuger der Mächte«. Auch diese Gestalt ist, wie Achamoth, zwar unvollkommen, aber doch nicht gänzlich hilflos, sondern – wie der Vergleich mit Löwe, Schlange, Feuer zeigt – von einer dunkel, irrational gefährlichen Art. Vor allem aber »nimmt er eine große Kraft von seiner Mutter« (NHC II,1,10,20 f.). Dass er sie stiehlt (so übersetzt Waldstein in NHC II, 1,13,22–23), scheint mir zweifelhaft, denn Jaldabaoth hat keine zielgerichtete aktiv-böse Fähigkeit aus sich selbst. Die Mutter gibt sie ihm vielmehr (so eindeutig in NHC II,1,19,16), weil sie selbst damit frevelhaft eine eigensüchtige Absicht verfolgte, nämlich sich selbst zur Geltung zu bringen. Jaldabaoth verkörpert also als mythische Gestalt die Ursachen des Falls der Sophia, Individuation und Selbstbehauptung. Dieses zwiespältige Wesen wird der Demiurg der Welt.

Der Demiurg und die Welt

Jaldabaoth wird nicht, wie Achamoth, von einer himmlischen Macht, Christus und dem Parakleten, zum Bewusstsein gebracht, gestaltet und zur Gnosis geformt, sondern er hat sich die ihn zum zielgerichteten Handeln befähigende Kraft von der Mutter genommen und sie ist ihm gegeben worden. Das ist der Unterschied zwischen beiden Mythen. Gemeinsam ist beiden Konzeptionen, dass das aus dem Fall Entstandene nicht von sich aus Kräfte entwickeln kann, also keine dualistisch gesehene, aktiv böse Kraft ist. Vielmehr handelt auch Jaldabaoth mittels der Macht von der Mutter.

Jaldabaoths Werk ist insgesamt finsterer und bedrohlicher, als es im Valentinianismus zum Ausdruck gebracht wird: Er schafft Welt und Unterwelt, er schafft Gewalten, Mächte und Engel (vgl. Röm. 8,38), Könige über die Himmel und Könige über den Abgrund. Er gibt ihnen Anteil an seinem Feuer, aber er teilt ihnen nichts von der Lichtmacht mit, die er von seiner Mutter genommen hatte. Das charakterisiert ihn und sein Werk. Jaldabaoth schafft »nach dem Vorbild der unvergänglichen Äonen« (BG 2,39,4–9), aber – wie die Langfassung ganz deutlich erläutert (NHC II,1,13,1–5) – nicht, weil er die Unvergänglichen gesehen hätte, sondern weil die Macht, die er von seiner Mutter genommen hatte, ein Abbild davon in ihm erzeugte – wieder eine klare Parallele zum Demiurgen des valentinianischen Mythos, dem ebenfalls die Mutter die Vorbilder für die Welt eingab. Was entsteht, sind daher nur verzerrte Abbilder des idealen Paradigmas. Es wundert nicht, dass die Mächte jeweils doppelte Namen haben, einen gemäß dem himmlischen Paradigma und einen gemäß ihrer unwissend finsteren Erzeugermacht.

Jaldabaoths Wesen ist also gekennzeichnet durch Unwissenheit, insofern er den Ort seiner Herkunft und damit seine Stärke nicht kennt (NHC II,1,10,10–22). Es ist weiterhin umschrieben mit Unverstand (ἀπόνοια, aponoia, d.i. Ohne-Nus), der mit Überheblichkeit und frevlerischer Arroganz einhergeht. Entsprechend rühmt er sich mit dem bekannten Ausspruch: »Ich bin Gott, und außer mir gibt es keinen andern Gott« (Joel 2,27). In Wahrheit ist er »schwach«, wie die Langfassung klug bemerkt (NHC

II,1,11,15). Als er am Ende seine Schöpfung ansieht (vgl. Gen. 1,31), sagt er nicht, wie es im ersten Buch Mose berichtet wird, dass alles »sehr gut« war, sondern er sagt: »Ich bin ein eifersüchtiger Gott, und es gibt keinen andern Gott außer mir« (vgl. Ex. 20,5).[27] Mit diesem Ausdruck der Überhebung endet der erste Teil des AJ.

Der gnostische Autor (oder die Autoren) stellt bewusst den Bezug zum biblischen Schöpfer her und korrigiert dessen Bild. Der biblische Schöpfergott ist in Wahrheit Jaldabaoth. D.h., er ist nicht gleich der höchsten Ursache von allem, nicht gleich dem allein zum Schaffen befähigten und barmherzigen Gott, wie die Bibel behauptet. Vielmehr klafft zwischen dem allein wahren Gott und dem »Schöpfer« Jaldabaoth ein tiefer Graben, ein Bruch, hervorgerufen durch den Fall eines himmlischen Äons. Jaldabaoth ist als Produkt des Falls – finster, gefährlich irrational, unwissend und ohne eigene Schaffenskraft, die er sich »entleihen« muss. Sein »Werk«, das nur indirekt sein Werk ist, diese Welt, ist eine Stätte der Versklavung des Geistes; sie ist nicht, zumindest nicht in erster Linie, eine Stätte der Erziehung und Bewährung, wie es im valentinianischen Mythos bei Irenäus dargestellt wurde. Dennoch sind die Unterschiede nur graduell. Für beide Konzeptionen ist die Welt ein Phänomen im Kenoma außerhalb des himmlischen Reiches, bei beiden ist sie zustandegekommen nur durch die Hilfe und das Vorbild des Himmels, ausgeführt durch das Produkt des Falls. – Der Autor (oder die Autoren) des AJ bleiben im folgenden im Rahmen ihrer Kritik des bibli-

27 Das ist eine für gnostische Texte typische tendenziöse Verknüpfung von Bibelstellen

schen Gottes- und Weltbildes und entwickeln den weiteren Fortgang des gnostischen Gedankenganges anhand einer kritischen Neudeutung von Gen. 1–7.

Die Rettung des Gefallenen (Deutung von Gen. 1–7)
Dass im AJ die Form einer Auseinandersetzung mit der Genesis gewählt wurde, ist nicht erstaunlich. Die ersten Kapitel des ersten Buches Mose waren der von Christen wohl meistgelesene Text des AT. Es war ihre Heilige Schrift. Allein die Wahl dieser Vorlage lässt also nicht schon auf nichtchristliche Verfasserschaft des AJ oder seiner Vorformen schließen. Im Gegenteil empfahl sich sogar für eine häretische Gruppe, wie es die Gnostiker waren, die Bezugnahme auf diesen heiligen Text, denn sie konnten damit vor ihrer Adressatenschaft, der christlichen Gemeinde, nachweisen, dass auch für sie die Genesis ein hochverbindlicher Text war, den sie nicht nur akzeptierten, sondern auch im Sinne ihrer Kosmogonie und Anthropologie auszudeuten wussten. Möglicherweise trugen sogar Genesisinterpretationen im jüdisch-hellenistischen Raum zur Entstehung der Gnosis bei.

Im AJ ändert sich damit das Genus der Darstellung. Nicht mehr der erzählende Bericht herrscht vor, sondern zentrale Ereignisse oder einzelne Begriffe und Zitate der Genesis werden herausgegriffen und im Sinne des Beweisziels umgedeutet und in einen neuen Zusammenhang gestellt. Für einen modernen Leser wirkt das oft gänzlich beliebig und damit unglaubwürdig. Für einen antiken Leser war das offensichtlich nicht so. Für ihn war die Macht des heiligen, verbindlichen Textes so groß, dass er fasziniert sein konnte, in eine neue »tiefere« und vorgeblich eigentliche Bedeutung dieses Textes eingeführt zu werden.

Das Beweisziel, das im zweiten Teil des AJ im Sinne des gnostischen Gedankenganges erreicht werden muss, ist klar. Es ist die Aufhebung des Falls der Sophia und dessen fataler Folgen, die der Leser erwartet. Ausgangspunkt der weiteren Geschichte ist also die beschädigte Sophia einerseits – zwar hat sie ihr »Werk« weggeworfen, aber sie selbst bleibt in der Schuld der eigenmächtigen Überhebung – und andererseits vor allem der Teil ihrer Macht, den sie Jaldabaoth übergeben hat und der ihn zu seinem Tun befähigt hat, jene »große Macht«, die er »von seiner Mutter nahm«. In dieser sogenannten Macht manifestiert sich der »Fehler«, d. h. die Schuld der Sophia (vgl. NHC II,1,20,28). Diese vom Geist stammende »Macht« muss also befreit und gerettet werden, soll Sophia gerettet werden. Das geschieht in einer Neudeutung der Erschaffung Adams und der Erschaffung Evas, der Paradiesesgeschichten und ihrer Folgen bis hin zu Noah und der Sintflut, worauf wir nicht im einzelnen eingehen. Prinzip der Auslegung ist jeweils, alle diese bekannten Geschichten als den – letztlich erfolgreichen – Kampf der himmlischen Mächte gegen die Finsternismächte um die verloren gegangene »Macht« der Mutter Sophia zu lesen und damit die endliche Rettung des Verlorenen sicherzustellen. Die interpretatorischen Mittel, die dafür eingesetzt werden, werden gleich zu Anfang des zweiten Teils deutlich.

1. Gen. 1,2c: Auf den hochmütigen Ausspruch Jaldabaoths am Ende des ersten Teils hin (»Ich bin ein eifersüchtiger Gott, und es gibt keinen andern außer mir«) »bewegt sich« seine Mutter »hin und her«. Das wird als Ausdruck der

Reue und Scham angesichts ihres Sohnes Jaldabaoth und seines Tuns gewertet, der ja aus ihrem »Fehler« entstanden ist. Warum der merkwürdige Ausdruck »sich hin und her bewegen«? Das ist eine Übersetzung des Verbums aus Gen. 1,2c, das in unseren Übersetzungen meist mit »schweben« wiedergegeben ist (LXX: ἐπεφέρετο, epephereto). Im Text wird ausdrücklich gesagt, das sei nicht so gemeint, »wie Mose gesagt hat«, nämlich: »über den Wassern« schweben, sondern angesichts der Bosheit, die geschehen sei, habe sich Sophia bewegt und sei umgekehrt.

Der in gnostischer Terminologie erfahrene Leser erinnert sich sofort: Als Achamoth ihre erste Gestaltung erfahren hat und zum Bewusstsein gekommen ist, »bewegt« sie sich, wie mit verschiedenen Verben umschrieben wird, sie »wendet sich hin« zu ihrem Soter. Die »Hinwendung« ist das Kennzeichen des Psychischen, auf das hin ihm im valentinianischen Mythos Barmherzigkeit widerfährt (AH 1,4,1. 4,5. 7,4). Ebendas geschieht auch im AJ. Auf die – reuige – Bewegung der Sophia hin »nickt« der Geist-Vater des Alls »zustimmend«, Fülle wird über sie ausgegossen, ihr »Fehler« soll richtiggestellt werden, und sie wird an einen Ort im neunten Äon, »über ihrem Sohn«, gebracht, wo sie bis zum Weltende verbleiben wird. Wir erinnern uns: Auch die befriedete Achamoth hat diesen Platz in der Mitte, zwar unter dem Pleroma, aber über ihrem Sohn, dem Demiurgen, bis zum Weltende inne. Sophia ist also – vorläufig – restituiert, ihre an Jaldabaoth verlorene »Macht« noch nicht.

Wenn Gen. 1,2c so im Sinne des gnostischen Mythos gedeutet wird, ergibt sich zugleich rückwirkend, dass »Himmel und Erde«, die »unsichtbare und ungestaltete (LXX)

Erde« aus Gen. 1,1–2b, auf die im ersten Teil des AJ breit geschilderte himmlische Welt bzw. die Finsterniswelt Jaldabaoths bezogen werden. Die tiefere Deutung der ersten Sätze der Bibel ist für den Gnostiker perfekt gelungen. Auch die gesamte Darstellung des ersten Teils des AJ ist also nach dem Verständnis der gnostischen Autoren in der Genesis enthalten.

2. Gen. 1,26 f. 2,7: Im ersten Buch Mose geschieht die Schöpfung durch das Wort Gottes: »Und Gott sprach« (Gen. 1,3). So auch im AJ. Eine Stimme kommt aus dem Himmel: »Es existiert der Mensch und der Menschensohn«, gemeint ist der »erste Mensch«, dem erstentstandenen »Denken«, der Barbelo aus der oberen Theogonie auf der Nus-Ebene gleichgestellt (vgl. NHC II,1,14,14 f. parr.). Es beginnt nun ein listenreicher Kampf zwischen den himmlischen und den Finsternismächten, jeweils festgemacht an zentralen Zitaten aus der Genesis.

Die Stimme wird zu einer Erscheinung, deren Abbild die Finsternismächte im tiefen Wasser sehen. Darauf sagt Jaldabaoth zu seinen Mächten: »Lasst uns den Menschen schaffen nach dem Bild Gottes und (unserm) Gleichnis« (Gen. 1,26). Der berühmte rätselhafte Plural dieses Bibelverses wird also auf den Herrscher der Finsternis und seine Mächte bezogen. Es geschieht wie geplant. Die Mächte schaffen gemeinsam und in Nachahmung des gesehenen Bildes den seelischen Leib Adams, was breit ausgeführt wird. Doch das Ergebnis bleibt negativ, der »schwachen« Kraft seiner Hersteller entsprechend: Adam kann sich nicht erheben, bleibt untätig und unbeweglich.

Daraufhin setzt eine listenreiche Aktion der himmlischen Mächte ein, die aus dem zweiten biblischen Bericht über die Erschaffung des Menschen herausgesponnen wird. In der Absicht, die verlorene »Macht« der Mutter Sophia aus Jaldabaoth herauszuholen, raten sie ihm: »Blase mit dem Geist, der in dir ist, in sein (Adams) Gesicht hinein, und sein Leib wird sich erheben« (vgl. Gen. 2,7 »und er blies in sein Angesicht den Hauch des Lebens«). So geschieht es. Der Geist, »der die Macht aus der Mutter ist«, geht aus Jaldabaoth hinaus und in den seelischen Leib Adams hinein. Er bewegt sich und sein Leib leuchtet.

Wenn man nun meinen sollte, dass Adam damit gleichsam zum Urvater aller gnostischen Menschen geworden wäre, der, nun im Besitz der »Macht« der Mutter, von sich aus zur Erkenntnis befähigt wäre, so wäre das weit gefehlt. Eine in dieser Weise substanzontologische Aufhebung des Falles der Sophia ist im AJ nicht vorgesehen. Die eigentlich gnostische Wende steht vielmehr noch aus. Zwar bewegt sich Adam, aber von Erkenntnis ist er noch weit entfernt. Sie erfolgt in der nächsten Szene, die wiederum an ein biblisches Zitat geknüpft wird.

3. Gen. 2,18: Der große himmlische »Muttervater« erbarmt sich der »Macht« der Mutter, die aus Jaldabaoth herausgebracht wurde, und sendet eine »Hilfe« (βοηθός, boethos, vgl. NHC II,1,20,17) für Adam (vgl. Gen. 2,18 LXX: »Es ist nicht gut, dass der Mensch allein sei. Wir wollen ihm eine Hilfe – βοηθός – machen, die ihm entspricht«). Sie erscheint in Gestalt nicht der Eva, sondern der sogenannten »Epinoia« (wörtlich etwa: Nus für Adam), die er auch »Leben« nennt (vgl. Gen. 3,20), einer himmlischen Gestalt, die Adam hilft und ihn in seiner Fülle wiederherstellt, indem sie ihn belehrt: über das Wesen der »Macht« der Mutter, die in ihm konzentriert ist, über deren Herkunft aus dem Fall

der Mutter und den dadurch verursachten »Abstieg« und den durch Belehrung und Erkenntnis wieder ermöglichten »Aufstieg«. Die für Adam notwendige Hilfe besteht also in der Belehrung über sich selbst und die Gesamtzusammenhänge von Gott, Welt und Mensch. Die Epinoia des Lichtes, die in Adam verborgen ist, die »Hilfe«, wird deswegen eine »Wiederherstellung des Fehlers der Mutter« genannt (NHC II,1,20,27 f.), denn über Erkenntnis allein wird das in »Unwissen« erzeugte (NHC II,1,10,14) fehlerhafte »Werk« der Sophia, ihr Fall, restituiert.[28]

Nicht von sich aus also ist Adam, obwohl im Besitz der Macht der Mutter, Erkenntnis zugänglich, sondern nur, weil er belehrt wird, belehrt durch eine sich erbarmende Kraft von oben, die ihn über die Zusammenhänge des Alls aufklärt. Das ist die gnostische Pointe, die mit der des valentinianischen Mythos übereinstimmt: Erkenntnis, und damit Erfüllung schlechthin, ist nicht aufgrund einer substanzhaft gedachten Verbundenheit mit der göttlichen Welt von sich aus erreichbar, sondern sie muss gewährt und gegeben werden. Der durch den Fall entstandene Bruch zwischen Sein und Nichtsein verhindert in der christlichen Gnosis jede Selbsterlösung, wie sie für die platonische Philosophie unabdingbar war.

Die zentrale Aussage des AJ ist damit abgeschlossen. Wir müssen die weitere Ausdeutung der ersten Genesiskapitel nicht verfolgen, denn sie stellt nur eine sich wiederholende Auseinandersetzung um die Macht der Mutter zwischen himmlischen und Finsternismächten dar. Ange-

28 Vgl. dazu parallel auch die Belehrung von Adam und Eva mit »vollkommener Gnosis« NHC II,1,23,20–26.

knüpft wird dabei jeweils an Adams Versetzung ins Paradies, an den Baum des Lebens und den der Erkenntnis, an die Erschaffung Evas und ihre Bedeutung für Adam, an die Aufklärung beider und das »Erwecken ihres Denkens« aus »Unwissenheit«, an die Vertreibung aus dem Paradies, an Kain und Abel und Seth, den dritten Sohn Adams, den Adam in Eva, dem »Bild seiner eigenen ersten Erkenntnis«, erzeugte (NHC II,1,24,35 f.), schließlich an die Flut und Noah. Die Aussage ist dabei immer die gleiche: Die Geistmacht der himmlischen Mutter Sophia, die zuerst in Adam gesammelt und konzentriert wurde, ist ein unvergängliches und prinzipiell sicheres Angeld auf dereinstige Errettung und Befreiung, das eingelöst wird, wenn den jeweiligen Besitzenden Erkenntnis zuteilwird, Erkenntnis, die sie nicht von sich aus erlangen können, sondern die ihnen gewährt werden muss. Dem Autor (oder den Autoren) muss viel daran gelegen haben, diese eine Botschaft immer wieder mit dem für sie verbindlichen Text der Genesis zu verbinden.

Das Ende der Welt wird im AJ nicht explizit behandelt, aber als zukünftig vorausgesetzt. In Parallele zu andern sethianischen Texten, etwa der Hypostase der Archonten (NHC II,4), und ebenso zum valentinianischen Mythos, ist zu erschließen, dass es dann eintreten wird, wenn alle Erwählten zur Erkenntnis gelangt sind, d. h. alle Nachfolger Seths und Noahs und »auch viele andere Menschen aus dem unerschütterlichen Geschlecht« (NHC II,1,29,9 f.) erkennen.

Der katechetische Dialog des »Apokryphon des Johannes«

Ein in die Genesisdeutung eingeschobener Dialog zwischen Johannes und Jesus, Hörer und Sprecher des Mythos (NHC II,1,25,16–27,32 parr.), bestätigt dessen zentrale Aussage. Johannes fragt nach dem Schicksal verschieden gearteter menschlicher Seelen, und Jesus entwickelt eine dem Mythos gemäße Seelenlehre. Sie ist von einer bemerkenswerten Passivität der Seele gegenüber ihrem Retter gekennzeichnet. Wir fassen zusammen:

Die Rettung jeder Seele, d. h. ihre Rückkehr ins himmlische Lichtreich, ist abhängig von zwei Konstituentien, die sie nicht selbst erworben hat: von der gnädig in ihr konzentrierten »Macht der Mutter«, die – wie in Adam – in jedem Menschen ist, und von dem »Geist des Lebens«, d. h. dem »Helfer«, der Epinoia, also der Erkenntnis vermittelnden Belehrung von oben. Wer beides empfängt und aufnimmt, wird auf jeden Fall gerettet. Die Kraft beider Konstituentien ist unwiderstehlich, suffizient und effektiv. Es gilt daher beides: sowohl, dass die Rettung ausschließlich von Gott abhängt, als auch, dass diejenigen, auf die der Geist des Lebens herabgekommen ist, »keine Sorge haben außer der Unvergänglichkeit allein, auf die sie von hier an ihr Augenmerk richten ohne Zorn oder Eifersucht, oder Begierde oder Unersättlichkeit ...« (NHC II,1,25,29–33). Eine dementsprechende Lebensführung ist kein »Werk«, sondern selbstverständliche Folge für den, der erkannt hat – ein Gedanke, der auch der platonischen Philosophie nicht fremd ist.

Dennoch gibt es Verführung durch die Finsternismächte, durch den »schändlichen Geist«, der zur Bosheit verführt und die Seele ins Vergessen wirft. Eine solche Seele, die dieser Verführung erliegt, wird nach dem leiblichen

Tod den Finsternismächten übergeben, die sie in Ketten legen – »bis sie vom Vergessen erwacht und Erkenntnis erlangt« (NHC II,1,27,9 f.). Eine erstaunliche, aber konsequente Demonstration der »Schwäche« der Finsternismächte!

Allein der Abfall, d.h. die bewusste Zurückweisung der angebotenen Erkenntnis, die Lästerung des Heiligen Geistes also (NHC II,1,27,24–30; vgl. Mk. 3,28 f. parr.; EvThom 44), führt an einen Ort, an dem es keine Umkehr gibt. Die Seelen, die sich dessen schuldig gemacht haben, werden mit »ewiger Strafe bestraft«. – Der gesamte eingeschobene Dialog, in dem mehrfach auf das Neue Testament angespielt wird, sollte gründlich mit paulinischen und johanneischen Konzeptionen der Christologie und Rechtfertigungslehre verglichen werden. Die Seele des Menschen im AJ, so viel nur hier, lässt sich – will man sich zu dem Zitat bereit erklären – mit dem bekannten Reittier vergleichen, das entweder von Gott oder dem Teufel geritten wird. Ein Mehr an effektivem Beitrag zum Heil lässt sich für sie nicht konstatieren.

Fazit: Das zentrale Anliegen des »Apokryphon des Johannes«

Das AJ macht eine Aussage über den Zusammenhang von Gott, Welt und Mensch, die sich in fünf Punkten zusammenfassen lässt.

1. Der eine jenseitige Gott ist Ursache allen Seins. Aus ihm entsteht – platonisch gesehen – neidlos und aus Güte die himmlische Fülle.

2. Ein Fall, entstanden aus Nicht-Anerkenntnis der alleinigen Wirkmacht Gottes, gedeutet als Selbstüberhebung und Hochmut, lässt das Nichtseiende, das Nichtige, in Erscheinung treten und führt zum totalen Bruch zwischen

Sein und Nichtseiendem. Jaldabaoth und seine Finsternismächte verkörpern das Ergebnis dieses Falls.

3. Mit dem Bruch als Folge des Falls wird die das Gottesbild zunächst prägende platonische Vorlage verlassen und die platonische Aussage in ihr Gegenteil verkehrt. Der Bruch bewirkt, dass eine Rückkehr des gefallenen Göttlichen aus sich heraus nicht möglich ist. Im Platonismus, der einen solchen Bruch nicht kennt, ist dagegen von jedwedem Punkt der Wirklichkeit aus die Rückkehr zum Geist möglich.

4. Das hat Einfluss auf die Anschauung von der Welt und vom Menschen. Die Welt kommt durch den Demiurgen Jaldabaoth, das Produkt des Falls, nur mit Hilfe einer seienden göttlichen Macht zustande und ist dementsprechend qualifiziert.

5. Der Mensch ist zwar nach dem Bilde Gottes geschaffen, ihm ist aber von sich aus in keiner Weise eine Rückkehr zum Geist möglich. Zwar wird in ihm die »Macht« der gefallenen Sophia konzentriert, aber das bedeutet nicht schon die Möglichkeit der Rückkehr, es bedeutet nicht schon die Identität mit dem göttlichen Ursprung. Vielmehr muss ihm erneut göttliche Hilfe zuteilwerden, die ihm durch Christus (den Logos, die Pronoia, das erste Denken) als aufklärende Belehrung über die Gesamtzusammenhänge von Gott, Welt und Mensch zukommt. Der Modus von Errettung und Erlösung ist Erkenntnis aufgrund von Mitteilung durch Gott.

Ich halte diesen Gedankengang für den Versuch von philosophisch gebildeten Denkern des 2. Jahrhunderts, das Spezifische des christlichen Glaubens denkend zu erfassen und auszusagen. Das war ihnen nur möglich, indem sie sich an entscheidendem Punkt gegen die philosophische Konsequenz richteten und von dem platonischen Denkmodell abwichen. Diesen Punkt markiert der Fall der göttlichen Sophia und der dadurch ausgelöste Bruch zwischen Sein und Nichtigem. Die im Mythos dargestellte Lösung ist – philosophisch betrachtet – kaum überzeugend. Aber sie umschreibt, was ausgesagt werden sollte und was Paulus, der Jude, so ausdrückt: »Denn es ist kein Unterschied. Denn alle haben gesündigt und ermangeln der Herrlichkeit Gottes und werden umsonst gerecht gemacht aufgrund seiner Gnade durch die Erlösung in Christus Jesus« (Röm. 3,22–24, vgl. 4,17). Die gnostischen Griechen umschreiben die Unfähigkeit zum Heil, die Unmöglichkeit der Rückkehr zum Geist, die Unmöglichkeit der Selbsterlösung anders, griechischer, philosophischer. Aber sie meinen dasselbe und müssen sich deswegen – im 2. Jahrhundert – von ihren philosophischen Denkbahnen lösen.

Meist wird allerdings das *Apokryphon des Johannes* als im Kern nichtchristlich angesehen (Schenke, Turner, Waldstein). Bei den offensichtlich christlichen Zügen, Namen und Anspielungen, handele es sich um »obvious (secondary) Christianization« (Turner). Der Text sei einerseits vor einem platonisch-philosophischen und andererseits einem jüdischen Hintergrund zu verstehen, und die das AJ bewegende Frage stamme »aus der Spannung zwischen der eifersüchtig gehüteten Ausschließlichkeit des Gottes Israels und einem mittelplatonischen Gottes- und Menschenbild, in der das erste göttliche Prinzip sich neidlos verströmt und die tiefste Identität aller geistigen Wesen ausmacht.« Das sei ein hellenistisch-jüdisches Problem, nicht ein spezifisch christliches (Waldstein, *Nag Hammadi*

Deutsch, Bd. 1, 2001, S. 98). Ich kann das Menschenbild des AJ nicht so positiv von der Identität aller geistigen Wesen geprägt sehen. In Deutungen dieser Art wird m. E. der Fall in gnostischen Mythen nichts ernst genug genommen.

Die Übereinstimmungen zwischen dem valentinianischen Mythos bei Irenäus und dem sethianischen im *Apokryphon des Johannes* halte ich für so groß, dass man von einer gemeinsamen gnostischen Grundaussage reden kann, die ihnen zugrunde liegt. Bei beiden handelt es sich um

- eine mit platonischen Zügen ausgestattete erste göttliche Ursache des Seins,
- einen Fall eines göttlichen Wesens, der zu einem totalen Bruch zwischen Sein und Nichtigem führt,
- die Geschichte der Rettung und Wiederherstellung des hoffnungslos Gefallenen, die ausschließlich durch Gott und seinen Nus/Logos/Christus erfolgt;
- ein dementsprechendes Menschenbild, das diesen als einen Empfangenden und zur Aktivität Instandzusetzenden kennzeichnet (er kann das Empfangen verweigern, mehr kann er nicht);
- Erkenntnis (Gnosis) als Modus der Errettung und Erlösung, d. h. Erkenntnis der ursächlichen Zusammenhänge von Gott, Welt und Mensch, die durch offenbarende Belehrung mitgeteilt werden muss, nicht vom Menschen erreichbar ist.

Unterschiedlich ist in beiden Mythen die Welt gesehen. Während sie im valentinianischen Mythos als Erziehungs- und Bewährungsstätte dienen kann, ist sie im sethianischen Mythos eher eine Versklavungsstätte des Geistes, in der die demiurgischen Mächte als eifersüchtige Unterdrücker fungieren. Sie werden im valentinianischen Mythos dienstbar gemacht. Der Unterschied zwischen beiden Konzeptionen ist nur graduell, denn in beiden Fällen ist die Welt nicht die platonisch gesehene, notwendig entstandene, schönste aller möglichen Welten, sondern – in verschiedenem Ausmaß – behaftet mit den Auswirkungen des Falls. Sie ist daher entweder eine Notmaßnahme, die der Rettung des Gefallenen dient (im valentinianischen Mythos), oder eine Demonstration des Bösen (im sethianischen Mythos). In beiden Fällen aber ist sie »schwach«. Sie kommt nur zustande, weil Gott es zulässt und will und sein Vorbild liefert. Beide Mythen enthalten keine Spur eines Dualismus im Sinne von zwei gleich aktiven, gleich fähigen gegensätzlichen Kräften. Der, der wirkt, ist allein Gott.

Diese Grundaussage ist – nach meinem Verständnis – Gnosis. Damit stelle ich eine Arbeitshypothese auf, die sich bei der Lektüre anderer Texte, die als gnostisch gelten, bewähren muss. Die Hypothese ist zu korrigieren, wenn diese Texte in grundlegenden Punkten nicht mit ihr in Übereinstimmung zu bringen sind. Bei dieser Bestimmung von Gnosis sind wir von zwei umfassenden reifen Systemen der Hochgnosis ausgegangen, die aus der Zeit etwa zwischen 150 und 180 stammen. In beiden wird eine universale christliche Aussage gemacht, die Kosmologie, Soteriologie und Eschatologie umfasst. Es gibt auch frühere, wenn auch sehr fragmentarische und dürftig-unscharfe Zeugnisse zur Gnosis. Ihnen wenden wir uns jetzt zu und fragen nach ihrem Bezug zu den bisher gewonnenen Ergebnissen. Im wesentlichen sind wir dabei wieder auf die Berichte der Kirchenväter, insbesondere Irenäus, angewiesen. Hippolyt aus dem beginnenden 3. Jahrhundert kennt zusätzliche Quellen.

VI Zur Entstehung und den Anfängen der Gnosis

Historische Nachrichten über die Anfänge der Gnosis sind begrenzt und in dieser Begrenztheit vielsagend. Offensichtlich wusste man nicht viel und reimte sich das wenige so zusammen, wie man es vom Standpunkt der mehrheitskirchlichen Berichterstatter aus gebrauchen konnte. Bemerkenswert ist die wohl früheste Erwähnung einer (häretischen) »Gnosis«. Sie begegnet im Neuen Testament. Dort heißt es am Ende des 1. Timotheusbriefes in einer Art generalisierenden Zusammenfassung des gesamten Schreibens, man möge das anvertraute Gut der Lehre bewahren und sich abwenden »von dem gottlosen leeren Geschwätz und den Widerreden der fälschlich so genannten Gnosis«. Von dieser Stelle her benannte Irenäus sein Werk *Darlegung und Widerlegung der fälschlich so genannten Gnosis*. Leider lässt sich aus dem spätpaulinischen Brief, der frühestens um 100, möglicherweise später, entstanden ist, kaum entnehmen, was mit dieser Gnosis gemeint ist. Gewarnt wird lediglich vor »den Mythen und endlosen Genealogien« jener »Gnosis«, die nur »fruchtlose Suchereien verursachen, statt dem Heilsplan Gottes im Glauben zu dienen« (1. Tim. 1,4, vgl. Tit. 3,9). Zum »Suchen« nach dem tieferen und eigentlichen Sinn des Evangeliums wird häufig in gnostischen Texten aufgefordert. Die Beziehung zum historischen Phänomen der Gnosis scheint deutlich. Der Autor des 1. Tim. setzt bei seinen Adressaten offensichtlich eine Bekanntschaft mit dieser Gnosis voraus, die eine für die Kirche bedrohliche Anziehungskraft ausübte.

1 Simon Magus und die Simonianer

Als »Quelle und Wurzel« aller Häretiker (AH 1,22,2), von der aus man den Baum der Häresie begreifen könne, bezeichnet Irenäus Simon, den Magier aus Samarien. Er weiß viel über ihn und seine Anhänger. Bieten sie ein Beispiel für die Entstehung einer gnostischen Gruppierung?

Simon ist eine historische Gestalt des Urchristentums. Als ein Zeitgenosse der Apostel tritt er in der im letzten Jahrzehnt des 1. Jahrhunderts entstandenen Apostelgeschichte des Lukas (Apg. 8,4–25) im Neuen Testament auf, worauf sich Irenäus bezieht. Simon wird dort als Zauberer in Samarien vorgestellt, der mit seiner Zauberei seine Mitbewohner beeindruckte und als ein Großer, ein Gott, angesehen wurde und sich auch selbst als die große Kraft Gottes bezeichnete. Zauberei war in der Antike und insbesondere der Kaiserzeit in allen Volksschichten sehr verbreitet. Es ging dabei nicht nur um belanglose Kunststückchen, wiewohl Unterhaltung gewiss auch im Spiele sein konnte, sondern es ging um Heilungen von Krankheiten – bis hin zu Totenauferweckungen –, um Geldanlagen, Geldbeschaffung und Liebeszauber, kurz um die vielfältigsten Versuche, Einfluss auf die unberechenbare und oft bedrohliche die Menschen umgebende Gegenwart auszuüben. Der Titel »Magier« war ursprünglich ein Ehrentitel persischer Priester, hatte aber bei den Griechen unserer Zeit den Beiklang des betrügerischen Scharlatans. Im 2. Jahrhundert beklagt sich der Satiriker Lukian von Samosata mit äußerster Bitterkeit darüber, dass selbst Philosophen und gebildete Leute sich von der nutzlosen und überflüssigen Kunst der Zauberei beeindrucken lassen. Ein solcher Magier also war Simon.

In der Apostelgeschichte heißt es nun, Simon sei von der Predigt und den sie begleitenden Wundertaten der Apostel beeindruckt gewesen – verständlich! das betraf sein »Fach« – und er habe, als viele in Samaria sich taufen ließen, auch zu glauben begonnen und sich taufen lassen. Als er dann sah, dass Petrus und Johannes mit ihrem Handauflegen bewirkten, dass den Getauften der Heilige Geist verliehen wurde, bot er ihnen Geld an, um diese mächtige Fähigkeit ebenfalls von ihnen zu erwerben, woraufhin er von Petrus aufs schärfste zurückgewiesen wurde. Der relativ ausführliche Bericht der Apostelgeschichte hat eine selbstbewusste, apologetische Tendenz: Es wird gezeigt, dass sich einflussreiche Persönlichkeiten der christlichen Bewegung anschlossen, weil sie sich als stark erwies, und wieder ausgeschlossen wurden, wenn sich ihre Motive als unlauter herausstellten. Das Christentum steht glänzend und stark da. Von einer gnostischen Lehre des historischen Simon berichtet Lukas nichts.

Der christliche Apologet und Lehrer Justin weiß etwa 60 Jahre nach der Apostelgeschichte mehr. Er nennt Simon aus Samaria, der zur Zeit des Kaisers Claudius (41–54) lebte, als Beispiel für Menschen, die sich für Götter ausgeben – in der Antike durchaus möglich. Er habe in Rom machtvolle Zaubertaten verübt und sei dort für einen Gott gehalten und sogar mit einem Standbild auf der Tiberinsel mit der lateinischen Inschrift »Simoni Deo Sancto« geehrt worden. Tatsächlich wurde im 16. Jahrhundert eine Statue mit der Aufschrift »Semoni Sanco« (das ist der römische Schwurgott Semo Sancus, der mit dem höchsten Gott Jupiter verbunden wurde) gefunden. Wir können nicht mehr entwirren, ob überhaupt und in welcher Weise diese Statue mit der Verehrung des Simon in Beziehung stand. Auf jeden Fall berichtet Justin um 150 zuverlässig, dass es in Rom eine hauptsächlich aus Samaritanern, d.h. jüdischen Schismatikern, bestehende Gemeinde gab, die Simon als »ersten Gott« bekannten und verehrten und – zusätzlich – eine gewisse Helena, eine ehemalige Prostituierte, die mit ihm lebte, und die sein »erster Gedanke« (ἔννοια, ennoia) genannt wurde (*1. Apologie* 26,1–3). Wir erinnern uns an die höchsten Emanationen der gnostischen Mythen mit ebendiesem Namen.

Irenäus um 180 endlich wiederholt die Nachrichten der Apostelgeschichte und des Justin und führt sie weiter (AH 1,23,1). Simon sei nach dem Bruch mit den Aposteln in bewusste Konkurrenz zu ihnen getreten, habe intensiv Magie betrieben und gelehrt, er sei bei den Juden als Sohn erschienen, in Samaria als Vater herabgestiegen und zu den übrigen Völkern als Heiliger Geist gekommen. Er sei die allerhöchste Kraft, der Vater über allem – ein universal-trinitarischer, ihm sicher sekundär zugesprochener Anspruch. Aber Irenäus weiß noch mehr. Unabhängig von dem bisher Berichteten kennt er den Mythos einer simonianischen Gruppe (›secta‹, AH 1,23,2), den diese auf Simon selbst zurückführt. Es handelt sich um eine kosmologisch-soteriologische Erzählung, die dem Anspruch nach den gnostischen Mythen, die wir kennengelernt haben, zu vergleichen ist. Die Frage ist natürlich, ob hier ein mythisches System vorliegt, das als Urform der Gnosis angesehen werden kann.

Zunächst das Referat des Mythos (AH 1,23,2–3): Simon sei mit Helena umhergezogen, die er den ersten Gedanken (Ennoia) seines Geistes nannte; so weit wissen wir das schon aus den genannten Quellen. Jetzt die Erweiterung: Diese Ennoia sei die Mutter von allem. Durch sie, diesen Gedanken, habe Simon, jetzt als höchster Gott verstanden, beschlossen, Engel und Erzengel zu erschaffen. Die Ennoia, die aus ihm entsprungen sei, habe diesen Willen auch erkannt. (Wir erinnern uns, wie der Monogenes/Nus im valentinianischen Mythos erkannte, wozu er hervorgebracht war, nämlich, um weitere Äonen hervorzubringen, AH 1,1,1.) Sie sei also in die unteren Regionen (inferiora) herabgestiegen, habe Engel und »Kräfte« hervorgebracht, von denen diese Welt gemacht worden sei. Danach sei die Ennoia von ihnen »aus Neid« festgehalten worden. (Wir erinnern uns, dass im *Apokryphon des Johannes* die göttliche »Macht der Mutter« von den Finsternismächten festgehalten wurde.) Als Begründung heißt es: die weltschaffenden Engel und Kräfte wollten nicht als Abkömmlinge von jemand anderem, also offenbar einer vorausgesetzten Finsternismacht, sondern ebender Ennoia und damit des höchsten Vaters angesehen werden, den sie aber nicht kennen. Die Ennoia musste viele Schändungen erleiden und konnte nicht nach oben zu ihrem Vater (Simon) zurückkehren. Sie wurde sogar in einen Menschenleib und dann in immer neue Frauenleiber eingeschlossen. Man begreift: Sie ist identisch mit der Helena des Simon, der ehemaligen Prostituierten, und auch identisch mit der Helena des Trojanischen Krieges, die ja ebenfalls mehrfach entführt und festgehalten wurde. Deshalb sei Simon selbst gekommen, um sie zu befreien, und »auch um den Menschen das Heil (›soteria‹, ›salus‹) dadurch zu bringen, dass sie ihn erkennen (wir erinnern uns: die Gnosis als Modus der Erlösung). Abschließend wird festgestellt, dass die Weltmächte schlecht seien, weil jede von ihnen die Herrschaft wollte (das Ich-sein-Wollen der fallenden Sophia). Simon, der Gott, sei sogar herabgestiegen und als Engel bei den Engeln und als Mensch bei den Menschen erschienen und habe in Judäa – scheinbar – gelitten (eine Identifizierung Simons mit Christus). Die Propheten seien von den weltschaffenden Engeln inspiriert (die bekannte Abwertung des Alten Testaments). Die Menschen, die an Simon und Helena glauben, seien frei und könnten tun, was ihnen beliebt (der angebliche gnostische Libertinismus). Denn sie würden nach seiner Gnade gerettet, nicht nach gerechten Werken (ein verzerrter Nachklang der paulinischen Rechtfertigungslehre).

Man sieht, und wir haben jeweils in Klammern darauf verwiesen: Dieser angeblich auf den historischen Simon zurückgehende Mythos ist deutlich den hochgnostischen Mythen, die wir kennengelernt haben, nachgebildet. Er kann in der Form, die Irenäus bietet, keineswegs alt sein und auch nicht gnostisch, höchstens ›vor-gnostisch‹ genannt werden. Zwar gibt es den höchsten Gott, die negativ bewertete Engelschöpfung und die ebenfalls negative, versklavende Welt, aber es fehlt gänzlich der Fall eines göttlichen Wesens und damit die Begründung für einen radikalen Bruch zwischen Gott und Welt. Es fehlt auch ein göttlicher Erlöser. Die Rettung durch den höchsten Gott selbst ist merkwürdig und ungnostisch. Auch christliche Züge enthält dieser schlichte Mythos nicht. Er ist eher aus jüdisch-samaritanischem Umfeld (Engelschöpfung) zu verstehen.

Ist also dieser sogenannte simonianische Mythos nur eine Rückprojektion aus später Zeit in die Epoche des historischen Simon und seiner Schüler und damit für unser

Thema belanglos? Möglicherweise doch nicht ganz. Es scheint vorgnostische Mythen der »simonianischen« Art schon früh, im Anfang des 2. Jahrhunderts, gegeben zu haben. Für sie ist charakteristisch: eine schlichte Grundanschauung von einer allein wirksamen göttlichen Macht, einer finsteren versklavenden Welt und einer Rettung des Versklavten durch Gott selbst. In der kaiserzeitlichen Antike mit ihren vielfältigen Erlösungshoffnungen ist das vorstellbar. Wir werden sehen, dass auch den übrigen frühen sogenannten gnostischen Lehrern ähnlich schlichte Mythen zugeschrieben werden. Sie müssen nicht christlich sein. Wir kommen darauf zurück.

Was ergibt sich aber daraus für Simon und die Simonianer? Simon ist nicht der Urheber aller Häresien, wie Irenäus behauptet, auch nicht der christlich-gnostischen Häresie und schon gar nicht der Gnosis überhaupt. Folgende Entwicklung lässt sich rekonstruieren:

1. Phase (ca. 45–90): der historische Simon aus Samaria, ein offensichtlich beeindruckender Zauberer, wird als Gott verehrt und gibt sich auch selbst als mit göttlicher Kraft begabt aus. Er hat eine bis nach Rom verbreitete, meist samaritanische Anhängerschaft. Lukas empfindet in der Apostelgeschichte (um 100) schon die Notwendigkeit, vom Übertritt des einflussreichen Zauberers Simon zum Christentum zu berichten, und er entlarvt ihn dann wegen unlauteren Denkens. Das Christentum erweist sich damit nicht nur als mächtiger als die Zauberei Simons, sondern vor allem als wahrer und lauter – eine klare apologetische Darstellung. Von christlichem Einfluss findet sich in Simons Lehre – außer jenem späten angeblich trinitarischen Anspruch – nichts.

2. Phase (ca. 90–130): Die Gestalt Simons ist so bekannt, dass ein vom historischen Simon unabhängiger, vorgnostischer Mythos mit seinem Namen verbunden wird. Es bildet sich eine »simonianische« Lehrtradition aus, die mindestens bis zum Ende des 2. Jahrhunderts lebendig ist. »Simon« hat Nachfolger, genannt wird ein gewisser Menander, der den »simonianischen« Mythos leicht modifiziert vertritt (Menander, ebenfalls ein Zauberer, ist nicht der höchste Gott, sondern der von diesem zum Heil der Menschen gesandte Retter, so AH 1,23,5). Der Mythos ist nicht christlich.

3. Phase (ca. 130 – ca. 200): Die religiöse Gruppierung der Simonianer besteht weiter und entwickelt sich weiter. Aus dem Kreis ihrer Anhänger entsteht nun ein eindeutig gnostischer Text, die *Apophasis Megale*, die Simon als Autor pseudonym zugeschrieben wird (Hippolyt, Ref. 6,9–18). Hier wird versucht – parallel zu entsprechenden zeitgenössischen hochgnostischen Unternehmungen –, die Zentrallehre der Gnosis philosophisch zu begründen. An der Person Simons war man offensichtlich immer noch interessiert. Christliche Einflüsse gibt es kaum.

Fazit: Wenig Sicheres ist auszumachen. Es scheint früh im 2. Jahrhundert eine Art vorgnostische Erlösungsmythen gegeben zu haben, bei deren Entstehung mehreres zusammenkommt: das kulturelle Umfeld einer Person oder Gruppe, für Simon insbesondere charakteristisch das häretisch-jüdische Samarien, eine allgemeine dualistische Grundstimmung, ein ebenso allgemeines Bedürfnis nach ›Soteres‹ (Rettern) und ›Soteria‹ (Rettung), eine akzeptierte Freude an mythisch-bildhafter Ausdrucks- und Erzählweise. Spezifisch christliche Komponenten sind nicht dabei. Aber das ist noch nicht Gnosis. Kosmologisch-soteriologische Vorstellungen dieser Art werden, wie wir im nächsten Abschnitt sehen werden, früh mit dem Christentum verbunden, und erst unter diesem Einfluss entsteht dann die Gnosis im Vollsinn des Wortes. Von ihr aus gesehen erweist sich die sogenannte frühe Gnosis eher als eine Art Materiallieferant. Sie klärt die Denk- und Ausdrucksformen des zeitgenössischen Umfelds, in dem hochgnostische Systeme entstehen konnten.

2 Weitere frühe (vor)gnostische Lehrer nach Irenäus (AH 1,23–26)

Außer Simon weiß Irenäus von weiteren frühen Lehrern, die er der häretischen Gnosis zurechnet: Simons Nachfolger Menander, ebenfalls aus Samarien, Satornil aus Antiochien und Basilides aus Alexandrien, außerdem Karpokrates, eine Marcellina und ein Kerinth aus Asien. Sie alle wirkten, soweit wir das erkennen können, etwa in der Zeit vom Ende des 1. bis in die ersten Jahrzehnte des 2. Jahrhunderts.

Die Referate des Irenäus über diese frühen Lehrer sind nur kurz und dürftig. Direkten Zugang zu ihren Lehren oder gar Werken hat er nicht. Wir besprechen sie nicht im einzelnen. Das ist möglich, weil alle Referate eine sehr ähnliche, auffällige Grundstruktur aufweisen. Sie bezeugen einen kosmologisch-soteriologischen Mythos, in dem folgende Größen zueinander in Beziehung gesetzt sind:

- Ein ungezeugter Gott und Vater als Ursache von allem existiert von Ewigkeit.
- Er lässt – vermittelt durch eine von Gott ausgehende

göttliche Kraft – Engel/Mächte hervorgehen, die die Welt schaffen. Sie kennen den Vater nicht und sind als inferior gekennzeichnet.

– Die Engel können nur aufgrund einer ihnen zur Verfügung gegebenen göttlichen Kraft die Welt schaffen; sie sind von sich aus als Unwissende dazu nicht fähig. Diese Kraft – im Menschen konzentriert – halten sie in der Welt fest, so dass sie durch Gott oder seinen Gesandten befreit/erlöst werden muss.

Dieser Mythos weist bei Menander keine christlichen Spuren auf, bei allen anderen genannten Lehrern, Satornil, Basilides, Karpokrates und Kerinth, ist er eindeutig mit dem christlichen Glauben und Christus als Soter verbunden. Das Grundgerüst des Mythos entspricht – wie das den Simonianern zugeschriebene – einem dualistischen Weltbild mit entschieden monistischer Spitze. Auffällig daran ist vor allem, dass ein solcher Mythos für alle genannten Lehrer vorauszusetzen ist. Damit bestätigt sich, dass es schon im frühen 2. Jahrhundert kosmologisch-soteriologische Spekulationen gab, derer sich auch Christen bedienten. Irenäus sieht sie als »Quelle und Wurzel« der häretischen Gnostiker an (AH 1,22,2), was einseitig, aber nicht ganz falsch ist. Sie stimmen in ihrer monistisch-dualistischen Ausrichtung mit den hochgnostischen Systemen überein, ihnen fehlt im Gegensatz zur Hochgnosis aber völlig eine Begründung ihrer Annahmen. Weder ist klar, warum die Weltschöpfer – und damit auch ihr Produkt, die Welt – inferior sind, obwohl sie doch vom höchsten Gott abstammen. Noch ist deutlich, warum und inwiefern der Mensch durch einen göttlichen Erlöser gerettet werden kann und muss. Erst damit aber entsteht ein gnostisches System. Die frühen Spekulationen entsprechen einer allgemeinen kaiserzeitlichen Grundstimmung, die gekennzeichnet ist durch Annahmen von einem fernen Gott außerhalb des Kosmos, von einer bedrückenden versklavenden Welt und einem Menschen, der nach Aufstiegsmöglichkeiten zu jenem Gott sucht. Eine solche Stimmung ist allenthalben in zeitgenössischer Astrologie und Magie, in Gestirn- und Sonnenkult, in Mysterienerfahrungen und Aufstiegsliturgien mit ihrer kosmischen Symbolik spürbar.

3 Frühe Gnosis nach Hippolyt

Hippolyt weiß in seiner *Widerlegung aller Häresien* vom Anfang des 3. Jahrhunderts noch mehr über die Anfänge der angeblich frühen Gnosis. Ihm zufolge sind Simon und seine Nachfolger von den Mythen der sogenannten Naassener, die sich »später auch Gnostiker nannten«, der Peraten und Sethianer (nicht identisch mit den Kreisen hinter dem AJ) abhängig (Ref. V,6,3–4; VI,6,1). Namen historischer Personen, auf die ihre Lehren zurückgehen, werden nicht genannt. Auch sonst fehlen alle Angaben zu ihrer historischen Verifizierung.

Ihre bei Hippolyt berichteten Mythen werden häufig – nicht ganz zutreffend, aber didaktisch geschickt – »Drei-Prinzipien-Systeme« genannt, weil in ihnen die Gesamtheit des Alls auf drei gleichursprüngliche ewige Größen zurückgeführt wird. Sie sind nicht gleichwertig, wie die moderne Bezeichnung suggeriert. Sie werden in unterschiedlichen Systemen auch verschieden benannt, ihre Funktion ist aber stets dieselbe. Die drei Größen sind etwa:

Vater – Sohn – Materie (Ref. 5,17,1) oder: das vollkommene Gute, das Unerzeugte – die unendliche Menge der Kräfte, das Selbsterzeugte – das Spezielle, das Erzeugte (Ref. 5,12,2: so die Peraten) oder: der erstgeborene Geist (Nus) – das ausgegossene Chaos (entspricht der dritten Stelle der anderen Aufzählungen) – die Seele, die das Gesetz ausführt (entspricht der zweiten Stelle der übrigen Reihen) (Ref. 5,10,2; so der Naassenerpsalm) oder: Licht – Finsternis – Pneuma (Ref. 5,19,5–7; so die Sethianer); dem entspricht auch die Dreiteilung des mannweiblichen Gottes »Mensch« in Geistiges – Seelisches – Materielles (Ref. 5,6,6) oder: Vorseiendes – Selbsterzeugtes – ausgegossenes Chaos (Ref. 5,7,9; so nach den bei Hippolyt erstgenannten Naassenern).

Diese »Prinzipien« werden überall in ähnlicher Weise in eine Beziehung zueinander gesetzt. Dadurch ergibt sich eine Nähe zu den besprochenen frühen »vorgnostischen« Mythen. Wir erläutern das am System der Peraten (Ref. 5,17,2–10). Danach besteht das All aus Vater, Sohn und Materie. Von ihnen sind Vater und Materie die zwei festen Größen, die uns schon häufig begegnet sind, der höchste Gott, unbewegt in der Höhe, und die Materie, unbestimmt, chaotisch bewegt in der Tiefe. Sie werden durch das dritte »Prinzip«, den Sohn, auch Logos oder Schlange genannt, verbunden, vorgestellt in einer Kreisbewegung:

> Das eine Mal wendet sie (die Schlange) sich zum Vater und nimmt die (d.h. seine) Kräfte in sich auf. Wenn sie sie aber aufgenommen hat, wendet sie sich zur Materie, und die Materie, die qualitätslos und ungeformt ist, prägt die Ideen vom Sohn aus, die der Sohn vom Vater her ausgeprägt hatte ... Der Sohn überträgt durch seine

> eigene Kraft die väterlichen Ausprägungen vom Vater auf die Materie …
>
> Wenn nun einer von denen hier unten zu erkennen vermag, dass er eine väterliche Prägung ist, von oben herabgebracht und hier verkörpert, … gleichen Wesens mit dem Vater in den Himmeln ganz und gar, der kommt auch dorthin hinauf. Wer aber dieser Lehre nicht teilhaftig wird, und die Notwendigkeit des Werdens nicht erkennt, geht zugrunde, wie eine Fehlgeburt ›über Nacht entstanden und über Nacht zugrundegegangen‹ (Jona 4,10) … Niemand also kann gerettet werden, noch nach oben kommen außer durch den Sohn (vgl. Joh. 14,6), das ist die Schlange. Denn wie er von oben die väterlichen Prägungen herabtrug, so bringt er sie wieder nach dort, sie, die aus dem Schlaf Erweckten, die väterliche Prägungen geworden sind.

Das mittlere Element Schlange (von hebräisch ›naas‹, die Schlange), vermittelt also zwischen Gott und Materie und entspricht damit den Engelschöpfungen und ihren Folgen in den vorgnostischen Mythen bei Irenäus. Denn nur durch die Ausprägungen (die Kräfte) von oben, die der Sohn / die Schlange überbringt, wird einerseits die Materie zur Welt geformt und muss andrerseits diese göttliche Kraft, die jetzt in der Welt / im Menschen ist, wieder zurückkehren zu Gott.

Dieser Kreislauf vom Vater über den Sohn zur Materie und wieder zum Vater wird in der Antike im Bild einer sich in den Schwanz beißenden Schlange dargestellt, wohl auch angeregt durch das biologische Faktum der Schlangenhäutung, wobei die Schlange ihre alte Haut gleichsam wie ihr altes Wesen hinter sich zurückzulassen scheint – ein passendes Bild für die Aufwärtsbewegung der Schlange. Mit der Schlange als Verkörperung des Bösen hat das Bild nichts zu tun. Die Abwärts- und Aufwärtsbewegung des mittleren Prinzips kann auch durch das Auf und Ab des Okeanos oder des Jordan oder das sich leicht überallhin ausdehnende göttliche Pneuma symbolisiert werden.

Errettung wird hier begründet durch die substanzhafte Identität von Zu-Errettendem (den in der Materie gebundenen Ideen) und Rettendem (den die Ideen wieder an den Vater vermittelnden Sohn). Diesen Zusammenhang muss der Zu-Rettende erkennen. Ist das Gnosis? In der Substanzidentität von Erlöser und Zu-Erlösendem wird vielfach das Zentrum gnostischer Lehre gesehen. Ich selbst kann keinen Weg erkennen, der von hier zu dem gnadenhaft begründeten Rettungsprozess in den hochgnostischen Systemen führt. Deshalb spitzt sich jetzt alles auf Valentin und Basilides zu, die beiden bedeutenden frühen christlichen Denker, die hochgnostische Schulen begründet haben.

4 Valentin

Valentin ist vor 140 wahrscheinlich aus Alexandrien nach Rom gekommen. Er lebte und wirkte dort als angesehener christlicher Lehrer unangefochten etwa zwei Jahrzehnte. Sogar für ein hohes Gemeindeamt soll er im Gespräch gewesen sein. Später ging er nach Zypern. Das ist nicht viel an Nachrichten, aber aufschlussreich. Denn Alexandria ist der Ort der Gelehrsamkeit und der philosophisch-platonischen Bildung schlechthin; nach Rom zog es jeden, der in der gebildeten Welt wirken wollte, und Valentin war einflussreiches Mitglied der christlichen Gemeinde. Mit einem Mann dieses Hintergrundes haben wir es also zu tun. Die wichtigsten Fragmente aus seinen Schriften werden in den Werken der berühmten christlichen Alexandriner Klemens und Origenes aus den ersten Jahrzehnten des 3. Jahrhunderts zitiert. Zwar bieten sie originalen Text, sind aber aus ihrem jeweiligen Zusammenhang gerissen, daher nicht leicht zu verstehen. Eine der Hauptfragen der Forschung (Ch. Markschies, J. Holzhausen) ist stets, in welcher Beziehung der angebliche Schulgründer Valentin zu seinen zahlreichen Schülern, den Valentinianern, steht.

Valentin lehrt den einen transzendenten, allein guten und alles verursachenden Gott, der sich durch Christus gegenüber der Welt und den Menschen offenbart. Durch seine Fürsorge allein – sie wird noch näher zu bestimmen sein – kann der Mensch menschengemäß, d.h. gut, leben, ohne sie ist er von Dämonen heimgesucht. Die Person des auf Erden erschienenen Christus, Jesus, versucht er, den theologischen Deutungsversuchen seiner Zeit gemäß, etwas ungelenk zu erklären (frg. 3). Relativ ausführlich äußert er sich zur Schöpfung und Menschenschöpfung, und das ist es, was ihn für sein Verhältnis zur Gnosis besonders interessant macht. Wir referieren, was Valentin in einem Brief schreibt (frg. 1, vgl. auch frg. 5):

Der absolut transzendente Gott schafft die Welt und den Menschen durch beauftragte Engel – ein uns bekanntes Motiv, das aber nicht auf die Gnosis beschränkt ist. Als die Engel sehen und hören, dass das von ihnen gefertigte Gebilde »Größeres« sagt, als es seinen Herstellern entspricht, Größeres also, als es ihnen selbst zukommt, ergreift sie staunende Furcht. Und Valentin erklärt: Der

Mensch kann »Größeres reden«, als es seiner Schöpfung durch Engel entsprach, weil »der Same des oberen Seins unsichtbar« (durch den Logos oder den transzendenten Gott selbst) in ihn hineingelegt worden war »und offen sprach«. Ein Vergleich erläutert das Gemeinte: Auch Statuen und Bilder können bei den Menschen dieser Welt Furcht hervorrufen, wenn sie auf den Namen eines Gottes gefertigt sind und diesen repräsentieren. Es ist dann der Gott, der Furcht erregt, weil er gleichsam hinter der Statue steht und durch sie wirkt. So ging es auch den Engeln bei ihrer Schöpfung oder besser: Herstellung Adams: »Denn der auf den Namen eines Menschen (d.h. des Logos) hergestellte Adam verursachte Furcht vor dem präexistenten Menschen, weil er ja in ihm (in Adam) gegenwärtig war.« Die Engel, die als defizient charakterisiert werden, wussten nichts von dem in Adam gelegten Samen, der ihn zum Reden befähigt. »Und sie erschraken und versteckten schnell ihr Werk.« Damit endet das 1. Fragment. Das 5. Fragment ergänzt seine Aussage. Auch hier wird wieder auf ein Gemälde, hier einer großen Persönlichkeit, angespielt, die der Maler darstellen will, ohne aber sein Vorbild gänzlich erreichen zu können. Dennoch wirkt das Werk, denn der Name des Dargestellten »füllt das Fehlende im Werk auf«. Entsprechend »wirkt auch das Unsichtbare Gottes« (im Kosmos und im Menschen) »zur Beglaubigung des Geschaffenen mit«.

Der scheinbar klare Text steckt voller Schwierigkeiten. Zwar ist er uns vertraut, denn es begegnen deutliche motivische Parallelen zu den hochgnostischen Mythen. Auch der Demiurg im valentinianischen Mythos wusste nicht, dass das, was er zu schaffen meinte, in Wahrheit seine

Mutter hervorbrachte (AH 1,5,3). Im *Apokryphon des Johannes* erfasst die Archonten Eifersucht und Neid, als der durch sie entstandene Mensch größeren Verstand als sie besaß und Licht war (BG 2. 47,15–52,18; NHC II,1,14,13–20,9). Deshalb warfen sie ihn auch tief in die Materie hinab, sie »versteckten« ihn, wie man wohl auch bei Valentin in frg. 1 übersetzen muss. Aber diese Parallelen klären Valentins Text nicht. Denn es bleibt in dem kurzen Fragment offen, in welchem Verhältnis die bei der Schöpfung beteiligten Potenzen, Gott/Logos und Engel, stehen. Befähigt erst der von Gott gegebene »Same des oberen Seins« die Engel zu ihrem Schaffen? Oder sind sie zum Schaffen befähigt, und der Same wird »gleichzeitig« in ihr Gebilde gegeben (Holzhausen)? Oder ist der Vorgang platonisch zu denken: Gott gibt den Samen des Intelligiblen in den Menschen. Der hergestellte Mensch ist die Nachahmung des himmlischen Logos (Markschies)? In den beiden letzten Fällen wird nicht klar, warum die Engel überhaupt schaffen können und in welchem Verhältnis sie zu Gott stehen.

Wir halten fest: Es gibt eine Dualität im Schöpfungsvorgang, in dem zwei verschiedene Schöpfungspotenzen tätig sind. In welcher Beziehung sie zueinander stehen, ist nicht deutlich. Es besteht hier die gleiche systematische Unklarheit wie in den vorgnostischen Mythen. Auch dort wird bei der Engelschöpfung vorausgesetzt, dass die Engel, die weit geringer als Gott sind, nicht ohne eine gewisse Hilfe Gottes schaffen können, sei es, dass sie ein Bild gesehen haben, das sie nachahmen, sei es, dass von Gott eine bestimmte Kraft gesandt wurde. Im valentinianischen Mythos dagegen ist der herstellende psychische Demiurg, der den Engeln entspricht, eindeutig im Prozess der Restitution des Falls durch Gott entstanden. Ob Valentin einen Fall im Göttlichen angenommen hat, wissen wir aus Mangel an Quellentext nicht. In der Kosmologie ist daher seine Stellung zwischen Frühgnosis und ausgebildeter Gnosis kaum genau festzulegen.

In der Anthropologie ist das anders. Nach Valentin ist der Mensch eindeutig als ein auf Hilfe Angewiesener gekennzeichnet, und zwar der Hilfe, die »in der Offenbarung durch den Sohn« besteht, »durch den allein das Herz rein werden kann« (frg. 2). Nicht nur – platonisch – Erziehung oder Umlenkung des Erkenntnisvermögens weg von der Höhlenwand des Gleichnisses (*Politeia* 518b–519b) muss dem Menschen zuteilwerden. Qualitativ mehr ist notwendig. Es bedarf der Fürsorge des allein guten Vaters (Mt. 19,17), damit das Herz »geheiligt wird und im Licht erstrahlt« (frg. 2). Das ist der hochgnostischen Anschauung vom Menschen als einem rein passiv Empfangenden und zum Empfangen instand gesetzten Wesen sehr nahe. In einem anderen, allerdings schwer zu deutenden Fragment scheint Valentin sogar auszusagen, dass der Mensch Herr über Tod, Schöpfung und Vergänglichkeit werden kann, auch das nicht aus sich, sondern kraft seiner Teilhabe am Geschick Christi (frg. 4).

So ergibt sich trotz mancher offener Fragen: Valentin scheint einer jener frühen christlichen Denker gewesen zu sein, der die frühen, allenfalls vorgnostischen, kosmologisch-soteriologischen Spekulationen vom christlichen Glauben aus umformte und eine christliche Anthropologie und Soteriologie entwickelte, die der philosophischen entgegengesetzt war. Dabei nutzte er zur Begründung mythologische Ausdrucksweise und Bildsprache. Ob er einen vollständigen Mythos entwickelte, wissen wir nicht. Er bereitete die hochgnostischen Systeme vor.

5 Basilides

Basilides lebte und lehrte in Alexandria unter den Kaisern Hadrian und Trajan, also etwa zwischen 120 und 160, nach anderen Quellen um 130. Von ihm und seinem Schülerkreis, mit dem er eng verbunden war, sind ein großer kosmologischer Mythos und zusätzlich nichtmythologische Zitatfragmente überliefert. Beides ergänzt sich so, dass sich ein außergewöhnlich facettenreiches Bild dieses frühen christlichen Gnostikers ergibt. Da es nicht möglich ist, in den erhaltenen Zeugnissen die Ansichten des Lehrers von denen seiner Schüler zu trennen, behandeln wir beide als Einheit. Wie Valentin war Basilides und insbesondere sein Sohn Isidor philosophisch und rhetorisch gebildet. Basilides verfasste 24 Bücher zum Evangelium (*Exegetica*) und ein Psalmenbuch, sein Sohn Isidor *Auslegungen des Propheten Parchor* und platonisch philosophierende Werke (*Über die angewachsene Seele*) und eine *Ethik*, ohne dass wir uns über Inhalt und Form dieser Werke genauere Vorstellungen machen könnten. Die erhaltenen Fragmente stammen aus diesen Werken, und es ist aufschlussreich, dass sie noch 70 bis 100 Jahre später auf Interesse bei den großen christlichen alexandrinischen Lehrern, Klemens von Alexandrien und dann Origenes, stießen, die sich mit ihnen auseinandersetzten. Der Mythos ist bei Hippolyt überliefert, der eine Quelle benutzt, die über Irenäus' unzureichenden Bericht hinausführt.

Wir beginnen mit dem den gesamten Lehrzusammenhang umfassenden Mythos, der Basilides und seinem Sohn zugeschrieben wird (bei Hippolyt, Ref. VII 20,1–27,13). Er entspricht trotz ganz neuer bildhafter Vorstellungsweisen in der inhaltlichen Aussage überraschend deutlich dem valentinianischen Mythos bei Irenäus. Daraus ergeben sich gewisse Interpretationshilfen.[29]

Der basilidianische Mythos nach Hippolyt, Refutatio 7,20–27

Der ausführliche Mythos hat folgenden Grundgedanken: Basilides lehrt einen absolut transzendenten Gott als Quelle alles Seins und alles Lebens. Dieser entfaltet sich in einem gewaltigen Prozess bis hin zu den niedersten Erscheinungsformen dieser Welt und führt dann das Göttliche, das in diesem Prozess auf allen Stufen gebunden wird, zurück an den ihm angemessenen Ort, zurück zu sich als dem Ausgangspunkt. Der Mythos umschreibt also Ursprung, Entfaltung und Rückführung des göttlichen Seins.

1. Im einzelnen wird das so dargestellt: Der überseiende Gott »wollte« einen Kosmos schaffen (so wie der Gott der Valentinianer »gedachte«, einen Anfang aus sich hervorzubringen, AH 1,1,1). Dazu bringt er einen »Weltsamen« hervor, der potenziell alles Kosmische und alles Überkosmische und damit auch die Möglichkeit des Nichtseienden in sich enthält (Ref. 7,21,1–22,7). Durch diese Annahme eines Weltsamens entledigt sich Basilides einer Schwierigkeit aller gnostischen Systeme: der Erklärung des Nichtseienden

29 W. A. Löhr, *Basilides*, S. 284 ff. sieht keine Verbindung des Mythos zur ursprünglichen basilidianischen Lehre.

und Bösen. Wo andere einen Fall ansetzen oder systematisch unklar bleiben, wie in der Vorgnosis, genügt für ihn der Hinweis auf den Weltsamen, der mit der Möglichkeit des Werdens auch die des Nichtwerdens voraussetzt. Basilides entwickelt so ein monistisches System, ohne auf latent dualistische, dem Sein feindliche Elemente verzichten zu müssen, die auch die Rückführung des göttlich Seienden durch Gott nötig machen.

2. Die Entfaltung und dann die Rückführung geschieht in folgender Weise: Im Weltsamen sind göttliche Kräfte enthalten, ohne die sich die Weltwerdung nicht vollziehen könnte. Basilides nennt sie »die dreifache Sohnheit« (υἱότης, hyiotes), d.h. eine Wesenheit, der die Eigenschaft, Sohn zu sein, zukommt.

Von den drei verschiedenen Sohnheiten ist die erste »leicht«. Sie steigt daher unverzüglich von selbst empor und kommt zu dem nichtseienden Gott, zu dem alle Natur im Weltsamen wegen seiner unermesslichen Schönheit strebt. Die zweite Sohnheit ist »grob«. Sie bedarf für ihren Aufstieg eines »Flügels« (so nach Platons *Phaidros* formuliert) in Gestalt des »heiligen Pneumas«, der sie »nahe« (Ref. 7,22,12) an die leichte Sohnheit und an Gott bringt. Dort angelangt muss sie ihn zurücklassen, denn er ist der Sohnheit nicht wesensgleich, er bleibt aber immerhin nahe ihrem seligen Raum (Ref. 7,22,7–15) und bildet fortan das Firmament (Gen 1,7), das ist die Grenze zwischen Überweltlichem und Welt (Ref. 7,23,1–2). Im Weltsamen verbleibt noch eine dritte Sohnheit, die »der Reinigung bedarf«. Von ihrem Geschick ist im folgenden die Rede.

Die entstehende Grenze, der »Grenzgeist«, entspricht im valentinianischen Mythos dem Horos (Grenze), der Pleroma und Außerpleromatisches, Nichtseiendes, trennt und den Fall des Äons Sophia aufhält. Der basilidianische Mythos bedarf wegen der Setzung des Weltsamens nicht der ausführlich begründenden Geschichte von Fall und Restitution der Sophia. Dennoch wird eine parallele Aussage gemacht: Es existiert ein überweltlicher Bereich, ein Pleroma. Es ist gegliedert, wie bei den Valentinianern, wie die im Rang unterschiedlichen Sohnheiten andeuten. Sie kommen gemäß ihrer Qualifizierung im Weltsamen an den ihnen angemessenen Ort, wie es die Sophia durch den Horos und die valentinianischen Äonen durch die Belehrung Christi tun. Die sog. leichte Sohnheit entspricht dem Nus/Monogenes und damit dem Logos Christus. Das weitere mythische Geschehen wird notwendig wegen der im Weltsamen noch vorhandenen »reinigungsbedürftigen« dritten Sohnheit. Sie entspricht der Achamoth. Beide werden treffend jeweils als »Fehlgeburt« bezeichnet (Ref. 7,26,7 und AH 1,4,1), kaum zufällig übereinstimmend.

3. Die sachlichen Parallelen setzen sich trotz unterschiedlicher Darstellungsformen fort. Wir befinden uns jetzt außerhalb des göttlichen Bereichs, des Pleroma. Bei Basilides entsteht jetzt dem im Weltsamen angelegten Plan gemäß die Fixsternsphäre, die Sphäre der Achtheit, und dann, parallel, die Planetensphäre, die Sphäre der Siebenheit: Dafür wird zuerst der große Herrscher (Archon) geboren. Er wird mit allen Prädikaten beschrieben, die auch den Demiurgen bei den Valentinianern kennzeichnen, als das Haupt der Welt, als schön, groß, gewaltig und weise. Aber: Als er zur Grenze des Firmaments emporsteigt, meint er, die Grenze sei das Ende überhaupt und hinter ihr sei nichts mehr (Ref. 7,23,3–4). Er ist also zwar weiser und

stärker als alles unter ihm, überhebt sich aber als der vermeintliche »Herr, Gebieter und weise Baumeister«, ist folglich in Wahrheit töricht, wie der valentinianische Demiurg. Er weiß auch nichts von der dritten Sohnheit, die noch im Weltsamen verblieben ist und die kraft ihrer Eigenschaft, Sohn – d.h. Sohn Gottes – zu sein, qualitativ von anderem Rang ist als der Herrscher. Als dieser sich einen Sohn zeugt, hat sie, wie wir erschließen müssen, die Hände im Spiel. Denn den großen Herrscher ergreift angesichts des eigenen Sohnes eine staunende Furcht, die Furcht, von der wir schon bei Valentin (frg. 1) und in anderen gnostischen Systemen hörten. Der Sohn ist nämlich größer als es, um jetzt direkt Valentin zu zitieren, dem Gebilde zukommt, er ist »größer und weiser« als der Archon selbst. Kein Wunder: Im Sohn ist – nach der Planung des überseienden Gottes und im Weltsamen im Voraus niedergelegt – die dritte göttliche Sohnheit tätig. Sie wirkt bei der Schöpfung des großen Herrschers, des Demiurgen, mit und gibt ihm über seinen Sohn die Gedanken zu seiner Schöpfung ein (Ref. 7,23,5–7). Die Parallele zum valentinianischen Demiurgen und der ihn inspirierenden pneumatisch wiederhergestellten Achamoth ist perfekt (AH 1,5,3).

4. Die Entstehung der Welt und des Menschen wird bei Basilides nur beiläufig ausgeführt. Sie ist ohnehin im Weltsamen festgelegt und erfolgt durch den von der Sohnheit geleiteten Demiurgen (Ref. 7,25,1). Offen ist aber noch, was die Gnosis Erlösung nennt, die Rückführung der dritten Sohnheit zu Gott (Ref. 7,25,1–26,10). Diese wird im Mythos als reinigungsbedürftig charakterisiert, eine dem Wesen der »Sohnheit« scheinbar widersprüchliche Qualifizierung. Sie bedarf der Reinigung, weil sie hier in dieser Welt aus

Materie – auch sie ist im Weltsamen angelegt – wirkt. Es handelt sich dabei, wie offensichtlich ist, um jene Kraft, die schon in den Mythen der Vorgnosis zur Weltschöpfung beitrug und die dann aus Neid von den weltschaffenden Engeln festgehalten wurde, oder um jenes göttliche Pneuma, jene »Macht der Mutter«, die im *Apokryphon des Johannes* im Menschen konzentriert war. Ihr muss die Rückkehr an den ihr zukommenden Ort bei Gott ermöglicht werden.

Die erlösungsbedürftige, göttliche Sohnheit, die in Menschen dieser Welt zugegen sein kann, entspricht dem Pneuma in gnostischen Pneumatikern. Auch im basilidianischen Mythos ist es, wie im Valentinianismus, Aufgabe der Pneumatiker, die Seelen (wohl auch ihre eigenen, vgl. frg. 5b/7) zu »ordnen, zu formen, zurechtzubringen und zu vollenden« (Ref. 7,25,2). Das wird mehrfach in die Formel zusammengefasst, es sei die Aufgabe der sogenannten Sohnheit, »Gutes zu tun und Gutes zu erfahren« (Ref. 7,25,1; 22,10; 22,16; 26,10). Um die Art und Weise der Rückkehr der in der Welt wirkenden Sohnheit geht es jetzt.

5. Dafür »kam das Evangelium in die Welt« (Ref. 7,25,5). Es ist vorgestellt als eine Art Kraft aus schwebenden Gedanken, es kommt von der höchsten Gottheit bzw. ihrer ersten Sohnheit und durchdringt – gänzlich unkörperlich – alle Räume dieses Kosmos mit ihren jeweiligen Herrschern und deren Söhnen und erreicht schließlich diese Welt. Inhalt des Evangeliums ist – im Zusammenhang des Ganzen folgerichtig, für den heutigen Leser möglicherweise fremd und enttäuschend – die Mitteilung dessen, was über dem »Firmament« ist, was die Herrscher und auch die Pneumatiker dieser Welt, die unterhalb des »Grenzgeistes« sind,

noch nicht wissen konnten: »wer Gott, der Nicht-Seiende ist, was die Sohnheit ist, was der Heilige Geist ist, wie das All eingerichtet ist, und wie alles wiederhergestellt wird« (Ref. 7,26,2; 27,7). Inhalt des Evangeliums ist also präzise der gesamte Inhalt des Mythos.

6. Die Wirkung des Evangeliums wird paradigmatisch und fast bewegend geschildert an ihrem ersten Empfänger, dem großen Herrscher, der ja direkt unter dem Firmament seinen Sitz hat, es also zuerst empfängt. Er erhält es von seinem »Sohn«, denn das von der ersten »Sohnheit« kommende Evangelium, jetzt mit Christus identifiziert (Ref. 7,26,2), erreicht zuerst den Sohn, der ja größer ist als sein Vater. Er teilt es dem Herrscher mit, und dieser begreift jetzt aufgrund der Mitteilung, dass er nicht der Größte und Höchste ist, wie er vermeinte (Ref. 7,23,4–5), dass vielmehr Unaussagbares, Gewaltiges und alles Begründendes über ihm ist. Und er »bekehrt« sich (wörtlich: er wendet sich um – man denke an die entscheidende »Um-« und »Hinwendung« des Psychischen im valentinianischen Mythos) und gerät in Furcht, weil er erkennt, in welcher Unwissenheit (ἄγνοια, agnoia) er gewesen ist, mehr noch: »er bekennt seine Sünde, die er begangen hatte, indem er sich selbst überhob« (Ref. 7,26, 1–3).

Das ist nun bemerkenswert. Als »Sünde« (ἁμαρτία, hamartia) und »Selbstüberhebung« wird das Verhalten des großen Herrschers qualifiziert, obwohl er doch objektiv gar nicht wissen *konnte*, dass es oberhalb der Grenze des Firmaments etwas gab, und obwohl er objektiv größer und weiser war als alles unter ihm, außer dem Sohn. Was hier mit Sünde bezeichnet wird, hat nichts mit Moral zu tun (auch darüber handelt Basilides, wie wir noch sehen werden), sondern betrifft die Befindlichkeit des Archon – und damit des Menschen – vor dem Evangelium. Obwohl der Archon mit göttlicher Kraft, symbolisiert im Sohn, begabt ist, ist er gänzlich unfähig, Gott zu erkennen, und rühmt sich doch seiner Fähigkeiten und Kräfte in vermeintlicher Autarkie, und nur weil er mit dieser göttlichen Kraft begabt ist, vermag er auf die Mitteilung des »Evangeliums« hin zu reagieren. Er erkennt und bekehrt sich. Damit ist die Kernaussage der Gnosis berührt: Der Mensch ist danach einerseits von Gott vollständig getrennt und unfähig, diese Trennung zu überwinden, obwohl er von ihm die »Gestaltung nach der Gnosis« (AH 1,4,1. 5) bzw. Pneuma (AH 1,5,6) erhalten hat, um es mit dem valentinianischen Mythos zu sagen. Seine pneumatische Begabung kann andererseits aber nur aktiviert werden, d. h., er kann nur erkennen und zum Heil gelangen, wenn ihn die offenbarende Zuwendung Gottes (durch Erkenntnisvermittlung) erreicht, eine Zuwendung, die die Ermöglichung der Annahme dieser Zuwendung impliziert. Kürzer: Der Archon kann nur begreifen, weil »Sohnheit« in ihm ist. Gnosis ist da, wo einerseits die Rede ist von der vollständigen Getrenntheit des Menschen von Gott und der Unfähigkeit, diese zu überwinden, und andererseits von der offenbarenden Zuwendung Gottes (durch Erkenntnismitteilung), die die Ermöglichung der Annahme dieser Zuwendung einschließt.

Die Fragmente des Basilides und seiner Schule bestätigen diese Deutung. In frg. 4/15 ist davon die Rede, dass der Archon »wider alle Hoffnung die frohe Botschaft« des Evangeliums erhält und mit Erschütterung, »die Furcht genannt wird«, reagiert, einer Furcht, die entsprechend Spr. 1,7 »Anfang der Weisheit« genannt wird. Hier kann nur auf den Erkenntnisempfang des Archons im Mythos angespielt sein. Die Phrase »wider alle Hoffnung« meint seine Situation unter dem ihn begrenzenden Firmament, vor Empfang des Evangeliums. Auch im Mythos wird der Bibelvers Spr. 1,7 (Ps. 111/110) als Bestätigung der Szene herangezogen (Ref. 7,26,2). Zusätzlich heißt es in frg. 10/9, nur die unfreiwilligen und aus Unwissenheit begangenen Sünden würden vergeben – eine für sich genommen schwer verständliche, auf dem Hintergrund des Mythos aber folgerichtige Aussage. Denn durch den Empfang des Evangeliums wird die Unwissenheit beseitigt. Aufgrund dessen ist der Mensch grundsätzlich fähig, nicht zu sündigen. Wie es sich mit dennoch begangenen Sünden verhält, sehen wir gleich.

7. Erlösung oder basilidianisch Rückführung der »Sohnheit« wird in den übrigen »Räumen« des Kosmos parallel der des großen Herrschers der Achtheit beschrieben. Der erste Empfänger des »Evangeliums« in dieser Welt ist wieder der Sohn, d.h. der, der Sohn-Qualität hat, nämlich »Jesus, der Sohn der Maria« (Ref. 7,26,8). Jesus belehrt die Pneumatiker wie der Sohn den großen Archon, so dass sie ihm nachfolgen, d.h. erkennen können und damit erlöst sind. Anders ausgedrückt, die sogenannte reinigungsbedürftige Sohnheit, die in den Pneumatikern vorzustellen ist, wird durch die Mitteilung des Evangeliums gereinigt und »gestaltet« (Ref. 7,26,10) und kann nun »aus sich selbst heraus« hinaufeilen, wie es die erste, leichte Sohnheit tat. Die Kraft des Evangeliums heißt auch die Kraft der »Trennung« und entsprechend Jesus »Erstling der Artentrennung« (Ref. 7,26,9. 27,8 und 12. frg. 4/15), denn mit dem Aufstieg der gereinigten Sohnheit wird das pneumatische

Element dieser Welt und dieses Menschen von Seele und Materie, d.h. der »Gestaltlosigkeit« dieser Welt, getrennt und gelangt an den ihm zukommenden Ort, so, wie es auch für Seele und Materie geschehen wird.

Die Eschatologie vollzieht sich entsprechend (Ref. 7,27,1–6). Das Ende der Welt wird eintreten, wenn alle Pneumatiker erkannt haben und aufgestiegen sind (das valentinianische Mythos lehrte es genauso). Basilides beschreibt das als einen heilvollen Zustand und zitiert den Zusammenhang von Röm. 8,19–23, wonach die Schöpfung seufzt und Schmerzen leidet und die Offenbarung der Söhne Gottes erwartet (Ref. 7,27,1. 25,1 f.). Die »Söhne« Gottes sind die Pneumatiker. Sind sie gereinigt und aufgestiegen, endet das Seufzen der Schöpfung. Denn über die Seelen im Raum dieser Welt, wie im übrigen auch über die Räume der Achtheit und der Siebenheit, also über den gesamten Kosmos bis zum Grenzpneuma, dem Firmament, »wird Gott die große Unwissenheit (ἄγνοια, agnoia) bringen« (Ref. 7,27,1), ein zu erstrebendes Ziel, weil dann jede Natur sich nur ihr gemäß (κατὰ φύσιν, kata physin) verhält und nur ihren Raum und nichts darüber hinaus kennt und alles Sehnen und Streben »wider die Natur« (παρὰ φύσιν, para physin) endet (Ref. 7,27,3–4). Das ist die Apokatastasis von allem, die »Wiederherstellung aller Dinge«.

Der Mythos ist Ausdruck der christlich geprägten Gnosis im Vollsinn des Wortes. Trotz unterschiedlicher Metaphorik stimmt seine inhaltliche Aussage mit der des valentinianischen Mythos bei Irenäus weitgehend überein. Urheber und Entstehungszeit des basilidianischen Mythos sind nicht exakt zu bestimmen. Er geht in seiner bei Hippolyt vorliegenden Form nicht auf Basilides allein, sondern auf die Gedanken von ihm und seinen unmittelbaren Schülern zurück und wäre dann frühestens in die Mitte des 2. Jahrhunderts zu datieren.

Die Fragmente des Basilides und seiner Schule

Mythen sind anstrengend. Sie erfordern ein hohes Maß an Geduld und Konzentration, um ihren Gehalt zu erfassen. Sie liefern Zusammenhänge und deren Begründungen, kaum aber direkte Anwendungen auf die theologische Theorie und Praxis der christlich gnostischen Gemeinde in ihrem realen Umfeld. Die Fragmente aus den Werken des Basilides und seiner Schüler sind anders, lebensbezogener. Sie sind daher eine ideale Ergänzung des Mythos. Sie antworten auf Fragen wie: Was ist Glaube, und wie entsteht er? Was ist Hoffnung? Was ist Sünde, und wie geht man damit um? Und immer wieder: Wie soll man und kann man leben? Alle die Themen werden mit klarem Bezug auf den Mythos behandelt, ja man versteht die Antworten erst wirklich, wenn man sie auf dem Hintergrund des im Mythos aufgewiesenen Zusammenhangs liest. Die Fragmente werden nach der Zählung bei Löhr und der Übersetzung bei Förster zitiert.

> Denn wenn einer von Natur (φύσει, physei) Gott erkennt, wie Basilides meint, indem er diese besondere Erkenntnis zugleich Glaube und Königsherrschaft nennt und sie als Schöpfung eines Seins versteht, das würdig ist, in der Nähe seines Schöpfers zu sein, dann bezeichnet er damit den Glauben als ein Sein (οὐσία, usia), und nicht als eine Fähigkeit (ἐξουσία, exusia), und als Natur (φύσις, physis) und Substanz (ὑπόστασις, hypostasis), als uner-

messliche Schönheit einer unübertrefflichen Schöpfung, nicht aber als die vernünftige Zustimmung einer mit freiem Willen begabten Seele (ψυχῆς αὐτεξουσίου, psyches autexusiou) (frg. 13/11; Str. 5,3,2–3).

Zunächst: Für Klemens, der hier – ablehnend – Basilides zitiert, ist Glaube eine »Fähigkeit«, zwar auch eine verliehene, nicht eine selbst erworbene Fähigkeit, aber doch eine solche, die bewusst angenommen und aufgenommen und – beispielsweise – an den Geboten des Alten und Neuen Testaments bewährt werden muss (Str. 5,3,3). Basilides hätte gegen eine solche Schlussfolgerung wahrscheinlich gar nichts einzuwenden, aber die einzigartige Besonderheit dessen, was Glaube ist, wäre für ihn damit noch nicht getroffen. Denn Glaube ist mehr. Er ist ein Sein und eine Naturanlage, eine in uns angelegte Schöpfung und damit gewiss nicht von uns selbst zustande gebracht, vielmehr eine unermesslich reale Evidenz und Gewissheit und deshalb ein Sein – kein vergängliches Werden –, das würdig ist, in der »Nähe« seines Schöpfers, Gottes, zu sein (vgl. dazu im Mythos, Ref. 7,22,12–13).

Ein anderes Fragment ergänzt (frg. 2/13; Str. 2,10,1–11,2): »Die Anhänger des Basilides halten den Glauben für natürlich (φυσική, physike) und ordnen ihn entsprechend der Erwählung zu. Er findet die Gegenstände seines Wissens ohne Beweis durch geistiges Erfassen …« Glaube ist also nach Basilides weder die Einbildung von Einfältigen, die die Dinge nicht besser wissen und verstehen (die antike Polemik gegen das Christentum hielt ihn dafür), noch ist er die »treffliche Ausführung eines freien Entschlusses«, wie Klemens von Alexandrien gegen Basilides – stoisch – formuliert (Str. 2,11,1), sondern Glaube ist eine geschaffene, auf Erwählung beruhende Natur und ein gestiftetes Wissen. Die Mehrheitskirche polemisiert gegen diese Konzeption, weil sie darin eine elitäre Anmaßung nur weniger sehen zu müssen meinte. Davon ist aber nicht die Rede. Zwar redet Basilides über den Glauben der Pneumatiker. Aber dieser ist geschenkt und unverfügbar.

Menschenklassen?

Damit ist ein vieldiskutiertes Problem angesprochen, das eigentlich keines ist und sich überholt hat. Mehrheitskirchliche Theologen warfen Basilides und den Gnostikern insgesamt erbittert vor, sie setzten durch Prädestination bestimmte Menschenklassen unterschiedlichen Ranges an, wobei sie sich selbst zu den Bevorzugten zählten. So kaum zu Recht. Naturanlage und Erwählung meint nicht die Bevorzugung einzelner, die mit Glauben ausgestattet werden, vor anderen, die es nicht sind. Es meint auch nicht, wie Klemens polemisch hinzufügt, dass wir aufgrund der Naturanlage »wie Marionetten an Fäden hin- und hergezogen« würden (frg. 2/13). Die Polemiker haben mit ihren dahingehenden Verdächtigungen zwar großen – und verständlichen – Erfolg. Denn wer schätzt schon die elitäre Anmaßung einer Minderheit, die von sich behauptet, per göttlichem Dekret erhabener zu sein als andere? Aber diese angebliche Anmaßung der Gnostiker wird so übertrieben gezeichnet, dass sie schon deswegen nicht stimmen kann, und passt im übrigen auch nicht zu den hohen ethischen Anforderungen, die Basilides und seine Schüler an sich selbst stellten, ohne auch nur den Hauch von eingebildeter Überheblichkeit (vgl. frg. 5/6 und 7. 6/8). Wie aber dann?

Haben Gnostiker nicht gelehrt, dass es sogenannte Menschenklassen, d. h. Pneumatiker, Psychiker und Hyliker, gäbe? Doch, sie haben als beobachtbares Faktum wohl davon gesprochen, aber sie haben, wo sie ernst zu nehmen sind, niemals gesagt, dass sich daraus eine Berechtigung für Selbstüberhebung und Anmaßung ergäbe. Es widerspräche dem Kern ihrer Theologie. Alles Reden von Erwähltheit ist immer nur retrospektiv und individuell als dankbare Anerkenntnis einer empfangenen Gabe akzeptabel. Als solches ist es in der Gnosis – und nicht nur da – zu verstehen. Überheblichkeit jeder Art mag es gegeben haben und hat es gegeben. Plotin spottet zu Recht mit Abscheu darüber (II 9,9,52–64). Sie ist immer Missverständnis und kann nicht für die Gnosis schlechthin stehen.

Martyrium

Das möglicherweise eindrucksvollste Fragment stammt aus den *Exegetica*, einer Art Bibelkommentierung, des Basilides. Es gehört wahrscheinlich zu den Erörterungen zur Passion Jesu. Der nicht einfach formulierte Text lautet in Übersetzung (frg. 7/4; Str. 4, 81,1–83,1):

> Basilides sagt im 23. Buch der Exegetica über die, die im Martyrium gefoltert werden, wörtlich folgendes: ›Ich behaupte nämlich, dass die, die in die sogenannten Drangsale (des Martyriums) gelangen, zu diesem Gut (ἀγαθόν, agathon) geführt werden, nachdem sie sich in andern Stücken, ohne dass es bekannt geworden wäre, verfehlt und versündigt hatten. Durch die Güte (Gottes), der sie führt, werden sie nun tatsächlich wegen anderer Dinge angeklagt, damit sie nicht als wegen einge-

standener Übeltaten Verurteilte leiden und auch nicht als Leute, die als Ehebrecher oder Mörder geschmäht werden, sondern, weil sie Christen sind (vgl. 1. Petr. 5,15–16); das wird sie trösten, so dass sie kaum zu leiden scheinen.

Und wenn einer, ganz ohne gesündigt zu haben, in die Bedrängnis (des Martyriums) gerät, so ist das zwar selten, aber auch dieser wird nicht etwa wegen der Nachstellung einer teuflischen Macht leiden, sondern er wird leiden, wie das kleine Kind litt, das, wie es scheint, gar nicht gesündigt hat.‹

Weiter unten fügt er hinzu:

›Wie also das kleine Kind, das entweder überhaupt nicht gesündigt hat oder zwar mit der Tat keine Sünde begangen hat, aber doch das Sündigen (als Anlage) in sich trug, eine Wohltat empfängt, wenn es dem Leiden unterworfen wird, und es damit viel Übles vermeidet, so leidet auch ein Vollkommener (τέλειος, teleios), der zuvor keine Tatsünden begangen hat, aber doch erleiden muss, was er leidet, in ähnlicher Weise wie das kleine Kind. Denn er hatte zwar die Anlage zum Sündigen in sich, fand aber keine Gelegenheit zum Sündigen und sündigte folglich nicht, so dass ihm das Nicht-Sündigen nicht hoch anzurechnen ist.

Denn wie derjenige, der die Ehe brechen will, ein Ehebrecher ist (vgl. Mt. 5,28), auch wenn ihm der Ehebruch nicht gelingt, und derjenige, der einen Mord begehen will, ein Mörder ist, auch wenn er den Mord nicht begehen kann, so werde ich auch den Sündlosen, von dem ich rede, wenn ich sehe, dass er leidet, böse nennen, mag er auch nichts Böses getan haben, weil er sündigen wollte. Denn alles will ich eher sagen, als dass ich die Vorsehung böse nenne.‹

Weiter unten redet er auch von dem Herrn (Jesus) geradewegs wie von einem Menschen:

›Wenn du aber alle diese Überlegungen beiseitelässt und mich mit dem Hinweis auf bestimmte Personen in die Enge treiben willst, indem du etwa sagst: Ein gewisser Mensch hat also gesündigt, denn er hat ja gelitten, so werde ich, wenn du gestattest, erwidern: Er hat zwar nicht gesündigt, er war aber dem kleinen Kind gleich, das litt.

Wenn du aber die Auseinandersetzung mit Gewalt auf die Spitze treiben willst, so werde ich sagen, ein Mensch, wen immer du auch nennen magst, sei ein Mensch; gerecht aber ist Gott. Denn, wie einer gesagt hat, ›niemand ist rein vom Schmutz‹ (Hiob 14,4).

Der Text ist ein fingiertes Streitgespräch von literarischer Qualität. Dialoge galten in der Antike stets als besonders schwierige Literaturform, der vorgelegte Text beweist den Rang des Basilides. Er hat zwei Schwerpunkte: Martyrium und Kreuzestod Jesu, beide, in Beziehung zueinander, von unmittelbarer Bedeutung für die Christen der ersten Jahrhunderte. Der Märtyrer genoss eine besondere Ehrenstellung, weil er, wie insbesondere die neu geschaffene Gattung der Märtyrerakten begründete, in Nachfolge seines Herrn und auf dessen Ruf hin, wie betont wurde, starb. Basilides hat dazu eine andere Meinung: Leiden ist für ihn nie ohne Grund, sondern erfolgt immer auf ein Vergehen hin und ist Strafe. Irrtum ist dabei nicht möglich, denn die Vorsehung ist auf jeden Fall gut und irrt sich nicht. Unschuldiges Leiden kann es also nicht geben. Das klingt absurd, ja empörend, ist es wohl aber doch nicht. Denn Basilides spricht vor dem Hintergrund einer weit verbreiteten außerordentlichen Wertschätzung der Märtyrer als Erwählte und Heilige und sagt im Blick darauf: Bildet euch nichts ein! Auch wenn ihr zum Martyrium erwählt wurdet – das sei zugestanden –, so seid ihr doch Sünder, und die Gnade der Erwählung zum Martyrium, ja die Wohltat (εὐεργετεῖται, euergeteitai), besteht darin, dass ihr ehrenvoll als Christen sterben dürft und nicht als Sünder, die ihr seid. Das ist der Punkt, auf den es im ganzen Text ankommt: Ihr seid Sünder, und nichts ist davon abzumarkten. Basilides' Sündenverständnis ist von dem des Paulus geprägt, der von der Sünde als von einem handelnden Subjekt redet (Röm. 7,17.20), dem der Mensch erliegt, ohne dass er damit entlastet würde. Genauso sieht es Basilides.

Das ist nicht gar so absurd, denn Basilides folgt hier zunächst einmal einer Tradition. Das griechische 2. Makkabäerbuch, für die Juden von Alexandria geschrieben und Basilides gewiss bekannt, bezeichnet schon Verfolgung und Martyrium als »Wohltat« (εὐεργεσία, euergesia), hier, weil Gott dadurch sein Volk erzieht (2. Makk. 6,14). Außerdem gilt: Die Sünde der im Martyrium sterbenden Christen entspricht nicht der im Mythos vom großen Archon bekannten Sünde (Ref. 7,26,3; vgl. oben S. 178 f.). Denn dieser bezeichnete so seine Überhebung aus Unwissen vor dem Empfang des Evangeliums. Die Christen haben das Evangelium empfangen und erkannt. Sie sind daher grundsätzlich zu einer sündenfreien Existenz fähig und dazu aufgerufen. Sündigen sie dennoch, und das ist die Regel, kann ihnen in der Weise des Martyriums ein »Gutes« widerfahren. Die Sünde, die der Archon bekennt, ist als retrospektiv gesprochen zu verstehen. Erst in Kenntnis des Evangeliums weiß er, dass er sich überhob.

Das Sündenverständnis wird konsequent und mit Ernst auch auf den Kreuzestod Jesu übertragen, der den Sinn des Martyriums bestätigt. Da Jesus litt, muss er auch die Anlage zum Sündigen gehabt haben. Basilides sieht ihn also im Vollsinn als Mensch, ohne alle Neigung zum Doketismus, die ihm – sonst in der Gnosis verbreitet – nur einen Scheinleib zubilligen möchte. Da er zugleich »Sohn« ist und parallel den »Söhnen« der Herrscher der Achtheit und Siebenheit Empfänger und allein wirkender Vermittler des »Evangeliums« (Ref. 7,27, 8–12), vertritt Basilides eine Art Vorstufe der später dogmatisch begründeten Zwei-Naturen-Lehre.

Dem entspricht eine höchst anspruchsvolle Ethik, die an Platon geschult ist, wie sich aus weiteren Fragmenten des Basilides und seines Sohnes ergibt. Nach Isidor sind die Leidenschaften »Anhängsel« der Seele, gegen die dem Menschen mit seinem vernünftigen Seelenteil anzukämpfen aufgegeben ist (vgl. Platon, *Politeia* 611 b–612 a). Keinesfalls will er zulassen, dass jemand die Anhängsel zum bequemen Vorwand für Nachlässigkeit nimmt und etwa sagt: »ich wurde gezwungen und hingerissen, ich habe es ›unfreiwillig‹ getan« und so fort (frg. 5/6 und 7; Str. 2,112,1–114,2). Wir erinnern uns an den Satz des Basilides, dass nur die »unfreiwilligen« Sünden vergeben werden (frg. 10/9). In diesem Sinne »unfreiwillig« als nicht-wissend will Isidor ein Nachgeben gegenüber den Anhängseln unter keinen Umständen verstanden wissen. Aber auch eine strikt rigoristische Ethik, eine Ethik sozusagen um der Ethik willen, ist nicht im Sinne der Basilidesschule, wie frg. 6/8 (Str. 3,1,1–3,3) im einzelnen anhand von Paulus (1. Kor. 7,9) nachweist.

Basilides vertritt also ein strenges, griechisch gedachtes Christentum. Es ist griechisch, weil es der platonischen Seinslehre sehr nahe steht; es ist durchdacht, weil es ihm darauf ankommt, die Heilsbedeutung der Person Jesus Christus reflektiert denkend zu begründen; und es ist ganz und gar Christentum, weil Basilides, im Unterschied zu allem Platonismus, von der Notwendigkeit der Zuwendung Gottes zum im beschriebenen Sinne passiv gesehenen Menschen ausgeht, eine »Selbsterlösung« nach Art einer Rückkehr des Geistes zu Gott für ihn nicht in Frage kommt. Er ist in ebendiesem Punkt auch Gnostiker. Die Funktion des »Evangeliums« und der Person Christi ist allerdings weitgehend eingeschränkt auf die aufklärende Verkündigung über diesen Gott. Das konnte für eine christliche Theologie auf die Dauer nicht genügen.

Entstehung und Anfänge der Gnosis bleiben ungeklärt und unsicher. Die frühesten datierbaren Zeugnisse können in folgenden Zusammenhang gestellt werden: Am Anfang standen mythenbasierte, kosmologisch-soteriologische Spekulationen noch nicht typisch gnostischer Art. Sie umfassten Annahmen von der absoluten Transzendenz Gottes, einer Abwertung der Welt und Vorstellungen von Erlösung des zu Gott gehörigen Menschen durch Erkenntnis. Die Herkunft solcher Vorstellungen war kaum auszumachen. Christlich waren sie nicht unbedingt (Simon, Menander). Schon früh im 2. Jahrhundert nutzten aber christliche Lehrer, deren Namen bekannt sind (Satornil, Kerinth), diese »modischen« mythischen Spekulationen für die Verkündigung ihres Glaubens und machten etwa Christus als den Boten jenes transzendenten Gottes zum Erlöser der Menschen in einer derart abgewerteten Welt. Ihre Mythen nannten wir vorgnostisch. Erst Valentin und Basilides, die als gnostische Schulgründer gelten, entwickelten daraus die Anfänge einer biblisch begründeten christlichen Theologie, die den mythologischen Stil dieser frühen Erlösungsvorstellungen aufnahm, aber besonders in der Anthropologie, dem Verhältnis von Gott und Mensch, präzise, christlich-gnostisch zu nennende Aussagen machte. Ihre Schüler folgten diesem Ansatz und Stil und entwarfen jetzt in ihren hochgnostischen Gesamtmythen, die vom transzendenten göttlichen Ursprung bis zum Eschaton reichen, eine umfassend begründete gnostische Theologie, deren Grundgedanke christlich war, wie der ihrer Lehrer auch. Ihre Mythen sollten christliche Theologie transportieren.

VII Das zeitgenössische Umfeld der Gnosis

Diese so beschriebene Gnosis steht in ihrer Zeit nicht isoliert da. Von Erlösung, Rettung (›soteria‹) durch Erkenntnis des Jenseitigen und damit Lebenshilfe und Orientierung redeten auch andere, und auch sie formulierten sie mit Hilfe mythisch-kosmologischer Metaphorik und Visionsthematik. Gibt es also Beziehungen zur bisher betrachteten Gnosis, vielleicht sogar Hinweise auf deren Entstehung? Wir betrachten drei Gnosis-nahe Komplexe: die Hermetik, die Mythendeutung Plutarchs und Marcion.

1 Pagane Gnosis? Das *Corpus Hermeticum*

Das *Corpus Hermeticum* ist eine Sammlung von Schriften, die zwischen dem 1. vorchristlichen und dem 4. nachchristlichen Jahrhundert im damals hellenisierten Ägypten entstand. Sie hat ihren Namen von der griechisch-ägyptischen Gottheit Hermes Trismegistos (Dreimalgrößter Hermes), der in den meisten Traktaten als Offenbarer und Mystagoge auftritt. Die hermetische Literatur war einigen Vätern der Alten Kirche gut bekannt und hat teilweise Wirkungen auf sie ausgeübt (Klemens von Alexandrien, Laktanz). Für die Gnosis ist sie deshalb von so großem Interesse, weil auch in ihr die »Erkenntnis Gottes« (›gnosis theou‹) als höchstes Ziel und Lebenssinn des Menschen angenommen wird. »Ich möchte das Seiende begreifen und seine Natur verstehen und Gott erkennen«, antwortet der Offenbarungsempfänger auf die Frage des Poimandres, des göttlichen Geistes (CH 1,3). Wenn der Mensch das Schöne und Gute erfassen will, so gibt es nur einen einzigen Weg dorthin: »Die Frömmigkeit, die von Erkenntnis begleitet wird« (CH 6,5). Diese vom Menschen als Menschen geforderte Frömmigkeit besteht in der Erkenntnis Gottes (εὐσέβεια δέ ἐστι θεοῦ γνῶσις, eusebeia de esti theou gnosis, CH 9,4), und entsprechend gilt: »Die vollkommene Schlechtigkeit ist es, Gott nicht zu erkennen« (CH 11,21).

Diese Grundannahme wird im ersten Traktat des *Corpus Hermeticum*, dem Poimandres (Menschenhüter, nach Hiob 7,20), begründet, den wir hier betrachten. Er wird ins 2. nachchristliche Jahrhundert datiert. In mehreren Visionen, die Poimandres gewährt, wird der Offenbarungsempfänger, der in der Ich-Form berichtet, über den Zusammenhang von Gott, Welt und Mensch belehrt. Das geschieht in der Form eines kosmologischen Mythos, der in manchen Einzelheiten Parallelen zu den hochgnostischen Mythen aufweist, die aber unterschiedlich gedeutet werden. Im einzelnen ist dem transzendenten Gott die Materie, hier »feuchte Natur« genannt, entgegengesetzt. Sie entsteht aus einem »Teil« des Lichtes (CH 1,4), hat also nicht gleich starke Kraft. Es besteht damit dieselbe Art abgeleiteter, monistischer Dualismus, wie wir ihn schon aus den frühen Mythen kennen. Aus Gott, dem Geist, geht als seine Ausstrahlung eine dritte Größe, der Logos und Sohn Gottes, hervor. Aus dem Zusammenwirken von Logos und Materie entstehen Kosmos und Mensch, und zwar so, dass der Logos durch »noetische Urbilder« (Holzhausen) auf die Materie einwirkt und diese sie nachahmt. Als »Abbilder« entstehen körperliche Welt und Mensch »nach Gottes Willen« (CH 1,8).

Entscheidend für die Gesamtaussage des Traktats und damit auch den Vergleich mit der Gnosis ist die Schaffung des Menschen. Sie bildet das Zentrum des hermetischen Traktats und besagt grundsätzlich anderes über den Menschen, als die Hochgnosis es lehrt, nämlich, dass der Mensch als Mensch grundsätzlich fähig ist, Gott zu erkennen. Das ist der Fall, weil Gott und Materie bei der Schaffung des Menschen »als Liebende« (CH 1,14) zusammenwirken und in harmonischem und gottgewolltem Miteinander Anteile beider im Menschen vereint werden. Es ist also nicht so, wie wir es aus der Hochgnosis kennen, dass ein göttlicher Äon aus sich und allein schaffen will und aus diesem »Fall« sich die Notwendigkeit der Gestaltung und Schöpfung des Gefallenen ergibt. Auch im hermetischen Traktat will der Gottessohn zwar schaffen, aber der Vater »erlaubt es ihm« (CH 1,13). Entsprechend vereinigt sich das personifizierte Urbild des Menschen, der von Gott geschaffene göttliche »Mensch«, in Liebe mit seinem Abbild im Wasser, d.h. in der feuchten Natur/Materie (CH 1,14), und demgemäß ist der entstehende Mensch »zweifachen Wesens« (CH 1,15), sterblich wegen seines Körpers und unsterblich wegen des »wesenhaften Menschen«, des göttlichen Urbildes.

Als Konsequenz ergibt sich aus dieser derart geschilderten Schaffung des Menschen dessen Lebensaufgabe, Sinn und Ziel: »Wer den Geist in sich hat, erkenne sich als unsterblich« (CH 1,18). Das ist eine Forderung, die an den Menschen aufgrund seines »zweifachen« Wesens gestellt werden kann. Wenn er sie erfüllt, wird er aus dem Leib wieder ins »Leben« zurückkehren, aus dem er stammt (CH 1,21). Das offensichtliche Problem, dass nicht alle Menschen in dieser Weise »erkennen«, wird als Problem nicht akzeptiert. Jeder kann aufgrund des in ihm vorhandenen Geistes erkennen und soll es tun. Wer es nicht tut, verfällt dem strafenden Daimon (CH 1,22–23). Nach dem Tod beim »Aufstieg« übergibt entsprechend der, »der sich erkannt hat« (CH 1,19.21), den Körper der Verwandlung und ebenso alles, was mit ihm zusammenhing: sein Wachsen und Verfallen, seine Begierden, seine Listen, seinen Betrug, seine Herrschsucht, seine Tollkühnheit, seine Gier und seine Lüge – dies alles ist bei dem, der sich erkannt hat, »ohne Wirkung geblieben« und wird abgelegt. Der Mensch hat dann nur noch sein »eigenes Vermögen«, das geistig ist, und geht mit den anderen Erkennenden in Gott ein. »Dies ist das selige Ziel für die, die Erkenntnis erlangt haben: vergöttlicht zu werden« (CH 1,25–26).

Diese hermetische Gesamtposition steht zwischen Platonismus einerseits und christlicher Hochgnosis andererseits. Sie kann als ins Platonische gewendete Gnosis oder umgekehrt ins Gnostische gewendeter Platonismus bezeichnet werden. Der Unterschied zur Hochgnosis wird evident in der Anthropologie: Der Mensch kann und soll »sich selbst« aufgrund seiner schöpfungsmäßig begründeten Verfasstheit erkennen. Das ist sein Lebensziel, das zu erreichen er keines Erlösers bedarf. Mensch und Welt entstehen nicht aus dem absoluten Nichts der »Fehlgeburt« nach dem Fall, vielmehr ist der Mensch geistig, er hat die »Fähigkeit, an der Unsterblichkeit teilzuhaben« (CH 1,28), und muss sich dessen lediglich bewusst werden. Das ist platonische Grundüberzeugung. Der Abstand zum Platonismus ist nichtsdestoweniger deutlich: Der Mensch bedarf der Vision, er bedarf der göttlichen Offenbarung, auf die hin erst das Ich des ersten hermetischen Traktats seine Situation und sein Ziel zu begreifen vermag. Diskursives

Nachdenken allein, mäeutisches Lehren, das platonische »Umwenden« von der Höhlenwand genügt nicht.

Die Hermetik teilt zwar mit der Gnosis die Anschauung von einer gewissen Bedürftigkeit des Menschen, der seinen Lebenssinn, die Gotteserkenntnis, nur mit göttlicher Hilfe erreichen kann. Sie ist von der Gnosis aber in der radikalen Grundsätzlichkeit dieser Bedürftigkeit geschieden. In der Gnosis ist der Mensch ganz und gar zu einem Zu-Gestaltenden, zum Empfangenden, geworden, der auch die Fähigkeit zum Empfangen und zur Hinwendung erst durch Gottes Gestaltung erhält. Das impliziert eine andere, christliche Sicht von Gott. Der erste hermetische Traktat ist daher auch gewiss nicht aus dem christlichen Bereich als »paganisiertes Evangelium« entstanden (Büchli),[30] sondern ist hinreichend erklärt durch die Annahme jüdisch-hellenistischen Einflusses, der sich in seinen Anspielungen auf die Genesis spiegelt (dazu Holzhausen, 1997).

2 Philosophische Mysterientheologie: Plutarch von Chaironeia

Von Gnosis spricht auch Plutarch. Im Proömium seiner philosophischen Deutung des Isis-Mythos entwickelt er grundlegend, dass Kennzeichen der ewigen Glückseligkeit der Götter die Gnosis des Seienden ist und entsprechend Gnosis auch das Ziel der Menschen. Wenn Menschen nach Wahrheit verlangen, insbesondere Wahrheit über die Göt-

30 So J. Büchli, *Der Poimandres. Ein paganisiertes Evangelium. Sprachliche und begriffliche Untersuchungen zum 1. Traktat des Corpus Hermeticum*, (WUNT II, 27) Tübingen 1987.

ter, streben sie selbst nach Göttlichkeit (*De Iside et Osiride* 1–2, 351C–E). Sie erreichen sie, wenn sie im strengen Dienst im Heiligtum den Kult vollziehen und die Mysterienweihe erfahren und – das ist entscheidend – wenn sie durch philosophische Deutung des dem Kult zugrundeliegenden Mythos dessen »wahre Bedeutung« erfassen (11, 355C). Dabei ist »das Ziel die Gnosis des Ersten und Eigentlichen und Geistigen« (2, 352A).

Plutarch, Priester in Delphi und zugleich platonischer Philosoph, legt im folgenden den bekannten Mythos vom Tod und von der Zerstückelung des Osiris durch Typhon, von der Trauer und der Suche der Isis und der Rückkehr der Lebenskraft des Osiris nach seiner platonischen Überzeugung aus. Das ist für ihn nicht nur selbstverständlich, sondern geboten. Frömmeres kann man nicht tun. Dem Mythos, so deutet er, liegt eine platonische Drei-Prinzipien-Lehre zugrunde. Osiris steht für das Gute, den Geist, das Unvergängliche und Seiende, der Widersacher Typhon für das Böse, Maßlose, Ungeordnete und Besessene. Isis ist eine mittlere Kraft und Prinzip der Bewegung. Sie hat eine »angeborene Liebe zum Ersten und Eigentlichen« (53, 372E), ist aber auch dem Schlechteren ausgesetzt. Sie vermittelt das göttliche Wissen an die Menschen, ihr Tempel ist der Hort der Weisheit und Gnosis, die sie denen mitteilt, die sich in ihren kultischen Dienst stellen. Isis trägt damit Züge der platonischen Weltseele wie der Materie. Plutarch fasst zusammen, man müsse die Ordnung, das Gute und Nützliche als Werk der Isis, aber als Abbild, Nachahmung und Geist des Osiris verehren und achten (64, 377A).

Ontologisch ist damit das Verhältnis von Gott, Logos/

Demiurg und Kosmos/Mensch bezeichnet, das wir auch von den gnostischen Systemen und der Hermetik kennen. Eine Verbindung zu ihnen besteht jedoch nicht. Die scheinbare Übereinstimmung kommt nur dadurch zustande, dass überall platonische Prinzipienlehren zugrunde gelegt sind, die jedoch anders genutzt und gegensätzlich gedeutet werden. Für alle gemeinsam gilt, dass »Gnosis« mehr ist als philosophisch diskursiv gewonnenes Wissen über Gott. Gnosis schafft Zugang zur Gottheit, sogar Identität mit ihr. Gnosis ist »Eingehen in Gott«, wie es die Hermetik sagt. Der religiöse Aspekt ist unübersehbar. Alle beziehen sich auf die platonische Philosophie und nutzen sie, aber um Verschiedenes auszudrücken:

Die Gnosis führt den Fall im Göttlichen ein, prägt dadurch die platonische Prinzipienlehre um und trennt in der Folge den herstellenden Demiurgen scharf von dem Urbild seiner Schaffung und von Gott. Sie entwickelt eine ganz und gar christliche Anthropologie der Bedürftigkeit, die ausschließlich von dem christlichen Gottesbild des allein Gebenden (auch über Grenzen hinweg) geprägt ist.

Die Hermetik bleibt bei der platonischen Vorlage und entwickelt daraus eine wesentlich religiös bestimmte »Verkündigung« der Gotteserkenntnis. Dem entspricht eine Anthropologie, nach der der Mensch ein göttliches Teil besitzt, eine »wesensverwandte Göttlichkeit« (CH *Asclepius* 6), durch die er den Göttern verbunden und zur Himmelsschau befähigt ist.

Plutarch verbindet die philosophische Bemühung um Erkenntnis mit dem Kult. Er verlegt geradezu die philosophische Gotteserkenntnis in die Mysterienweihe. Das wird dadurch möglich, dass er sich auf eine berühmte Stelle aus dem 7. Brief Platons (344B) bezieht (77), an der geschildert wird, wie auf der allerletzten Stufe des langen philosophischen Aufstiegs plötzlich das Lernen aufhört und die letzte Erkenntnis wie ein Blitz aufleuchtet, vergleichbar der Schau der Mysterieneinweihung. Gnosis ist dann auch Gabe (wie in den gnostischen Systemen ausschließlich), aber nur nach dem langen Aufstieg, den der Mensch vollziehen kann und muss. Plutarch vermittelt seinen Lesern die strenge Philosophie und bringt sie ihnen nahe, indem er sie eng an die Mysterien bindet, in die viele eingeweiht waren. Er legitimiert sie mit den Isis-Mysterien und spiritualisiert damit die Philosophie.

Damit ist die Atmosphäre, die Zeitstimmung, bezeichnet, in der auch die Gnosis entstand und blühte. Mehr nicht. Man kann jetzt, in den ersten beiden nachchristlichen Jahrhunderten, von Gotteserkenntnis, ›gnosis theou‹, reden – eine Ausdrucksweise, die in der klassischen Philosophie nicht vorkommt – und wird verstanden. Das fördert das Verständnis auch für Christentum und christliche Gnosis. Weitere Bezüge bestehen nicht. Die Autoren der Gnosis, der Hermetik und Plutarch haben schwerlich voneinander gewusst.

3 Ein christlicher Gnostiker? Marcion aus Sinope

Marcion aus Sinope am Schwarzen Meer war für längere Zeit angesehenes Mitglied der christlichen Gemeinde in Rom und wurde aus ihr im Jahr 144 durch einen aufsehenerregenden Gemeindebeschluss anlässlich der Vorstellung seines Glaubensverständnisses entfernt. Marcion redet nicht von ›gnosis theou‹, Gotteserkenntnis. Er weiß nichts von einer platonischen Prinzipienlehre und nutzt sie nicht zur zeitgemäßen, »logischen« Begründung seiner Lehre. Er entwickelt auch keinen umfassenden kosmologischen Mythos. Marcion braucht keinen Mythos. Was er braucht, ist allein die Bibel, vornehmlich die Schriften, die von Christus künden, also das spätere Neue Testament, und darin insbesondere die Briefe des Paulus. Um dessen zentrale sogenannte Rechtfertigungslehre, dessen Sicht von Gott und Mensch, seinen zeitgenössischen Mitchristen nahezubringen und zu erklären, entwickelt Marcion seine bekannte Lehre, deren theologisches Anliegen allerdings mit dem Valentins und seiner Nachfolger übereinstimmt. Daher kommt er hier zu Wort.

Marcion nimmt, wie wir hier nur skizzieren (s. Aland, »Marcion«, in: *TRE XXII*, S. 89–101), zwei Götter an. Die überwältigende Freundlichkeit und Wirkung des Evangeliums Jesu Christi lässt es für ihn nicht zu, den Vater Christi mit dem Schöpfergott, von dem das Alte Testament spricht, zu identifizieren. Der Vater Christi muss ein ganz »Fremder« sein, der mit dem gerechten alttestamentlichen Gott nichts zu tun hat. Beide Götter sind durch ihr »Werk« qualifiziert, durch das Evangelium der eine, durch das Gesetz, mit dem er die von ihm geschaffene Welt regiert, der andere. Entsprechend steht der vollkommenen Güte des einen die Gerechtigkeit des anderen gegenüber. Das Gesetz des gerechten Gottes fordert und bestraft und hält damit den sich ihm Unterwerfenden in beständiger Abhängigkeit und Furcht, aber auch in der gewissen, sicheren Erwartung eines gerechten Lohns. Es zwingt damit in die Bindung an den Gott und Geber des Gesetzes und macht unfähig, sich anderem zu öffnen. Das Evangelium des fremden Gottes, das in der Botschaft seines Christus kommt, ist nicht-forderndes, völlig ungeschuldetes Angebot von Liebe und Güte. Der Fremde erbarmt sich des Geschöpfes, das er nicht geschaffen hat und dem er nicht verpflichtet ist. Indem das Evangelium nicht fordert, sondern sich lediglich in verschwenderischer Fülle darbietet und gewährt, ermöglicht es dem Menschen, es glaubend anzunehmen. Zur Annahme befähigt die forderungslos gewährte Güte. Sie befreit damit aus der versklavenden Zwangsherrschaft des Gesetzes.

Diese Konzeption ist der theologischen Anthropologie der Gnosis systematisch nahe, obwohl diese ganz anders – philosophisch-mythisch – argumentiert und nicht biblisch wie Marcion. Beide aber sind der gleichen, biblisch begründeten Überzeugung: Wenn es um den letzten Lebenssinn des Menschen geht, sein Heil, d. h. sein Verhältnis zu Gott, dann kann dem Menschen keine Forderung gestellt werden, wie es das Gesetz und letztlich auch die Philosophie tut. Der Mensch könnte einer entsprechenden Forderung nicht genügen, sondern Gott selbst muss, soll es um eine Annäherung beider gehen, allein und ausschließlich tätig werden. Der Mensch ist vor Gott ausschließlich bedürftig und muss selbst zum Empfangen noch befähigt werden. Die Gnosis brachte das durch die zweifache Gestaltung der hilflosen »Fehlgeburt« Achamoth oder durch die zweifache Geistgabe und Belehrung in der Genesisparaphrase des *Apokryphon des Johannes* zum Ausdruck. Auch Valentin vertrat wohl schon diese Ansicht vom Menschen. Marcion entwickelt dasselbe schlichter und ganz unphilosophisch am Angebot der bedingungslosen Liebe Gottes durch den bittenden, nicht fordernden Christus. Das setzt die gleiche

Ansicht vom vor Gott ausschließlich bedürftigen Menschen voraus wie in der Gnosis.

Marcion und Valentin lebten einige Jahre gleichzeitig in Rom. Es wäre merkwürdig, wenn sie nichts voneinander gewusst hätten, wenn wir auch über die Art ihres Kontaktes nichts wissen. Beide haben die Paulusbriefe gelesen und sich intensiv um sie bemüht, Marcion sogar so, dass er eine berühmte Edition von ihnen, sozusagen als Einleitung in den christlichen Glauben, anfertigte. Es scheint mir naheliegend anzunehmen, dass hier die Wurzeln ihrer theologischen Gemeinsamkeit liegen. Marcion hielt es nicht für notwendig und geboten, diese gemeinsame Grundüberzeugung, wie die Gnostiker, in einem umfassenden kosmologischen Entwurf mythologisch zu begründen. Zwar ist auch für ihn der Vater Jesu Christi selbstverständlich der ›summus deus‹, und auch für ihn ist die Welt des Schöpfergottes nur eine begrenzte ›cellula creatoris‹, in die der Christus des fremden Gottes einbricht, aber das ist auch schon fast alles an bildlicher Vergegenwärtigung. Für Marcion genügt die Verkündigung der überlieferten Texte, und deshalb bemüht er sich auch um den Wortlaut der Paulusbriefe und des Evangeliums. Jede zusätzliche philosophisch-mythisch-bildliche Begründung würde dem Abbruch tun. Ich zähle Marcion daher nicht zu den Gnostikern. Wohl aber halte ich es für möglich, dass er zu deren theologisch-anthropologischer Grundlagenklärung gedanklich beigetragen hat.

VIII Wie lebten die Gnostiker?

Wir sind bisher fast ausschließlich den Gedanken der Gnostiker gefolgt, haben versucht, sie in ihre Zeit einzuordnen, sie in Beziehung zu den Gedanken anderer Zeitgenossen zu setzen und davon abzugrenzen. Aber wer waren diese Gnostiker eigentlich, und wie lebten sie? Diese Frage muss jetzt gestellt werden, und sie wird in der jüngsten Forschung häufig gestellt.

Wir wissen nicht viel über die Sozialgeschichte der gnostischen Bewegung. Aus den datierbaren frühen Quellen, d.h. den christlichen Ketzerbestreitern, entnehmen wir, dass die Gnostiker im engen Kontakt mit den christlichen Gemeinden lebten, meist als deren Mitglieder. Ihr Lebensstil, ihr Alltag, auch ihre gottesdienstliche Gewohnheit wird deshalb von daher geprägt gewesen sein. Erst mit Irenäus um 180 beginnen strikte Ausgrenzungsversuche der Mehrheitskirche, die gnostischen Theologen verweigert, in ihren Kirchen zu predigen. Es beginnt von da an ein langsamer Ablösungsprozess, mit verschiedenen Zwischenstadien der Gruppenbildung. Die Gnostiker selbst beförderten ihn kaum, denn sie brauchten die christlichen Gemeinden als ihr Publikum. Noch im 4. Jahrhundert gab es gnostische Konventikel, die »in der Kirche standen« (Epiphanius, *Panarion* 26,17,9). Die Sozialgeschichte der Gnostiker ist in diese allgemeine Ablösungsbewegung einzuzeichnen, wobei die Texte von Nag Hammadi heranzuziehen sind. Nachrichten über die soziale Existenz unabhängiger gnostischer Gruppen aus der Frühzeit gibt es nicht.

1 Gnostische Schul- und/oder Gemeindebildung?

Das Auffälligste, das uns aus den gnostischen Quellen entgegentritt, ist, dass die Gnostiker Lehrer sein wollten. Das, was sie ganz und gar begriffen hatten und wovon sie zutiefst überzeugt waren, wollten sie weitersagen. Das gilt zunächst einmal von den professionellen Lehrern, den Theologen und Autoren der zahlreichen gnostischen Texte, die überliefert sind. Wir können sie uns in Parallele zu den paganen philosophischen Lehrern vorstellen, die wir oben beschrieben haben. Sie wirkten in großen Städten, möglicherweise auch als Wanderprediger, und ihr Publikum waren die Predigthörer der christlichen Gemeinden, darüber hinaus auch pagane Interessierte. Tertullian wirft den Häretikern Umgang mit marktschreierischen Gauklern, Astrologen und Philosophen vor, die sich alle unfruchtbaren Grübeleien ergeben hätten (*De praescriptione haereticorum* 43,1). Um die Lehrer bildeten sich Schülergruppen, ebenfalls nach Art von Philosophenschulen, die unterschiedlich nahen und intensiven Kontakt zu dem Lehrer pflegten. Gruppierungen dieser Art sind im weiteren Rahmen von christlichen Gemeinden denkbar. Von mehrheitskirchlicher Seite wird ihnen vorgeworfen, der Begriff von Schisma und Spaltung sei ihnen fremd. Denn jeder variierte ja, so heißt es, in allgemein akzeptierter Praxis das bei dem Lehrer Gehörte in seiner Weise (Praesc. 42,6–7), während man in der Kirche natürlich an der einen tradierten Wahrheit, die man nicht umformulieren kann, festhält. »Sie hören gemeinsam, sie beten gemeinsam, auch mit den Heiden, wenn sie gerade daherkommen« (Praesc. 41,2).

Auch die Texte aus Nag Hammadi durchzieht die Überzeugung, dass die Weitergabe der gewonnenen Erkenntnis Lebensaufgabe des Gnostikers sei. »Die übrigen nun mögen in ihren Orten zur Kenntnis nehmen, dass ich, nachdem ich in dem Ruheort gewesen bin, über nichts anderes mehr reden kann«, sagt das *Evangelium Veritatis* (NHC I,3, 42,39–43,2). Die Pflicht zu Lehre und Verkündigung wird immer wieder ausgesprochen (EpJac 6; EpPt 140,23–27; LibThom 140–141), ebenso die Mahnung zum eigenen Suchen, zur eigenen Bemühung und zur Erziehung der Neophyten (EpJac 7). Was ergibt sich daraus für den soziologischen Rahmen des Zusammenlebens solcher Gnostiker? Ergibt sich überhaupt etwas?

Für Gnostiker, die in christlichen Gemeinden lebten und wirkten, scheint der Konflikt vorprogrammiert gewesen zu sein. Eine Lehre, die derart ausschließlich auf den Pneumatiker ausgerichtet ist wie die gnostische und die im Pneumatiker erst und nicht im natürlichen Menschen den Menschen als vollgültig ansieht, ist schwer integrierbar in das Konzept einer Gemeinschaft von Verschiedenen. In einer philosophischen Schule ist das möglich. Denn hier ist ohnehin nur der engste Schülerkreis um den Lehrer mit ihm in gemeinsamem Leben und Denken verbunden. Andere, Entferntere, können zuhören, sind aber Außenstehende. In einer christlichen Gemeinde ist das nicht möglich. Die Schwierigkeiten, die sich daraus ergeben, durchziehen die gesamte christliche ketzerbestreitende Literatur. Für Irenäus und seine Nachfolger, zu deren Zeit Gnostiker noch eine Realität innerhalb oder ganz nahe ihrer christlichen Gemeinden waren, sind diese Leute unerträglich arrogant, eingebildet und hochmütig. Verständlich und berechtigt.

Gnostische Christen selbst haben diese Schwierigkeiten gesehen und zu lösen versucht. Der valentinianische Mythos bei Irenäus führt möglicherweise deswegen das Konzept der sogenannten Psychiker ein, jener, die (noch?) nicht zur vollen Erkenntnis gekommen sind. Es wird versucht, sie ernst zu nehmen. Sogar ein gewisses eschatologisches Heil wird für sie entwickelt, ohne dass das eine Lösung des Problems wäre, das fortdauert.

Hat es unabhängige gnostische Gruppierungen schon in der Frühzeit gegeben? Die frühen Gruppen, die wir vorgnostisch nannten, gewiss. Sie müssen, wie die Simonianer, auch nicht christlich gewesen sein. Aber daraus ergibt sich nicht viel für die Soziologie der Hochgnosis. Von der Kirche losgelöste, hochgnostische Gruppierungen muss es vom 3. Jahrhundert an gegeben haben. In einigen Nag-Hammadi-Texten gibt es eine ungeheuer heftige und abwertende Polemik gegen die kirchlichen Gemeinden und ihre angeblich verständnislose Theologie und Lebensart, die ohne eine förmliche Trennung der Gnostiker nicht zu erklären wäre (2LogSeth NHC VII,2; ApcPt NHC VII,3; TestVer NHC IX,3; auch LibThom NHC II,7 u.a.). Über die Organisation solcher Gruppen wissen wir nichts. Dass das Problem zwischen Pneumatikern und Nichtpneumatikern weiterbestand, ist evident. Es gab demgegenüber unterschiedliche Konsequenzen. Zum einen die der völligen, theoretischen Separierung, so im LibThom (NHC II,7): »Denn dies ist die Lehre für die Vollkommenen. Wenn ihr also vollkommen sein wollt, müsst ihr euch nach diesen (Worten) richten. Wenn (ihr euch) nicht (nach ihnen richtet), ist euer Name ›Unwissend‹. Denn es ist nicht möglich, dass ein Verständiger mit einem Toren zusammenwohnt«

(140,10–14). Und weiter: »Was sollen wir zu den blinden Menschen sagen? ... Der Heiland sprach: ›Wahrlich, was jene anbelangt, so halte sie nicht für Menschen, sondern betrachte sie als Tiere ...« (141,25–27). Daraus sind kaum soziologische Schlüsse zu ziehen. Das Problem, das sich angesichts der Frage nach gnostischen Gemeindebildungen ergibt, wird aber deutlich.

Es gibt eine Schrift aus Nag Hammadi, die es christlich gnostisch zu lösen versucht: die *Auslegung der Erkenntnis*, abgekürzt Inter, NHC XI,1. Der Text ist sehr schlecht erhalten, Vorsicht bei der Deutung geboten. Es handelt sich um eine christlich-gnostische Erörterung über den durch Christus begründeten Glauben und die Geduld, der neutestamentliche Gleichnisse zugrunde gelegt werden. Im Anschluss daran wird das Problem der verschiedenen Geistesgaben in einer Gemeinde in Anspielung auf Paulus' Charismenlehre behandelt. Ein im Text Angesprochener beklagt sich, nicht die gleiche Begabung wie ein anderer empfangen zu haben, also nicht »Fuß« oder »Auge« oder »Hand« zu sein, und wird ermahnt, keinen Neid oder Hass auf den andern zu empfinden – also die klassische Konfliktsituation. Deren Lösung ist wegen des schlechten Erhaltungszustands des Textes nicht vollständig zu erkennen. Sie soll jedenfalls geistlich sein. Es wird auf das »Haupt« der Gemeinde, des Leibes Christi, den Geber aller Gaben an alle »Brüder« verwiesen. Man soll danken dafür, »nicht außerhalb des Leibes zu sein« (18,33–34), sondern dasselbe Haupt zu haben, um dessentwillen Auge, Hand und Fuß existieren, man soll sich über die Geistesgaben des anderen freuen und für ihn beten, damit man an der Gnade, die in ihm ist, teilhat (16,21–24) und so fort. Der Text, wohl des

3. Jahrhunderts, löst das Problem von Gemeinden, in denen es einige Pneumatiker gibt, nicht, aber er macht es gerade in der gewissen Hilflosigkeit der Argumentation deutlich. Soziologisch ist daraus für den Charakter der Gemeinde, in der der Text entstanden ist, nichts zu entnehmen. Es kann sich um eine herkömmliche christliche Gemeinde handeln, in der gnostische Pneumatiker einen Führungsanspruch erhoben, oder aber schon eine unabhängige gnostische Gruppierung, in der auch Nichtpneumatiker lebten. Als »gnostische Gemeindeordnung«, in der das Problem des Miteinanders unterschiedlicher Menschentypen zukunftsweisend gelöst wäre, wie vorgeschlagen wurde, ist der Text kaum zu verstehen. Im Gegenteil zeichnen sich für die Zukunft größte Probleme des gnostischen Miteinanders ab, die, wie wir wissen, ja auch niemals gelöst wurden. Die Gnosis ging unter.

2 Praktische Ethik

Die Gnostiker ziehen ethische Konsequenzen aus ihrer Theologie und Anthropologie. Das wird besonders in der neueren Forschung stark betont. Wichtig ist aber bei allem, was über die Ethik von Gnostikern gesagt wird, die Einsicht, dass sittliches Verhalten, welcher Art auch immer, nicht heilsrelevant ist, niemals zu irgendeinem spirituellen Vorteil führt, sondern immer eine selbstverständliche Pflicht – das gilt für alle Menschen – und eine sekundäre Konsequenz des empfangenen Heils ist – das gilt zusätzlich für Pneumatiker.

Nicht die Tatsache, dass es moralische Ermahnungen in den Texten aus Nag Hammadi gegeben hat, ist daher erstaunlich, wie man gemeint hat. Vielmehr steht hinter allen ethischen Erörterungen die Frage: Welches ethische Verhalten in dieser Welt entspricht am besten der Tatsache des empfangenen Heils? Zwei extreme Antworten sind möglich: entweder eine radikale Enthaltung von der Welt als der Manifestation des Abfalls und des Bösen in Form einer konsequenten Askese oder im Gegenteil ein entschiedener Libertinismus, der zum Ausdruck bringt, dass man über die Welt ja schon erhoben ist. Für die zweite Möglichkeit gibt es nur ein ausdrückliches Beispiel: Karpokrates und seine Schüler, die Irenäus voller Abscheu beschreibt (AH 1,25,1–6). Nur Spuren davon finden sich gelegentlich anderswo (Simonianer, Basilidianer bei Irenäus). Die Mahnung zur Askese dagegen durchzieht sehr viele gnostische Texte aus Nag Hammadi, sie ist nahezu schon als die gnostische Normalhaltung anzusehen. Eindrückliches Beispiel ist das *Buch des Thomas* (LibThom NHC II,7). Gerade weil die Ethik aber immer nur sozusagen sekundäre Qualität hat, gibt es auch Haltungen zwischen den beiden extremen Polen. Sie sind es, die die kirchlichen Ketzerbestreiter besonders verwirrt und geärgert haben. Valentinianer etwa nehmen offensichtlich gelegentlich am Alltagsleben ihrer Umwelt teil. Sie besuchen Feste und Theater, essen Götzenopferfleisch (AH 1,6,3), was Christen möglichst vermeiden. Das entspricht dem gnostischen Umgang mit Menschen dieser Welt, mit Gauklern, Zauberern, Astrologen und Philosophen, von dem wir hörten. Irenäus stellt es als anstößig heraus, für die Gnostiker entspricht es ihrem Wunsch nach Kontakt und Wirkungsmöglichkeiten in diese Alltagswelt.

Zusätzlich werden folgende Verhaltensweisen von

Gnostikern gefordert und von ihnen auch bezeugt. Sie sollen Leidensbereitschaft und Geduld zeigen (EpJac NHC I,2, 4–6; EpPt NHC VIII,2,138,19–139,4; 1ApcJac NHC V,3,24–30), sie sollen demütig, freundlich, langmütig und barmherzig, nicht neidisch und missgünstig sein (TestVer NHC IX,3,44–47.73; EvPh NHC II,3,110–118; Tertullian, Praesc. 42,5). Mehrfach findet sich die Selbstbezeichnung als »Kleine« (EpPt NHC VIII,2,138,20 f.; ApcPt NHC VII,3,78,20–22.80,8–11; Inter NHC XI,1,10; Dial NHC III,5,125,6). Das widerspricht dem häufigen Vorwurf der christlichen und nichtchristlichen (Plotin II 9,9) Gegner der Gnostiker, die diese als unerträglich hochmütig und aufgeblasen erlebten. Wenn Gnostiker in Selbstbezeugung so ganz andere Eigenschaften für sich reklamierten, so versteht sich das als Konsequenz aus der gnostischen theologischen Anthropologie. Wenn der Mensch aus sich nichts ist, sondern ganz und gar bedürftig und empfangend ist, wie wir es immer wieder in gnostischen Texten hörten, dann kann er nur demütig und geduldig und eben »klein« sein, und zu einer solchen Haltung muss er ermahnt werden. Soziologische Schlüsse sind daraus kaum zu ziehen, wenn auch immerhin selbst Tertullian und ähnlich Irenäus zugeben, dass die Gnostiker »demütig, höflich und bescheiden« auftreten. Die Gegner haben das aber wohl eher als Übersteigerung des Hochmuts verstanden (Praesc. 42,5; vgl. AH 3,15,2).

Die ethischen Mahnungen in den gnostischen Texten richten sich durchweg an die Pneumatiker. Wie in der gesamten Theologie sind nahezu ausschließlich sie im Blick. »Der Athlet schreibt an die Vollkommenen« heißt es zutreffend im Schlusstitel des *Buches des Thomas* (NHC II,7). Menschen, die nicht erkennen, nicht oder noch nicht erkennen können oder sogar nicht wollen, werden im allgemeinen nicht angesprochen, obwohl sie doch als sogenannte Psychiker potenzielle Adressaten der gnostischen Verkündigung und Werbung sind. Überlegungen, wie in ihnen die Bereitschaft entstehen kann, sich der gnostischen Lehre zu öffnen, scheinen nicht angestellt zu werden. Vielleicht ist aber die Aufforderung zur »Suche«, die in gnostischen Aussagen so häufig ist, doch auch an die noch nicht Erkennenden gerichtet, so, wie sie ganz gewiss den Pneumatikern gilt. Beide könnten gemeint sein, wenn der 2. Spruch des *Thomasevangeliums* sagt: »Jesus spricht: ›Wer sucht, soll nicht aufhören zu suchen, bis er findet. Und wenn er findet, wird er bestürzt sein. Und wenn er bestürzt ist, wird er erstaunt sein. Und er wird König sein über das All‹« NHC II,2,32,14–19. Dass für die (noch) nicht erkennenden Psychiker allerdings, wie Irenäus in AH 1,6,4 behauptet, Enthaltsamkeit und gute Lebensführung nötig seien, damit sie deswegen ein bescheidenes eschatologisches Heil erlangen, ist haarsträubender polemischer Unsinn und kann nicht ernst genommen werden. Irenäus weiß es besser. Richtig ist, dass der Demiurg, der auch psychisch ist, vom Herrn bei dessen Parusie über alles belehrt wird und daraufhin an den ihm zukommenden Ort gehen kann (AH 1,7,4). Durch Lehre kommt man zu Erkenntnis und Heil, nicht durch Werke.

Ein weitergehender Ansatz zur Erforschung ethischer Ermahnungen in gnostisch-valentinianischen Texten wurde in den USA unternommen (Ph. Tite, fortgesetzt mit breiterer Fragestellung von I. Dunderberg). Hier wird besonders auf die rhetorische Qualität der moralischen Mahnungen abgehoben und gefragt, für welche sozialen Kreise als Adressaten sie attraktiv gewesen sein könnten. Mahnung, Paränese, wird also auch in ihrer werbenden, protreptischen und kommunikativen Funktion gesehen, um damit den sozialen Hintergrund des Publikums erfassen zu können, das auf die besondere Art der Argumentation und ihre Inhalte ansprach – ein bedenkenswerter Ansatz zur Erforschung der sozialen Schichtung gnostischer Gruppen. Auch hier zeigt sich: es handelt sich um Literaten und Gebildete.

3 Kult, Ritual, Sakramente

Aussagen über gnostische Kultriten sind schwierig, nicht nur weil sie spärlich und unterschiedlich sind, sondern auch, weil in den Quellen zwischen Kultpraxis und deren Deutung kaum differenziert wird. Am sichersten ist es, zunächst wieder daran zu erinnern, dass die Gnostiker aus den christlichen Gemeinden kamen und daher deren Gottesdienst und deren Sakramente kannten und sie mitgefeiert haben werden. Was der einzelne dabei empfand und erfuhr, können wir nicht mehr eruieren. Gedeutet wurden sie in gnostisch-theologischen Texten mit Bezug auf den Mythos als Vergegenwärtigung und Mitvollzug der dort geschilderten Heilsereignisse.

Am besten untersucht ist das für den Valentinianismus durch E. Thomassen. Dort ist der Erlöser als Nus, Logos und Christus selbstverständlich Mittler und Wirkursache der Erlösung, aber er ist als der Jesus Christus dieser Welt, also als Inkarnierter, im Jordan Getaufter und Gekreuzigter, auch »Modell« (Thomassen) für die Erlösung der Pneumatiker. So wie er eingeht in diese Welt, durch die Taufe befreit wird von der Gewalt der Dämonen der Planetensphäre, durch die hindurch er abstieg, und im Tod wieder vom Leib gelöst werden muss, um wieder ins Pleroma zurückkehren zu können (der »erlöste Erlöser«), so bildet er damit auch den Weg der zu Erlösenden ab, die ebendiese Stationen nachvollziehen müssen. Im wichtigen Initiationsritus der Taufe wird der Pneumatiker von den widrigen kosmischen Mächten befreit, in der Eucharistie erfährt er die Vereinigung mit dem himmlischen Urbild und Paargenossen (PhEv NHC II,3,26b, vgl. 23b), er »eignet sich den vollkommenen Menschen an« (100). Das sind, wie gesagt, Deutungen, und sie bestätigen die naheliegende Vermutung, dass im Vollzug der Rituale die Botschaft, die der Mythos ausdrückte, vom einzelnen angeeignet wurde. Mehr ist kaum zu sagen. Im Evangelium nach Philippus werden Taufe, Salbung, Eucharistie, Erlösung und Brautgemach als Rituale nebeneinander genannt (NHC II,3,68). Das häufig erwähnte »Brautgemach« spielt ganz offensichtlich auf die Vereinigung des dem erwählten Menschen geschenkten Geistes mit seinem himmlischen Urbild an. Feierte man dafür – und ebenso für die genannte »Erlösung« – ein gesondertes Ritual und wie sah es aus und wer feierte es? Wir wissen es nicht.

Nur selten erfahren wir Genaueres über die Rituale, die Gnostiker zusätzlich zu den in der Kirche gefeierten und vielleicht auch schon als unabhängige Gruppe vollzogen. Ein Glücksfall sind in dieser Hinsicht die Nachrichten des Irenäus über die Markosier, die Anhänger des dem Valentinianismus nahestehenden Lehrers Markus (AH 1,13,1–7. 21,1–5). Sie, die sich noch zur christlichen Gemeinde zählten, feierten als Aufnahmeritus in ihre Gruppe eine

Zeremonie, in der Weißwein rot gefärbt und von den Teilnehmern gekostet wurde. Eine Kultformel, die über dem Weinkelch gesprochen wurde, sollte symbolisieren, dass die Charis, der höchste weibliche Äon des Pleromas, ihr Blut in den Wein geträufelt habe, damit dadurch im inneren Menschen der davon Trinkenden die Gnosis wachse wie das Senfkorn in der guten Erde – zweifellos ein Ritus mit gnostischem Sinngehalt, keine Variante der christlichen Eucharistiefeier (so mit N. Förster). Zugleich sollte der Ritus die Befähigung zur Prophetie verleihen können. Irenäus stellt das Ganze so dar, als sei es eine Maßnahme des Markus, die Anhänger an sich zu binden, vielleicht nicht zu Unrecht. Die emotionale Beteiligung dabei war groß, möglicherweise bis hin zu ekstatischen Zuständen.

Dass Riten den Mythos erfahrbar machten, zeigen Sterberiten, die die Markosier und andere Gruppen entwickelten (AH 1,13,6. 21,5; ApJac NHC V,3,32–35). Dabei werden die Sterbenden »erlöst«, indem sie mit Öl oder Öl und Wasser gesalbt werden, damit ihr »innerer Mensch« ungehindert von den Archonten und Mächten hinaufsteigen kann. Vor allem werden ihnen Passierworte mitgegeben, die sie als Söhne des höchsten Vaters ausweisen und damit vor dem Zugriff der Archonten und auch der Beauftragten des Demiurgen schützen sollen. Die geprägten Formeln wiederholen grundsätzliche Fakten des Mythos, ihre Kenntnis weist den Verstorbenen als Sohn des Vaters aus.

> Ich bin ein Gefäß, wertvoller als die Frau, die euch geschaffen hat (gemeint ist Achamoth, die in ApJac NHC V,3,34,3 genannt wird). Mag auch eure Mutter ihre eigene Herkunft nicht kennen – ich jedenfalls kenne mich und

weiß, woher ich bin, und ich rufe die unzerstörbare Sophia an, die im Vater ist (im Pleroma), Mutter aber eurer Mutter ist (die gerettete Sophia ist Mutter der Achamoth), die keinen Vater und keinen männlichen Paargenossen hat. Als von der Frau geborene Frau hat sie euch (die Gefährten des nur psychischen Demiurgen) geschaffen, ohne ihre Mutter (die obere gerettete Sophia) zu kennen und im Glauben, sie sei allein (das Charakteristikum des Demiurgen). Ich rufe aber ihre Mutter an (AH 1,21,5).

Das ist ein kompliziertes Passwort und setzt eine genaue Kenntnis des Mythos voraus – wir sehen, dass er nicht völlig mit dem am Anfang von AH berichteten übereinstimmt. Für wen war er bestimmt und Menschen welcher Herkunft und sozialer Schichtung nützte er? Kann man sie wirklich als »real people« identifizieren, wie vermutet wurde (Dunderberg)? Ich weiß darauf keine Antwort. Der gnostische Kultus bleibt uns, so scheint mir, weitgehend verschlossen. Eines wird auch hier wieder deutlich: die große Fülle der Deutungen der Rituale. Wie beim Mythos und seinen zahlreich begegnenden Variierungen zeichnet auch im Bereich des Kultus die Gnosis eine erstaunliche Vielfalt aus. Dazu gehört am Ende auch, dass manche Gnostiker alle Riten grundsätzlich mit dem Argument ablehnten, man dürfe das Geheimnis der unaussagbaren und unsichtbaren Kraft nicht mit sichtbaren und vergänglichen geschaffenen Dingen dieser Welt nachvollziehen (AH 1,21,4).

IX Fortentwicklung und Wirkung der Gnosis

Es wäre angemessen, diese Einführung in die Gnosis mit einem Überblick über die Geschichte des gnostischen Denkens abzuschließen. Das ist aber trotz des reichen Quellenmaterials nicht möglich, zumindest zum gegenwärtigen Zeitpunkt nicht. Es fehlen uns dafür nicht nur die Namen und Daten der gnostischen Autoren – von Ausnahmen im Valentinianismus abgesehen, sondern vor allem auch die ausreichenden Kriterien, um das Material bei den Kirchenvätern und in der Bibliothek von Nag Hammadi so zu ordnen, dass eine überzeugende Entwicklung sichtbar würde. Dennoch ist schon einiges erreicht. Festzustehen scheint: Es gab im 2. und 3. Jahrhundert die zwei großen gnostischen Schulen oder Bewegungen, von denen wir jeweils einen repräsentativen Text ausführlich analysiert hatten, die Valentinianer und die sogenannten Sethianer.

1 Valentinianer und Sethianer

Die Valentinianer sind uns als die Schüler Valentins durch die Kirchenväter auch namentlich relativ gut bekannt. Wir hören, dass sie in eine östliche und eine westliche Schule unterteilt wurden, die sich durch ein Detail der Christologie unterschieden haben sollen. Der sogenannten östlichen Schule als der älteren gehört vor allem Theodot an, dessen Werke Klemens von Alexandrien exzerpiert hat. Diesem Zweig ist insbesondere der *Tractatus Tripartitus* (NHC I,5) aus Nag Hammadi zuzuordnen, der einen ausführlichen

Mythos und damit eine systematische Lehrschrift der Valentinianer bietet. Zur westlichen Schule gehören vor allem Ptolemäus, Herakleon und Marcus, alle um die Mitte des 2. Jahrhunderts anzusetzen. Ptolemäus war ein einflussreicher Lehrer mit einem Schülerkreis, aus dem der valentinianische Mythos stammt, der oben besprochen wurde. Herakleon war ein berühmter Valentinianer und vor allem neutestamentlich-exegetisch interessiert. Von ihm stammt die erste Kommentierung des Johannesevangeliums, von der wir wissen. Beide Lehrer werden zwar der westlichen Schule zugeordnet, ihre Schriften wurden aber auch im Osten, vor allem in Alexandria, gelesen. Marcus, der Magier, den Irenäus möglicherweise aus seiner unmittelbaren Umgebung gut kannte, war an Astrologie und Zahlensymbolik interessiert und reformulierte das valentinianische System von da her. Trotz der Unterschiedlichkeit ihrer speziellen Themen und Interessen liegt den wenigen erhaltenen Fragmenten ihrer Werke die valentinianisch-gnostische Theologie deutlich zugrunde, wenn auch in Variationen. Mindestens sechs Schriften aus Nag Hammadi konnten dem Valentinianismus eindeutig zugeordnet werden: das *Evangelium Veritatis* (NHC I,3), der Traktat über die Auferstehung (*Der Brief an Rheginus*, NHC I,4), der *Tractatus Tripartitus* (NHC I,5), das *Evangelium nach Philippus* (NHC II,3), die *Interpretation der Gnosis* (NHC XI,1) und die *Expositio Valentiniana* (NHC XI,2).

Die sogenannten Sethianer bieten ein größeres Problem. Die Zuordnung von Texten zum Sethianismus ist sehr viel schwieriger, da die Kirchenväter uns keinerlei Namen von entsprechenden Lehrern überliefern und Irenäus sogar die Berichte, die mit »sethianischen« Nag-Hammadi-

Texten teilweise übereinstimmen, den »Barbelioten«, Anhängern der Göttermutter Barbelo (AH 1,29), zuweist oder einfach »anderen«, die auch »Ophiten« genannt werden (AH 1,30,1–14). Die Väter kennen zwar »Sethianer«, liefern aber nur widersprüchliche Nachrichten, weil sie die Bezeichnung an unterschiedliche Lehrsysteme heften. Der Name ist keine Selbstbezeichnung einer Lehrrichtung, sondern eine Fremdbenennung für Lehrer, die der Gestalt des biblischen Seth, des dritten Sohns Adams, eine besondere, für die gesamte Menschheit wichtige Qualität zumessen. Trotz dieser Unklarheiten: zu dieser Gruppe gehört das *Apokryphon des Johannes*, das wir oben besprachen. An seiner Bedeutung und auch seinem Einfluss innerhalb der Gnosis kann kein Zweifel sein. Was ist also der Sethianismus? Ihm ist in der Forschung der letzten 35 Jahre viel Aufmerksamkeit geschenkt worden. Ein deutscher Gnosisspezialist, Hans-Martin Schenke, »entdeckte« ihn, als es ihm gelang, in einer Reihe von mindestens elf, nach anderen Zählungen noch mehr Texten aus Nag Hammadi eine Reihe von übereinstimmenden mythologischen Elementen aufzufinden, die die Schriften als zusammengehörig erkennen lassen (den Bezug auf Seth als himmlisch-irdischen Erlöser; die himmlische Trinität von Höchstem Vater, der Mutter Barbelo und dem Sohn Autogenes, dem Selbsterzeugten; die vier immer gleich und fremdartig benannten Lichter oder Erleuchter dieses Sohnes, die zugleich endzeitliche Ruhestätten für den himmlischen Adam, Seth und seine Nachkommen sind, und so fort). In Fortführung von Schenkes allgemein anerkannter Arbeit ist sogar eine relative Chronologie dieser Schriften entworfen worden (Turner, Logan) mit einer hochspekulativen Skizze von deren Frühgeschichte Ende des 1. und Anfang des 2. Jahrhunderts und ihren Quellen, die auf vorchristliche Zeit zurückgehen sollen (vgl. den Überblick bei Rasimus[31]).

Es ergibt sich hier allerdings ein methodisches Problem. Wir hatten oben bei der Besprechung des *Apokryphon des Johannes* gesehen, dass dieser sogenannte sethianische Text in seiner theologischen Grundaussage der des valentinianischen sehr nahe kam. Zwar gab es Unterschiede in der Metaphorik und Darstellung hier und da. Die göttliche Fülle, das Pleroma, war im *Apokryphon* anders aufgebaut als im valentinianischen Mythos, die Finsterniswelt und damit das Böse war breit mit ihren perfide selbstsüchtigen, aber letztlich doch schwachen Wirkungsmöglichkeiten ausgemalt und anderes mehr. Aber die theologisch-anthropologische Aussage beider Texte war doch dieselbe. Und darin besteht das Problem. Es geht um die Frage, nach welchen Kriterien Texte aus Nag Hammadi einander zugeordnet werden und unterschiedliche gnostische Lehrrichtungen bestimmt werden können. Bisher geht man bei der Analyse der Nag-Hammadi-Texte, die ja keinen Autor, kein Zielpublikum und keinen Entstehungsort angeben, von mythologischen Elementen aus, nach deren Übereinstimmung oder Abweichung Texte gegliedert und einander zugeordnet werden. Reicht das aber aus, um unterschiedliche gnostische Lehrtraditionen zu bestimmen? Angesichts der unbändigen Variations- und Allegorisierungslust gnosti-

31 T. Rasimus, »Ophite Gnosticism, Sethianism and the Nag Hammadi Library«, in: *Vigiliae Christianae. A Review of Early Christian Life and Language* 59 (2005), S. 235–263.

scher Autoren kann man Variierungen der mythischen Aussage nicht allzu stark belasten. Zusätzliche Methoden müssen angewandt werden. Etwa indem man fragt: Welche Adressaten versuchte man mit einer so oder so formulierten Botschaft zu überzeugen? Die Art der Formulierung und damit auch Variierung der gnostischen Aussage könnte von der Anschauung der angezielten Adressatengruppe abhängig sein, mit der man kommunizieren möchte, um die eigene Botschaft zu vermitteln. Ein einfaches Beispiel ist die häufige Genesisparaphrase der Gnostiker. Wenn das *Apokryphon des Johannes* sie wählt, kann man daraus schließen, dass es sich an Christen (und Juden?) wendet, weil die Genesis für sie ein hochheiliger Text war, mit dessen zentralen Stellen die Adressaten grundlegende schöpfungstheologische und anthropologische Überzeugungen verbanden. Darauf antworteten die Gnostiker mit ihrer »tieferen« Auslegung. Man gewinnt so einen Bezugsrahmen zum Verständnis der gnostischen Aussage.

Ein Beispiel für diese am Adressaten ausgerichtete Argumentation ist der valentinianische Lehrbrief des Ptolemäus an die Christin Flora, die der gnostischen Botschaft geneigt gegenübersteht, aber noch nicht endgültig gewonnen und unterrichtet ist. Der Autor geht ausschließlich von dem Verstehensrahmen seiner Adressatin aus und entwickelt ein Verständnis von dieser Welt und ihrem Schöpfer, das geeignet ist, über diesen Kosmos hinauszuweisen, dabei aber eine so positive Schilderung des Demiurgen gibt, dass sie kaum mit anderen gnostischen Vorstellungen vom Demiurgen übereinzustimmen scheint, also variiert. Fällt Ptolemäus daher aus der Reihe der valentinianischen Denker heraus? Wohl nicht. Denn was er sagt, kann eben doch mit andern valentinianischen Aussagen zusammengebracht werden, wenn man über das enge Stichwort Demiurg hinausschaut und den Gesamtrahmen gestaltenden Schaffens in valentinianischen Texten beachtet. Wir erinnern uns: Der eigentliche Demiurg war im valentinianischen Mythos bei Irenäus der Soter. Über die christliche, noch nicht eingeweihte Adressatin erklärt sich hier die ungewöhnliche Ausdrucksweise des Autors, die dennoch nicht von der differenzierteren Entfaltung im Mythos für Kundige abweicht. Zielpublikum, der Kommunikation geschuldete, variierte Ausdrucksweise und Gesamtsinn lassen sich so in ein Verhältnis setzen.

Zwar lässt sich eine Geschichte des gnostischen Denkens noch nicht schreiben, wohl aber lassen sich einige gesonderte Weiterentwicklungen und Neuansätze in den erhaltenen Quellen aufzeigen.

2 Die platonisierende Gnosis und Plotin

Eine gewisse Fortentwicklung gnostischen Denkens bietet eine platonisierende Gruppe von Schriften aus Nag Hammadi, die dem sethianischen Traditionszweig angehören: *Zostrianus* (NHC VIII,1), *Allogenes* (NHC XI,3), *Marsanes* (NHC X) und *Die drei Stelen des Seth* (NHC VII,5). Sie ziehen unser Interesse besonders auf sich, weil die ersten dieser Titel in Porphyrius' Lebensbeschreibung des großen Neuplatonikers Plotin erwähnt werden (*Vita Plotini* 16). Die entsprechenden Werke sind offensichtlich in Plotins Kreis gelesen und – ablehnend – diskutiert worden, da sie »lehrten, Platon sei nicht in die Tiefen der geistigen Wesenheit vorgedrungen«, da sie also Platon überbieten wollten. Diese

Einschätzung des Porphyrius stimmt gut zu dem, was wir bisher schon über das Verhältnis von Platonismus und Gnosis gehört haben. Man übernimmt seine Intentionen, seine Ausrichtung auf die Transzendenz, seine Strukturen und Begrifflichkeit, modifiziert aber – christlich beeinflusst – an entscheidender Stelle mit dem Fall und Bruch im Seienden.

Dem entsprechen die vier, wohl erst aus dem 3. Jahrhundert stammenden genannten Schriften (zur Datierung unten), die leider nur schlecht erhalten sind. Ihr Thema ist – zusammengefasst – das Sein des höchsten göttlichen, unerkennbaren Grundes und die Frage, wie man sich ihm annähern kann. Zugleich ist damit die Frage gegeben, wie die Einheit des höchsten Grundes beschaffen sein muss, damit sie auch der Grund für die aus ihr hervorgehende Vielheit sein kann. Das ist, grob formuliert, auch die Frage des Platonismus. Für die genannten gnostischen Schriften gilt nun, dass die bisherige gnostische Tendenz weitgehend beibehalten wird: Kenntnis des Unerkennbaren ist nur durch Offenbarung möglich, der Fall und damit der Bruch und Abbruch im Seienden wird auch hier vorausgesetzt, der Mensch und nur er kann ausschließlich aufgrund von Gabe und offenbarender Mitteilung zur Erkenntnis des Seienden kommen. Aber in diese vorgegebene Überzeugung wird nun stärker als zuvor eine philosophische Begründung eingebaut, die vom Platonismus übernommen ist: das Sein des höchsten Grundes muss eine in sich reflexive Einheit sein, um verursachender Grund und zugleich Zusammenhalt der Vielheit sein zu können. Gegenstand der Erörterung ist die höchste göttliche Triade des Sethianismus (im *Apokryphon des Johannes* noch Vater, Mutter Barbelo, Sohn Autogenes, jetzt auch u.a. »Sein, Leben,

Denken«), die in Anlehnung an mittel- und neuplatonische Metaphysik expliziert wird. Der Erkenntnisweg der negativen Theologie wird ausführlich und radikal zugespitzt eingeübt. Zusammenfassend also: Die platonisierenden gnostischen Traktate versuchen trotz Beibehaltung ihrer gnostischen Grundüberzeugung ihre Argumentationsweise philosophisch in Anlehnung an den methodisch bewussteren Platonismus zu stärken.

Aber damit kann es noch nicht sein Bewenden haben. Vielmehr hat es möglicherweise auch Rückwirkungen dieser platonisierenden gnostischen Bemühungen auf die spätere neuplatonische Philosophie gegeben. Es erregte in diesem Sinne Aufsehen, als P. Hadot wörtliche Parallelen zwischen dem koptisch-gnostischen *Zostrianus* (NHC VIII,1) und der Schrift *Adversus Arium* des Marius Victorinus, des lateinischen, neuplatonisch hochgebildeten Rhetors und berühmten Konvertiten zum Christentum aus dem 4. Jahrhundert, entdeckte. Was konnte der christliche Autor mit der gnostischen Quelle, deren griechischer Urtext aus dem 3. Jahrhundert stammt, zu tun haben? Die Erklärung dieser Parallelen ist entsprechend außerordentlich schwierig und umstritten. Da der koptische Text nur eine – zudem schlecht erhaltene – Übersetzung eines griechischen Textes ist, war an seine direkte Benutzung durch Marius Victorinus nicht zu denken. Daher liegt die Benutzung einer gemeinsamen Quelle nahe. Wie diese allerdings vorzustellen sei, wird sehr unterschiedlich beantwortet. Wir müssen darauf in diesem Rahmen nicht näher eingehen,[32]

32 Eine Zusammenfassung der Diskussion bei V. H. Drecoll, »Marius Victorinus«, *RAC* 24 (2010), Sp. 122–147, bes. 134 f.

halten aber fest, dass es offensichtlich Nachwirkungen der platonisierenden Gnosis noch in Zeiten gab, in denen die häretische Gnosis selbst kaum noch irgendwelche Bedeutung hatte. Ein direkter Kontakt zwischen Gnosis und neuplatonischer Philosophie bestand dagegen im 3. Jahrhundert, wie wir abschließend daraus ersehen, dass der Gründer des Neuplatonismus Plotin (205–270) einen leidenschaftlichen polemischen Traktat verfasste, den sein Herausgeber Porphyrius mit »Gegen die Gnostiker« überschrieb (II 9 (33)).

Dieser Traktat ist ein bedeutendes Zeugnis für die Gnosisforschung, weil er von der nichtchristlichen platonischen Position aus die »Fehler« der Gnostiker anprangert und damit indirekt erkennen lässt, worum es diesen im Unterschied und in Abweichung vom Platonismus ging. Der Traktat ist schwierig, wie an anderer Stelle gezeigt wurde (K. Alt[33]). Plotin kennt die Gnosis gut. Seine Quellen können keineswegs nur die oben erwähnten Schriften aus Nag Hammadi sein, die laut seiner Vita in seiner Schule gelesen wurden. Plotins Text ist der 4. und der Abschlussteil einer sogenannten Großschrift, eines Ensembles von vier Schriften (30–33), in dessen ersten drei Teilen er die Punkte seiner Philosophie entfaltet, die den gnostischen Ansichten zuwiderlaufen und damit die Gnostiker, schon bevor deren Widerlegung beginnt, ins Unrecht setzen. In II 9 (33) dann hebt Plotin neben anderem vor allem zwei Behauptungen der gnostischen Lehre als widersinnig in immer neuen Zusammenhängen heraus. Beide sind tatsächlich

33 K. Alt, *Philosophie gegen Gnosis. Plotins Polemik in seiner Schrift II9*, Stuttgart 1990.

Zentralthemen und Angelpunkte der gnostischen Systeme, so wie wir sie kennengelernt haben: der Fall im Seienden, der Fall eines göttlichen Äons, und die Sonderstellung des Menschen vor allem übrigen im Kosmos, des Menschen, der zwar von Gott erhoben und gestaltet, aber doch eben allein zu Gott zurückkehren kann.

Mit dem Fall der schöpferischen Seele, wie Plotin den Äon Sophia seiner Terminologie gemäß zutreffend nennt, hat er zielgenau den Punkt markiert, an dem die Gnostiker (und zwar Valentinianer wie Sethianer) grundlegend von allem Platonismus abweichen. Für Plotin kann die Seele gar nicht fallen, zumindest nicht als ganze, als Gattung, denn sonst hätte sie den Kosmos ja nicht schaffen können. Hat sie ihn aber nach dem Urbild der oberen Welt in Erinnerung dessen, was sie dort gesehen hat, geschaffen, so kann sie nicht abgesunken sein (II 9,4,1–12; 10,17–33; 12,30–44). Plotins Philosophie beruht darauf, dass insgesamt ein großer, notwendiger Zusammenhang besteht, weshalb auch der Kosmos »zusammenhängend und klar und überall voller Leben hinweist auf eine über alle Vergleichbarkeit hinausgehende Weisheit« als seinen Urgrund (II 9,8,13–15). Ein diesen Zusammenhang unterbrechender Fall ist daher für ihn schlechterdings ausgeschlossen. Und doch hielten die Gnostiker es für nötig, von ihm auszugehen, weil retrospektiv vom Christusereignis her dieses auch notwendig sein musste und nur durch den Fall als notwendig angenommen werden konnte. Das Heil durch Christus erzwingt die Annahme eines Falls.

Der zweite Hauptpunkt der Kritik Plotins, die angebliche Sonderstellung des Menschen, dessen allein sich Gott erbarmen soll, besagt dasselbe auf anderer Ebene. Wenn nach Plotin alles miteinander »verknüpft« ist (II 9,9,35–39), hat alles seinen der Gesamtordnung gemäßen Bezug zu Gott. Die Gestirne etwa, die in schöner Ordnung regelmäßig ihre Bahn ziehen, ungehindert von den leibbedingten Wechselfällen, denen der Mensch unterliegt, müssen höheren Anteil an Gott und höhere Tugend haben als wir. Anzunehmen, wie es die Gnostiker tun, dass wir als Menschen höhere Weisheit als jene hätten und dass Gott allein für den Menschen »vorsorge«, zeugt nach Plotin nur für unbegreifliche Selbstüberhebung und Dreistigkeit (II 9,8,36–39; 5,1–16; 16,16–17; 18,35–36). Von Plotins Position aus gesehen ist diese Kritik nur allzu verständlich. Aber die Gnostiker wollen ja nicht dreist und überheblich sein, wenn sie sagen, dass Gott für sie allein vorsorge (προνοεῖν, pronoein, II 9,16,16 f.). Sie sagen vielmehr so, weil sie damit Gottes das menschliche Sein vollständig bestimmende Zuwendung in Christus ausdrücken. Ihre Aussage ist alles andere als überheblich, was sich auch daraus ergibt, dass sie jeden Menschen, auch den allerniedrigsten, »Bruder« nennen (II 9,18,17 f.), was wiederum für Plotin absurd ist.

Trotz dieser grundlegenden Unterschiede hat es seinen guten Sinn, dass sich die Gnostiker bei der Ausbildung ihrer Systeme an die Platoniker anschlossen und ihren sachlichen und methodischen Einsichten folgten. Die Platoniker, und sie insbesondere in der antiken Welt, wussten, dass die Annäherung an Gott nur möglich ist, »insoweit der Geist die Seele führt« (II 9,9,51). Diese Überzeugung der letzten Abhängigkeit des Menschen von Gottes Geist, gerade auch in der Erkenntnislehre, teilen Platoniker und Gnostiker und selbstverständlich aller Art Christen. Daher waren sie aufeinander angewiesen, wie die Geschichte es durch die Jahrhunderte hin demonstriert. Die platonisierenden Gnostiker verstärkten nur die Tendenz, die dem Denken ihrer Gründungsväter von Anfang an eingegeben war.

3 Mani und der Manichäismus

Ob Mani (216–277) zur Gnosis gerechnet wird oder nicht, hängt von deren Definition ab. Sicherlich ist er und die von ihm gegründete Religion des Manichäismus nicht der Höhepunkt und Zielpunkt der Gnosis. Dazu hat er das von ihm tatsächlich übernommene mythische System der Gnosis zu sehr verändert, vereinfacht und seiner begrifflich-philosophischen Qualität beraubt. Sein Lehrmythos ist deswegen nicht leichter zu lesen und im Kopf zu behalten. Unzählige Gottheiten, Äonen und Dämonen werden eingeführt, aber die Grundlagen des Verhältnisses von Gott und Mensch und seine Konsequenzen werden zurückgeführt auf ganz wenige holzschnittartige Strukturen. Sie sind für jedermann eingängig, beanspruchen aber nicht mehr, die Beziehung Gott/Mensch denkend zu durchdringen. Das aber wollten die Gnostiker ausgehend von ihrer Erfahrung Christi.

Mani hat eine unglaubliche Wirkung ausgeübt, seine Religion ist auf drei Kontinenten ausgebreitet und mehrfach staatstragend wirksam geworden. Er ist überhaupt nicht zu unterschätzen. Mani ist ein religiöser Organisator sondergleichen. Er ist absolut überzeugt von der Richtigkeit und Endgültigkeit seiner religiösen Erkenntnis und fühlt sich daher verpflichtet, diese universal nicht nur zu verkündigen, sondern bleibend durchzusetzen. Dafür unternimmt er gezielte Maßnahmen.

Mani verfasst im bewussten Gegensatz zu andern Religionsgründern, besonders Jesus, selbst Schriften und stellt daraus einen verbindlichen Schriftenkanon für seine Kirche zusammen. Zusätzlich gibt er eine mit Erklärungen versehene bildliche Darstellung des Mythos. Darüber hinaus schreibt, initiiert und überwacht er weitere Literatur, so insbesondere die *Kephalaia* (Kapitel), eine Art Lehrschriften, in denen ethische, rituelle und physikalische Themen als Konsequenz des Mythos erörtert werden. Mani scheint Hymnendichtungen in seinen Gemeinden ermutigt zu haben. Poesie ist dogmatisch ungefährlich, sie eröffnet ein poetisches Betätigungsfeld und dient der Einprägung mythologischer Grundfakten. Ein pädagogischer Grundzug bestimmt alle diese Vorkehrungen einer ausgesprochenen Buchreligion. Zum zweiten organisiert Mani seine Anhängerschaft straff in einer hierarchisch gegliederten Kirche. Sie umfasste zwei Gruppen von Angehörigen: im eigentlichen Sinne Zugehörige, die sogenannten Erwählten, einerseits und die sich lediglich zur Gemeinde haltenden Zuhörenden, die sogenannten Hörer, andererseits. Für beide galten völlig verschiedene Lebensregeln, wobei die Hörer auch als Diener und Helfer bei der radikal asketischen Lebensführung der Erwählten fungierten. Gebote des Betens, Fastens, Almosengebens gelten für alle. Auf die Ethik legt der Manichäismus aus einsehbaren Gründen großes Gewicht. Denn der Mythos zielt, wie wir sehen werden, auf nichts anderes als die Entmischung der eingetretenen Vermischung von Licht und Finsternis. Sie geschieht in der Lebensführung jedes einzelnen, die so gestaltet sein muss, dass die in der Welt enthaltenen Lichtteilchen geschützt werden. Zum dritten schließlich bestimmte eine feste Liturgie das religiöse Gemeinschaftsleben.

Mani wurde 216 im antiken Ktesiphon am Tigris, nahe dem heutigen Bagdad, geboren. Er sprach und schrieb aramäisch. Er wuchs in einer judenchristlichen, asketisch lebenden Täufersekte auf, in die ihn sein Vater in Manis fünftem Lebensjahr mitnahm. Das Leben in dieser Umgebung hat ihn stark geprägt, wie aus seiner Biographie, dem Kölner Mani-Kodex[34], hervorgeht, die auf Zeugnissen Manis selbst und Mitschriften seiner Reden basiert. Er wurde hier mit dem christlichen Glauben und dessen jüdischem Hintergrund vertraut, kam hier wohl auch mit einer christlichen Gnosis in Berührung. Er erlebte mehrere Offenbarungen und Beauftragungen zur universalen Verkündigung, trennte sich nach zwanzig Jahren in innerer Not von den Täufern, deren tägliche Waschungen als Heilspraxis seiner Erkenntnis nicht mehr entsprachen, und entfaltete von da an eine weltweite Mission, die seine Schüler fortsetzten. Sie erreichte im Westen den gesamten Mittelmeerraum, Ägypten, Nordafrika bis Spanien, im Osten über die nördliche Seidenstraße China. Der Manichäismus wurde von 768 bis 840 staatstragende Religion im Reich der Uiguren im Norden von China.

Mani versteht sich als »Apostel Jesu Christi durch den Willen Gottes« (CMC 66) und als »der Paraklet, den der Messias angekündigt habe« (so in Manis *Großem Evangeli-*

34 In Übersetzung leicht zugänglich in: L. Koenen / C. Römer, *Mani. Auf der Spur einer verschollenen Religion*, Freiburg/Basel/Wien 1993.

um, nach Adam, Texte 1[35]), damit die absolute Letztgültigkeit seiner Verkündigung andeutend. Es gelang ihm, Einfluss am Hof des mächtigen sassanidischen Großkönigs Schapur I (242–272) zu gewinnen. Für ihn verfasste er in der Sprache des Herrschers, Mittelpersisch, eine Werbe- und Lehrschrift, die die Universalität seiner Religion bemerkenswert herausstreicht. Hier trafen der Herrscher eines sich als Weltreich verstehenden Königreiches und ein auf Universalität bedachter Religionsstifter zusammen, der die bestehenden Weltreligionen des Christentums, des Zoroastrismus und des Buddhismus zusammenfassen und übergipfeln wollte – eine neue Religion, passend für die Ambitionen des Perserreiches. Das gelang zwar politisch nicht. Mani wurde von einem der Nachfolger Schapurs gefangengesetzt und starb 277. Aber der religiöse Ansatz kam zum Tragen, eine sogenannte Weltreligion entstand, die über tausend Jahre Anhänger hatte. Mani selbst sprach und schrieb einen ostaramäischen Dialekt und beherrschte, wie erwähnt, auch das Mittelpersische. Manichäische Texte sind in einer großen Fülle von Sprachen verfasst worden. Für die persischen und parthischen Texte wurde sogar eine eigene Schrift entwickelt. Das alles demonstriert den zielgerichteten Willen dieser erstaunlichen Mission. Von der Gnosis, wie wir sie kennengelernt haben, ist es sehr weit entfernt. Das zeigt sich auch an der Art und Weise, wie Mani den gnostischen Mythos veränderte.

Wenn es für den gnostischen Mythos galt, dass er ungeachtet seiner Bildhaftigkeit eine begrifflich durchdachte

35 *Texte zum Manichäismus*, ausgewählt und herausgegeben von A. Adam, Berlin ²1969.

Aussage machen wollte, und zwar in bewusster Umkehrung des platonischen Vorbildes, so ist das für den manichäischen Mythos ganz anders. Hier ist die Philosophie kein Gesprächspartner mehr. Hier wird eine Glaubensüberzeugung vom Zusammenhang von Gott, Welt und Mensch ausgesprochen, in noch gesteigerter narrativer Bildhaftigkeit, aber mit einfachen und klaren Grundprinzipien, aus denen sich ebenso klare und eindeutige Konsequenzen für die Betrachtung der Welt und die Lebensweise des einzelnen in ihr ergeben. Der manichäische Mythos nutzt zwar die Vorlage des gnostischen Mythos – m. E. historisch vermittelt über den syrischen Gnostiker Bardesanes (Bardaiṣan), der um 200 in Edessa im nördlichen Mesopotamien ein gnostisches Dreiprinzipiensystem vertrat –, baut sie aber so stark um, dass hier nicht mehr nur von einer der bekannten mythischen Variationen zu reden ist. Hier entsteht Neues.

Das beginnt gleich am Anfang. Nicht eine einzige göttliche Ursache existiert vor allem, sondern zwei Grundprinzipien existieren aus sich selbst seiend nebeneinander: Licht, das sich als Prinzip des Guten nach oben unbegrenzt in Harmonie und Herrlichkeit erstreckt, und Finsternis als Prinzip des Bösen, die sich in der Tiefe in chaotischer Unruhe und neiderfüllter Bosheit bewegt. Damit ist alles Weitere gesetzt. Mit diesem strikten Dualismus entfällt für Mani die Notwendigkeit aller gnostischen Mythen, zu erklären, woher das Böse komme, was es sei und wie es wirke. Es ist da, und seine bloße Existenz lässt auch schon vermuten, wie es weitergeht: Es kommt zu einem Konflikt, bildlich gesprochen, zu einer Vermischung von Licht und Finsternis, und Thema des Mythos ist es dann, wie das vermischte Licht wieder befreit werden kann. Genau so geschieht es. Es wäre aber ein Fehler, darin Primitivität zu vermuten, und vertrüge sich auch kaum mit der Weltwirkung des Manichäismus. Eine umfassende Weltdeutung wird geboten. Wir verfolgen, inwiefern diese der gnostischen verpflichtet ist und diese nutzt, indem sie sie umdeutet.

Im gnostischen Mythos ist es ein sogenannter Fall eines göttlichen Äons, der Unheil anrichtet und das Eingreifen Gottes notwendig macht. Dem Fall lag ein begehrendes Moment zugrunde, sei es, dass die Sophia ungestüm erkennen will, wie im valentinianischen Mythos, sei es, dass sie selbst aus sich und ohne das Einverständnis ihres Paargenossen etwas schaffen will, wie im *Apokryphon des Johannes*. Ein Fall einer Gottheit ist keine sehr befriedigende Begründung für das gesamte weitere Geschehen. Mani bedarf keines Falles als Auslöser seines Mythos. Das begehrende Element weist er folgerichtig der Finsternis zu, die in ihrer unruhig-chaotischen Bewegung einmal an die Grenzen des Lichtes stößt und sofort in Verlangen gerät, an dessen Schönheit Anteil zu haben. Das bedeutet eine Bedrohung für das Licht, auf die es reagieren muss. Es tut es, und zwar mit bemerkenswerter Begründung und Intention. Es schickt nicht irgendwelche untergeordneten Schutzmächte, sondern es gibt »sich selbst« oder seinen »Sohn«, den Urmenschen, an die Finsternis hin, so dass er von ihr verschlungen wird. Zuweilen ist auch von Kampf und Niederlage des Lichtes die Rede. Es handelt sich aber um eine freiwillig akzeptierte und – wie wir sehen werden – gezielt beabsichtigte Niederlage. Die Anspielung auf das Zentrum des christlichen Glaubens ist unverkennbar. Damit ist, wie im gnostischen Mythos, die Vermischung zwischen Licht und Finsternis oder Geist und Materie eingetreten, die nun die Rückführung und Errettung der in der Finsternis gefangenen Lichtteile nötig macht. Darauf, d.h. auf die Trennung der Lichtteile von der Finsternis, geht die Absicht des Lichtes im gesamten folgenden Mythos.

Wie die Rettung erfolgt und wie sie nach Manis Verständnis bis zum Ende der Welt täglich erfolgt, geht modellhaft aus der Rettung des von der Finsternis verschlungenen, betäubt-bewusstlosen und seiner Zugehörigkeit zum Licht vergessenen Urmenschen hervor: Das Licht, Gott, sendet einen Gesandten, den Lebendigen Geist, er ruft den Urmenschen an, dieser erwacht, erkennt, wer er ist, erkennt auch, dass das Licht seine Heimat ist. Der Urmensch kann damit zum Licht zurückkehren. Wie in der Gnosis geschieht Rettung also durch Erkenntnisvermittlung, durch Offenbarung. Der Urmensch kann sich nicht selbst aufwecken, sein Bewusstsein ist durch die Vermischung mit der Finsternis nachhaltig getrübt. Anders als in der Gnosis kann und muss aber der Mensch in dieser Welt, der sich hier in der Finsternis vorfindet, massiv beitragen zu seiner Loslösung von der Finsternis. Wie und warum, sehen wir jetzt.

Der Mythos ist mit der Rettung des Urmenschen nicht am Ende, sondern entfaltet jetzt erst seine erzählende Phantastik. Wir weisen nur auf die wichtigsten Vergleichspunkte zur Gnosis hin. Die Begleitung des Urmenschen oder auch seine Rüstung, die auch aus Lichtteilen besteht, ist immer noch in der Finsternis verschlungen und gefesselt. Zu ihrer Rettung entsteht zunächst die Welt, und zwar in Parallele zur Gnosis. Sie wird nämlich einerseits geschaffen durch eine hohe göttliche Kraft, den Lebendigen Geist selbst und »Demiurgen«, besteht aber andrerseits aus den vom Lebendigen Geist abgeurteilten und geschundenen Finsternisarchonten als Material. Wir erinnern uns an die doppelte Verursachung der Welt in der Gnosis. Zweck der Welt ist es, Gefängnis für die Finsternismächte und vor allem Läuterungsort für die gefesselten Lichtteile oder, wie sie insgesamt auch heißen, für die Seele zu sein. (Im Valentinianismus war die Welt ein Ort der Erziehung.)

Die tatsächliche Herauslösung der Lichtteile geschieht listig und kompliziert. Zunächst wird, wieder durch göttliches Einwirken, die Vermischung von Licht und Finsternis noch vermehrt, damit dadurch die Lichtteile überallhin, auch in Pflanzen und Tiere, gelangen und die Finsternis sich so sehr an das Licht gewöhnt, dass sie es nicht mehr entbehren kann und zugrunde gehen muss, wenn es ihr endgültig entzogen wird. Die Finsternis/Materie merkt die Absicht und lässt als Gegenmaßnahme von zwei beauftragten Dämonen den Menschen, Adam und Eva, schaffen. In beiden sind durch hinterhältige Machenschaften Lichtteile versammelt worden, um diese in Adam und Eva, die ja der Fortpflanzung unterliegen, an die Körper und damit an die Finsternis zu binden. Das ist die Absicht der Finsternis/Materie. Das Licht/der Geist weiß die Sammlung des Lichts/des Geistes in den Menschen zu nutzen, denn nun ist Adam fähig, die Offenbarung aus dem Lichtreich, die ihm in der Gestalt Jesu zukommt, zu vernehmen. Wie einst der Urmensch aus dem Schlaf erweckt wurde, so erwacht jetzt Adam, als er den Ruf Jesu hört, schreit und führt bewegend Klage über den »Fessler meiner Seele und die Empörer, die mich versklavt haben« (Mani bei Theodor bar Konai, Adam, S. 23).

Für den Menschen in dieser Welt ist damit ihre Situation und ihre Aufgabe klar vorgezeichnet. Durch die Mitteilung der manichäischen mythischen Lehre erfährt er von der Existenz seiner eigenen Lichtseele. Er weiß damit, wohin er gehört. Es beginnt jetzt sein eigener Anteil an seiner Erlösung, indem er durch seine Lebensweise zur Läuterung der Lichtteile in der Welt beitragen muss. Die Anforderungen gingen dabei über eine strikte Askese noch weit hinaus, denn abgesehen von der Enthaltung von aller Finsternis durften auch die in der Welt vorhandenen Lichtteile nicht geschädigt werden. Das Gemüse etwa würde weinen, wenn es geschnitten würde. Also unterließen das die »Erwählten«, bedient von denen, die sich lediglich zur Lebensweise von »Hörern« entschließen konnten, daher aber auch nicht sogleich nach ihrem Tod in das Lichtreich zurückkehren konnten wie die Erwählten.

Wir fassen zusammen: Es geht bei der manichäischen Religion, die als solche mit Recht bezeichnet werden kann, um ein konsequentes religiöses Gesamtsystem, dessen Glaubensüberzeugung sich auf alle Lebensbereiche auswirkt. Mit Gnosis hat das nur noch den Ausgangspunkt gemein. Der Gnosis, so wie wir sie kennenlernten, geht es um die begrifflich-philosophische Klärung der in Christus erfahrenen, geglaubten und akzeptierten Erlösung und ihrer Konsequenzen für die Erkenntnis des Zusammenhangs von Gott, Welt und Mensch. Erst kommt der akzeptierte Glaube, dann der Versuch seiner denkerischen Durchdringung. Dass sie nur im mythischen Bild und in der Erzählung geboten wird, war legitim. Auch Mani akzeptiert diesen erfahrenen Glauben als Ausgangspunkt, aber er geht darüber hinaus. Er beansprucht, weitere letztendgültige Offenbarungen erfahren zu haben (CMC 66–68 et passim), aufgrund derer er nun auch vernünftige Beweise für den sich so und nicht anders verhaltenden Zusammenhang von Gott, Welt und Mensch liefern kann. Dem mythischen Bild wird damit schon nahezu naturwissenschaftliche Beweiskraft aufgebürdet, was nicht gut gehen konnte. Besonders im Westen war es gerade dieser Anspruch auf Vernunft, der dem Manichäismus Anhänger verschaffte, dann aber auch umso leidenschaftlichere Gegner. Der berühmteste ist Augustin (vgl. *De utilitate credendi* 2). An philosophischer Durchdringung, die die Gnosis antrieb, ist der Manichäismus nicht mehr interessiert.

X Gnosis in der Geschichte bis heute?

Gibt es eine die Antike überdauernde Wirkung der Gnosis, die direkt oder indirekt bis heute andauert? Es scheint so zu sein. Erst vor rund zwanzig Jahren haben Peter Sloterdijk und Thomas Macho ein *Lese- und Arbeitsbuch der Gnosis* mit dem Obertitel *Weltrevolution der Seele* herausgegeben,[36] das auf über 1000 Seiten Texte aus zwei Jahrtausenden zur Gnosis aus christlicher Theologie, mehreren Religionen, Philosophie und Literatur enthält. Ein neues Arbeitsfeld also? Beginnt die Arbeit erst wirklich? Doch nicht ganz. Sloterdijk hat in seiner Einleitung deutlich gemacht, was er unter diesen »gnostischen« Texten versteht. Gnosis ist danach ein Phänomen, das in einer Geschichte von »Spontanentzündungen« in »geeigneten kulturellen Konjunkturen« immer wieder neu auflebt, das also nicht in einer »stetigen Überlieferung« von den Quellen des Altertums her auf uns kommt (S. 24 f.). Inhaltlich ist Sloterdijk in seinem Gnosisverständnis von Hans Jonas und dessen Zweiheit von »Weltfremdheit« und »Vereigentlichung der Existenz« bestimmt. Den »gnostischen Impuls« sieht er schon in der johanneischen Unterscheidung des In-der-Welt- und Von-der-Welt-Seins angedeutet (S. 28), der erstmals nicht nur die Möglichkeit einer Unzufriedenheit mit der Welt geschaffen habe, sondern vielmehr die »Möglichkeit der Totalnegation« dessen, was Von-der-Welt ist, auftue. Damit eröffne sich eine »sowohl religiös wie philoso-

36 P. Sloterdijk / T. H. Macho, *Weltrevolution der Seele. Ein Lese- und Arbeitsbuch der Gnosis von der Spätantike bis zur Gegenwart*, Zürich 1993.

phisch fruchtbare ›Dimension‹ des Weltabstands: in der sind weltkritische Geister von Johannes dem Evangelisten bis Heidegger, von Simon Magus bis C. G. Jung, von Basilides bis Adorno – man verzeihe den Ausdruck – *zu Hause*« (S. 30).

Man kann das so sehen. Diese Deutung der Gnosis als einer allerersten »Ereignisphilosophie«, als »eine Sprengung der griechischen Lehre vom zeitlos Seienden durch die Erzählung von wahrheitswesentlichen Ereignissen in der Zeit« – gemeint ist der gnostische mythische »Fall« (S. 39) – ist anregend zu lesen. Die Frage ist nur, ob man nicht die gnostischen antiken Texte damit schlicht »revolutionär« überfordert. Und der kluge Autor ist interessanterweise selbst dieser Meinung. Er stellt nämlich fest, dass es seit Hans Jonas keine wirklich herausragende Neu-Auslegung des Phänomens Gnosis gegeben habe, auch nicht eine durch Nag Hammadi inspirierte (S. 20), und vermutet deshalb, dass »große Einsichten in das Wesen gnostischen Denkens eher in Abhängigkeit von den maßgeblichen philosophischen Selbstdeutungen der Neuzeit entstehen als in der Folge von noch so imposanten philologischen Entdeckungen« (S. 22). Dieser Satz enthält zwar Wahrheit. Aber er stellt das Problem »Gnosis in der Moderne?« auf den Kopf. Wenn man Gnosis nur aus einer kongenialen Einsicht in ihr Wesen bestimmen kann, dann wird aus »Gnosis« ein modernes Phänomen, das eher von seinen neuzeitlichen Interpreten als von den antiken Quellen bestimmt wird. Der historische Ausgangspunkt wird zunehmend unwichtig.

So ist es denn auch in der Tat. In der modernen geisteswissenschaftlich-intellektuellen Literatur, vornehmlich deutscher Sprache, wird immer wieder mit einem wie selbstverständlich verallgemeinerten Begriff von Gnosis gearbeitet. Dieser Begriff meint einen Denktypus, bei dem eine strikte Weltablehnung, Weltangst und Weltflucht die Projektion eines jenseitigen Heilsgottes, einer herrlichen Fremde, provoziert, der sich der »Gnostiker« durch Erkenntnis »wisserisch« (Martin Buber) zugehörig weiß. Wenn man damit von vornherein »weiß«, was Gnosis ist, dann kann man diesen Denktypus Gnosis immer wieder in der Geschichte entdecken und identifizieren. Eric Voegelin sah unter dieser Signatur die gesamte Neuzeit als »gnostisches Zeitalter« an. Hans Blumenberg erwies dagegen die Neuzeit, erst sie, als endgültige Überwindung der Gnosis. Jacob Taubes[37] und Micha Brumlik[38] fanden Gnosis in der Moderne als Weltpessimismus, Selbstvergottung und utopische Selbsterlösung des Menschen. Bei dieser Festlegung von »Gnosis« auf Weltablehnung und Jenseitsprojektion – meist in dieser Reihenfolge – ist die übermächtige existentiale Gnosisinterpretation von Hans Jonas bis heute wirksam. Was heute in der gebildeten Welt, abseits der Spezialisten, als Gnosis gilt, ist schlechterdings von Jonas geprägt. Mit der antiken Gnosis hat das nicht unbedingt zu tun. Sloterdijk betont das direkt: »Gefunden werden kann sie« (die Gnosis) »nur, wenn sie an ihrem ›Ort‹ gesucht wurde: bei den zerbrochenen Gefäßen der Subjektivität – mit ihren

37 J. Taubes, *Gnosis und Politik*. Religionstheorie und Politische Theologie, Bd. 2, München u. a. 1984, darin: J. Taubes, »Einleitung. Das stählerne Gehäuse und der Exodus daraus oder ein Streit um Marcion, einst und heute«, S. 9–15.

38 M. Brumlik, *Die Gnostiker. Der Traum von der Selbsterlösung des Menschen*, Frankfurt a. M. 1992, Berlin/Wien ³2000.

Leiden ›an der Welt‹ und ihren unvergessenen Paradiesen. Dort liegt Nag Hammadi wirklich« (S. 22). Blumenberg kennt zwar die antiken Quellen aus intensiver und individueller Lektüre, aber auch er liest sie von Jonas her (*Die Legitimität der Neuzeit*, 1966, erweitert und überarbeitet unter dem Titel *Säkularisierung und Selbstbehauptung*, 1974 – hieraus wird zitiert, *Der Prozess der theoretischen Neugierde*, 1973, *Aspekte der Epochenschwelle*, 1976). Nach Blumenberg hat die Gnosis eine radikale Antwort auf das Problem gegeben, »das die Antike ungelöst hinterließ«, das Problem des Ursprungs des Übels in der Welt (S. 146). Denn: »Der Demiurg ist zum Prinzip des Übels geworden, zum Gegenspieler des transzendenten Heilsgottes, der mit der Erschaffung der Welt nichts zu tun hat« (S. 147). Erlösung sei dementsprechend »Aufklärung des Menschen über den fundamentalen und undurchschaubaren Trug des Kosmos. Gnosis muss deshalb im Wortsinne Erkenntnis sein« (S. 149). Daher habe Marcion – er wird stellvertretend für die Gnosis behandelt – »im gnostischen Dualismus das Schema für die Eindeutigkeit« gefunden, »die er der christlichen Lehre verleihen zu können glaubte« (S. 149).

Alle genannten Deutungen stimmen in der Blickrichtung überein, die als maßgeblich für die Entstehung von Gnosis eingenommen wird. Voran steht immer das Übel und das Leiden in der Welt, aus dem sich der sogenannte Gnostiker dann herauskatapultieren soll in eine von ihm selbst projizierte, jenseitige und angeblich herrliche Fremde. Ich bestreite das Vorherrschen dieser Blickrichtung für die antike Gnosis, sehe eher die Evidenzerfahrung eines göttlichen Rufs, von dem die antiken Quellen von Marcion bis Mani sprechen, vorherrschend und als Auslöser für die gnostische Weltanschauung. Erst retrospektiv nämlich von der gewonnenen Evidenz des jenseitigen Gottes her zeigt sich die Begrenztheit der Welt in ihrem eigentlichen Ausmaß. »Wehe über den Fessler meiner Seele«, schreit Adam bei Mani, als ihn Jesu Ruf erreicht hat. Erst dann erkennt er, dass er gefesselt war. Eine radikale nihilistische Weltablehnung an sich sehe ich in der Antike nicht gegeben. Daher scheinen mir von der Gnosis, wie sie uns in den antiken Texten entgegentritt, keine Wirkungen durch die Jahrhunderte hin auszugehen, auch nicht in jeweils neu auftretenden »Spontanentzündungen«. Gewirkt haben die Reflexionen gnostischer Theologen auf die Ausbildung der christlichen Theologie, aber das nicht in Übernahme, sondern in Weiterführung und Umdeutung gnostischer Denkansätze.

Daraus ergibt sich eine Schlussbemerkung. Gnosis verstehe ich auf ihrem Höhepunkt als den Versuch, zentrale Gedanken paulinischer und johanneischer Christologie platonisierend auszusagen. Dieser Versuch ist zwar theologisch gescheitert. Denn in ihrer Anlehnung an den platonischen Erkenntnisweg durchbrechen die Gnostiker diesen zwar, um die Rettung allein durch Christus zu begründen. Aber der dafür angesetzte Fall im göttlich Seienden als Verursachung des helfenden Eingreifens Gottes ist kaum überzeugend. Es kann auch nicht genügen, die Funktion Christi darin zu sehen, dass er göttlicher Mittler von Erkenntnis und damit Erlösung ist. Inkarnation und Kreuzestod werden weitgehend ausgeblendet und nicht in den Konsequenzen bedacht, die sie platonisch haben müssten. Damit ist dieser erste Versuch eines christlichen Platonismus in der Geschichte zwar nicht gelungen. Dennoch haben gnostische Theologen einen Anfang gesetzt, indem sie die Konsequenzen des Gekommenseins Christi für die Anthropologie klar definierten. Sie haben die im Platonismus behauptete und gegen auch hier schon aufkommende Zweifel festgehaltene Selbstmächtigkeit des Menschen erschüttert. Sie haben schärfer als andere frühchristliche Theologen erkannt und zum Ausdruck gebracht: Dass der Mensch erst durch die Begegnung mit Christus begreifen kann, wer er ist, erst dadurch gestaltet wird und zur ihm gemäßen Lebensweise kommen kann, dass er dadurch der »Sünde« widerstehen kann, dass der Mensch ganz Empfangender und Gott immer Gebender ist. Als solche philosophischen Theologen sollten sie auch in der Erforschung der frühen christlichen Theologiegeschichte sowie des Platonismus neu gewürdigt werden. Denn so viel lässt sich sagen: Die Gnosis war ein notwendiger Schritt nicht nur in der Kommunikation des christlichen Glaubens an kaiserzeitliche Literaten und Gebildete, sondern im Durchdenken der empfangenen Wahrheit. Das Gesamtphänomen Gnosis wäre, von welchem Punkt seiner reichen Quellen her man es auch immer betrachten mag, ohne seinen christlichen Wesensanteil nicht zu dem geworden, was es ist.

Abkürzungen

AH: Irenäus: Adversus Haereses
AJ: Das Apokryphon des Johannes
Baltes, Platonismus: Dörrie, H. / Baltes, M., Der Platonismus in der Antike. Grundlagen – System – Entwicklung, 7 Bände, Stuttgart 1987–2008.
BG: Berolinensis Gnosticus
CH: Corpus Hermeticum
CMC: Kölner Mani-Kodex
CT: Codex Tchacos
NHC: Nag Hammadi Codices
NHMS: Nag Hammadi and Manichaean Studies. Leiden/Boston
Praesc.: Tertullian: De Praescriptione Haereticorum
Ref.: Hippolyt: Refutatio omnium Haeresium
RAC: Reallexikon für Antike und Christentum. Stuttgart
Str.: Clemens Alexandrinus: Stromata
TRE: Theologische Realenzyklopädie. Berlin
WUNT: Wissenschaftliche Untersuchungen zum Neuen Testament. Tübingen

Die Titel der Schriften aus Nag Hammadi und ihre in deutscher Sprache üblichen Abkürzungen sind in Kapitel IV. 2 vollständig enthalten. Sie entsprechen Schenke/Bethge/Kaiser: Nag Hammadi Deutsch. 2001–2003, 3. überarb. u. erw. Aufl. Berlin/Boston 2013.

Ausgewählte Literaturhinweise

In den Text dieses Buches sind viele Literaturangaben schon integriert und, soweit nur einmal zitiert, in den Anmerkungen bibliographisch erfasst worden.

Quellen:

Irenäus:

A. Rousseau / L. Doutreleau (Hrsg.): Irénée de Lyon. Contre les Hérésies. 5 Bde. Text, frz. Übersetzung, Kommentar, Sources Chrétiennes, 1979–1982. Deutsch (mit Text von Rousseau/ Doutreleau): N. Brox: Irenäus von Lyon. Übersetzt und eingeleitet. 5 Bde. Fontes Christiani 1993–2001.

Hippolyt:

M. Marcovich (Hrsg.): Hippolytus. Refutatio omnium Haeresium. Patristische Texte und Studien 25, 1986. Deutsch: K. Preysing: Bibliothek der Kirchenväter 40, [2]1922.

Klemens von Alexandrien:

F. Sagnard: Clément d'Alexandrie. Extraits des Theodote. Text, frz. Übersetzung, Kommentar, Sources Chrétiennes 1970.

Koptisch-Gnostische Schriften:

The Coptic Gnostic Library. J. Robinson, General Editor. Text, engl. Übersetzung, Kommentar. 5 Bde. 1975–1996. Paperback Edition 2000.

H.-M. Schenke / H.-G. Bethge / U. U. Kaiser (Hrsg.): Nag Hammadi Deutsch, eingeleitet und übersetzt. 2 Bde. Die Griechischen Christlichen Schriftsteller 8.12. 2001–2003.

Deutsche Übersetzung gnostischer Quellentexte:

W. Foerster (Hrsg.): Die Gnosis. Bd. I: Zeugnisse der Kirchenväter, übers. u. eingel. von W. Foerster. Bd. II: Koptische und Mandäische Quellen, eingel., übers. und erläutert von M. Krause / K. Rudolph. Bd. III: Der Manichäismus, eingel., übers. und erläutert von A. Böhlig, Zürich 1969–1980.

Weitere Editionen mit Übersetzungen und Erläuterungen erscheinen in:

Ch. Markschies (Hrsg.): Texte und Untersuchungen zur Geschichte der altchristlichen Literatur. Berlin / New York. (Abgekürzt: TU.)

Wichtige Monographien zur Gnosis und zum Manichäismus erscheinen ständig in:

J. van Oort / E. Thomassen (Hrsg.): Nag Hammadi and Manichaean Studies. Leiden/Boston. (Abgekürzt: NHMS.)

Forschungsliteratur:

B. Aland: Was ist Gnosis? Studien zum frühen Christentum, zu Marcion und zur kaiserzeitlichen Philosophie. Tübingen 2009. (WUNT 239.)

D. Brakke: The Gnostics. Myth, Ritual, and Diversity in Early Christianity. Cambridge, Massachusetts / London 2010.

J. Brankaer: Die Gnosis. Texte und Kommentar. Wiesbaden 2010.

C. Colpe: Einleitung in die Schriften aus Nag Hammadi. Münster 2011.

I. Dunderberg: Beyond Gnosticism. Myth, Lifestyle and Society in the School of Valentinus. New York 2008.

N. Förster: Marcus Magus. Kult, Lehre und Gemeindeleben einer valentinianischen Gnostikergruppe. Sammlung der Quellen und Kommentar. Tübingen 1999. (WUNT 114.)

J. Frey / E. E. Popkes / J. Schröter (Hrsg.): Das Thomasevangelium. Entstehung – Rezeption – Theologie. Berlin / New York 2008. (Beihefte für die Zeitschrift für die neutestamentliche Wissenschaft und die Kunde der älteren Kirche 157.)

J. Holzhausen: Der Mythos vom Menschen im hellenistischen Ägypten. Eine Studie zum Poimandres, zu Valentin und dem gnostischen Mythos. Bodenheim 1994. (Theophaneia 33.)

– Das Corpus Hermeticum Deutsch. Übersetzt und eingeleitet. Stuttgart-Bad Cannstatt 1997. (Clavis Pansophiae 7,1 und 2.)

E. Iricinschi / L. Jenott / N. Denzey Lewis / Ph. Townsend (Hrsg.): Beyond the Gnostic Gospels. Studies Building on the Work of

Elaine Pagels. Tübingen 2013. (Studien und Texte zu Antike und Christentum 82.)
H. Jonas: Gnosis und spätantiker Geist. Teil 1: Die mythologische Gnosis, Göttingen 1934. Teil 2/1: Von der Mythologie zur mystischen Philosophie. Göttingen 1966.
– Gnosis, Existentialismus und Nihilismus. In: Ders.: Zwischen Nichts und Ewigkeit. Zur Lehre vom Menschen. Göttingen 1963, 5–25. (Kleine Vandenhoeck-Reihe 165.)
K. L. King: What is Gnosticism? Cambridge, Massachusetts/London 2003.
– The Secret Revelation of John. Cambridge, Massachusetts/London 2006.
K. Koschorke: Die Polemik der Gnostiker gegen das kirchliche Christentum. Unter besonderer Berücksichtigung der Nag-Hammadi-Traktate »Apokalypse des Petrus« (NHCVII,3) und »Testimonium Veritatis« (NHC IX,3). Leiden 1978.
J. Lahe: Gnosis und Judentum. Alttestamentliche und jüdische Motive in der gnostischen Literatur und das Ursprungsproblem in der Gnosis. Leiden/Boston 2012.
H. Langerbeck: Aufsätze zur Gnosis. Aus dem Nachlaß herausgegeben von H. Dörries. Göttingen 1967.
B. Layton: The Gnostic Scriptures. A new Translation with Annotations and Introductions, Garden City / New York 1987.
– (Hrsg.): The Rediscovery of Gnosticism. Proceedings of the International Conference of Gnosticism at Yale, New Haven, Connecticut, March 28–31, 1978. Vol 1: The School of Valentinus. Vol. 2: Sethian Gnosticism. Leiden 1980/1981.
W. A. Löhr: Basilides und seine Schule. Eine Studie zur Theologie- und Kirchengeschichte des zweiten Jahrhunderts. Tübingen 1996. (WUNT 83.)
A. H. Logan: The Gnostics. Identifying an Early Christian Cult. Edinburg 2006.
Ch. Markschies: Valentinus Gnosticus? Untersuchungen zur Valentinianischen Gnosis mit einem Kommentar zu den Fragmenten Valentins. Tübingen 1992. (WUNT 65.)

- Die Gnosis. München 2001. (Wissen in der Beck'schen Reihe 2173.)
- Gnosis und Christentum. Berlin 2009.

E. Mühlenberg: Gott in der Geschichte. Ausgewählte Aufsätze zur Kirchengeschichte. Hrsg. U. Mennecke und S. Frost. Berlin / New York 2008.

T. Onuki, Heil und Erlösung. Studien zum Neuen Testament und zur Gnosis. Tübingen 2004. (WUNT 165.)

E. Pagels: The Gnostic Gospels. New York 1979. Dt. Übers.: Versuchung durch Erkenntnis. Die gnostischen Evangelien. Aus dem Amerikanischen von A. Schweikhart. Frankfurt a. M. 1981.

- Beyond Belief. The Secret Gospel of Thomas. New York 2003. Dt. Übers.: Das Geheimnis des fünften Evangeliums. Warum die Bibel nur die halbe Wahrheit sagt. Aus dem Englischen von K. Neff. Mit dem Text des Thomasevangeliums. München 2003/22006.

S. Pétrement: Le dieu séparé. Les orgines du gnosticisme. Paris 1984. Engl.: A Separate God. The Christian Origins of Gnosticism. Translated by C. Harrison. San Francisco 1990.

G. Quispel: Gnostica, Judaica, Catholica. Collected Essays. Leiden/Boston 2008.

T. Rasimus: The Legacy of John. Second Century Reception of the Fourth Gospel. Leiden/Boston 2010. (Supplements to Novum Testamentum 132.)

K. Rudolph, Gnosis und Gnostizismus. Darmstadt 1975. (Wege der Forschung 257.)

- Die Gnosis. Wesen und Geschichte einer spätantiken Religion. Leipzig 1977. Unveränderter Nachdruck der 3., durchges. und erg. Auflage. Göttingen 1994. (UTB 1577.)
- Gnosis und Spätantike Religionsgeschichte. Gesammelte Aufsätze. Leiden/Boston 1997.

H.-M. Schenke: Der Gott »Mensch« in der Gnosis. Ein religionsgeschichtlicher Beitrag zur Diskussion über die paulinische Anschauung von der Kirche als Leib Christi. Göttingen 1962.

- Der Same Seths. Hans-Martin Schenkes Kleine Schriften zu Gnosis, Koptologie und Neuem Testament. Hrsg. von G. Schenke Robinson, G. Schenke, U.-K. Plisch. Leiden/Boston 2012.

E. Thomassen: The Spiritual Seed. The Church of the »Valentinians«. Leiden/Boston 2006. (NHMS 60.)
J. D. Turner: Sethian Gnosticism and the Platonic Tradition. Québec/Louvain/Paris 2001. (Bibliotèque copte de Nag Hammadi, section »Études« 6.)
– The Gnostic Sethians and Middle Platonism: Interpretations of the Timaeus and Parmenides. In: Vigiliae Christianae 60 (2006), S. 1–64.
– / A. McGuire: The Nag Hammadi Library after Fifty Years. Proceedings of the 1995 Society of Biblical Literature Commemoration. Leiden/Boston 1997. (NHMS 44.)
H.-F. Weiss: Frühes Christentum und Gnosis. Eine rezeptionsgeschichtliche Studie. Tübingen 2008. (WUNT 225.)
A. Wucherpfennig: Heracleon Philologus. Gnostische Johannesexegese im zweiten Jahrhundert. Tübingen 2002. (WUNT 142.)